Fundamentos teológicos educacionais

inter
saberes

Fundamentos teológicos educacionais

Editora InterSaberes (Org.)

Dados Internacionais de Catalogação na Publicação (CIP)
(Câmara Brasileira do Livro, SP, Brasil)

Fundamentos teológicos educacionais/Organização da Editora. Curitiba: InterSaberes, 2015.

Bibliografia.
ISBN 978-85-443-0138-8

1. Educação cristã 2. Teologia.

15-00269 CDD-268

Índices para catálogo sistemático:
1. Educação cristã: Teologia: Cristianismo 268

intersaberes
Rua Clara Vendramin, 58 ∞ Mossunguê ∞ CEP 81200-170
Curitiba-PR ∞ Brasil ∞ Fone: (41) 2106-4170
www.intersaberes.com
editora@intersaberes.com

Sumário

Parte 1
Direitos humanos

1

Parte 2
Pentateuco

1

Parte 3
Teologia da educação cristã

1

Parte 5
Fundamentos da filosofia

1

Parte 1

Direitos humanos

Direitos humanos e religião

Capítulo 1

A consciência jurídica da humanidade é semelhante a uma árvore, ou seja, cresce e expande-se, proporcionando amparo e equilíbrio a todos os segmentos da sociedade. Um dos ramos dessa árvore alcança a religiosidade humana em alguns dos seus aspectos, como a história, a cultura e as crenças, subordinando o homem a um "estado de direitos" antes de subordiná-lo à sua própria fé – com exceção, é claro, dos países cuja sociedade é regida por códigos religiosos, como no caso dos xiitas e da Sharia, código de conduta islâmico.

É absolutamente incomum encontrarmos, em qualquer Igreja cristã, independentemente de sua denominação, pessoas que esbocem afinidade com as questões legais, ainda que a maioria dos códigos destaque porções seletas de seus estatutos para normatizar a fé dentro do contexto social.

Essa realidade, entretanto, não desperta surpresa quando consideramos que algumas correntes desdenham do conhecimento da Bíblia, argumentando, sem qualquer cabimento, que "a letra mata" (II Coríntios 3,6)[1]. Desse despreparo se originam os litígios judiciais que advêm de toda espécie de intolerância religiosa. Poderíamos exemplificar essas duas situações à luz da legislação brasileira vigente. Como exemplo, temos o caso de um irmão que, motivado por um ingênuo sentimento de "justiça", arremete furioso contra um andor que transporta um ícone tido sagrado pelos fiéis que o conduzem.

Em outra oportunidade, a insurreição (ainda que involuntária) contra a chamada "lei do sossego" expõe faltos de sabedoria desavisados às possíveis sanções do Estado. Isso porque os fiéis creem descansar sob o escudo divino, ao ultrapassarem o horário estabelecido pela lei quando bradam discursos intermináveis nos cultos ao ar livre.

Conceituar as leis a partir da fé implica a aplicação de seus estatutos na própria conduta humana. Então concluímos que a lei moral é uma medida de conduta.

Após sua promulgação, a lei torna-se obrigatória, embora grupos distintos tenham considerações próprias acerca desse ponto, como no caso dos teonomistas (aqueles que são governados por Deus; aquele que é ou está sujeito à autoridade divina), que enxergam legitimidade apenas nas leis divinas, repisando que o Estado deveria basear seus preceitos legais na norma bíblica.

Já os eticistas situacionais (grupo estritamente ético que se acha investido de poder estatal) sustentam que a moral bíblica não pode, por mais límpida que seja, confeccionar indivíduos absolutos nesse aspecto, concluindo que mesmo a mais ilibada moral deve ter por parâmetro a regra terrena.

1 Todas as passagens bíblicas indicadas neste capítulo são citações à Bíblia (2002).

Por último, contemplamos os moralistas (partidários do moralismo, no modo de pensar ou de agir) refletindo sobre a ligação que naturalmente existe entre a lei divina e a lei humana.

Cada um desses conceitos recebeu a apreciação de grandes personalidades da cultura religiosa, especialmente a cristã, entre as quais se destacam Tomás de Aquino e teólogos protestantes e católicos, como João Calvino e Thomas Jefferson.

No que se refere à moral, devemos considerar que a lei constitui uma medida, uma regra pela qual somos impelidos a proceder ou pela qual somos levados, ainda que de forma quase imperceptível. Podemos notar que cada uma de nossas ações se inicia sempre nos valores (normas) morais, bíblicos ou temporais e, em qualquer situação, principiamos nossas ações em segundos.

Quanto à aplicação do direito, devemos necessariamente nos basear na literatura secular específica, da qual extrairemos a expressão "letra da lei", alicerce único que nos colocará em contato com a lei temporal.

Ainda quanto à aplicação do direito no seio social, entendemos que, quanto maior a adaptação da lei às necessidades sociais, mais facilmente tende a realizar-se a sua aplicação. Quanto menor for a adequação da ordem jurídica ao quadro social, mais problemática tende a ser sua aplicação. A esse posicionamento devemos acrescentar que há uma finalidade clara no que consiste em se buscar a correta interpretação do direito para aplicação no âmbito da religião, atualizando-se a ordem jurídica de modo a afeiçoá-la às necessidades da maioria do povo.

Além das questões éticas e conceituais do direito comparado à religião, iremos apreciar – para que possamos ter uma maior compreensão do tema – as características devidamente definidas da terminologia empregada na matéria legal. De outra forma, dificilmente chegaríamos ao entendimento dos aspectos técnicos da literatura jurídica, que também se acha estruturada em hermenêutica e exegese.

A importância dessa terminologia reside no fato de que o direito é a ciência da palavra e, mais precisamente, do uso dinâmico da palavra. Essa característica acomoda ainda a questão do vasto emprego de expressões latinas nas expressões gramaticais jurídicas, fato que podemos observar numa leitura superficial de uma sentença judicial.

Todos esses cuidados devem ser apreciados antes de ingressarmos no âmago da matéria, por isso foram listados sinteticamente nesta introdução, a fim de que o leitor comece a exercer sua localização a partir dessas questões, evitando que se perca no teor do que segue.

1.1 A legislação de Moisés

Para uma observação esclarecedora e panorâmica da Lei de Moisés (ou lei mosaica), traremos à tona alguns conceitos legais épicos, partindo de seu autor, obviamente terreno e mortal, porém infalível quando sujeito à inspiração divina. Moisés, em sua época, se tornou conhecido como "o grande legislador".

Dono de uma personalidade nada imitável, Moisés foi sincero, algo típico de todos aqueles que tinham e eram impulsionados pelo sangue hebreu, quando abandonou o palácio faraônico onde fora acolhido (Êxodo 2,15). No que se referia ao bem-estar de seu povo, foi profético e combativo quando destilou sobre o Egito o cálice candente das dez pragas. Foi eloquente quando advogou, perante o trono, a redenção de seus irmãos, sepultados em vida no gueto de Gósen. Foi pioneiro quando comandou, durante quarenta anos, os espoliados do Egito, vivenciando cenas dramáticas, como a travessia do Mar Vermelho (Êxodo 14). Foi compreensivo quando procurou os cumes do Sinai, no Egito, para receber o legado divino dos dez mandamentos.

Essa legislação divina parece ter tido realmente a necessidade de ser severa e persuasiva para a época em que fora instituída. Quase na forma da "crueldade taliônica"[2], o Pentateuco foi um dos códigos fundamentais para a humanidade.

Dos seus cinco volumes (Gênesis, Êxodo, Levítico, Números e Deuteronômio), poderíamos dar maior ênfase àquele que apresenta o último período do maior estadista bíblico, já que os volumes anteriores prendem-se à origem e à natureza dos israelitas.

Deuteronômio, que representa a segunda lei, conforme a etimologia grega que ensina: *"deuteronómion",* "o Deuteronômio", "a letra", "segunda lei" (Koutantos, 2014, p. 40), tem sido utilizado largamente tanto pelos cristãos quanto pelos judeus antigos. Sua importância para o advento da graça pode ser constatada pelo número de citações encontradas no Novo Testamento, ou seja, mais de cinquenta vezes, superado apenas pelos Salmos e pelo profeta Isaías.

Moisés ditou três discursos e um compêndio de leis ao final de sua vida, no período em que os hebreus estavam localizados na planície de Moabe, pouco tempo antes da conquista de Canaã (correspondente à área do atual Estado de Israel). Assim, Deuteronômio se constitui em uma repetição da lei e da história

---

2 Aqui nos referimos à Lei de Talião, "olho por olho, dente por dente", como uma forma de regulamentar a vingança privada, limitando a reação à ofensa, a um mal idêntico ao praticado, como uma justa compensação.

de Israel, sendo que cada um dos discursos inseridos nessa obra mosaica infere um objetivo específico que seria dirigido às gerações dos hebreus, com o escopo efetivo de regê-las enquanto perseverassem na terra.

No discurso de abertura, que compreende as referências 1,5 a 4,40, Deuteronômio recorda as experiências de Israel sob a liderança de Moisés. Não nos mostra a forma como Moisés teria enfrentado o Faraó e como o evento sobrenatural das dez pragas teria obrigado o monarca egípcio a cessar com a opressão e libertar o povo, embora se refira ao êxodo judeu pelo menos cinco vezes.

Menciona a jornada ao redor de Edom (antigo reino ao sul da Jordânia) em direção à Transjordânia (atual Palestina) e registra também a derrota dos reis Seom e Ogue com mais detalhes do que em Números. Em seguida, fala da divisão das terras da Transjordânia entre as famílias da tribo de Rúben, Gade e a meia tribo de Manassés, como vemos em Números 32, cujo epílogo da narrativa versa sobre o pedido do próprio Moisés para que lhe fosse concedido entrar na Terra Prometida, o que não lhe é deferido, relato fiel a Números 27,12-23. Moisés, então, conclui seu discurso com uma exortação ao povo para que este fosse fiel aos estatutos do Senhor.

O segundo discurso de Deuteronômio (4,44-11,32) compõe-se, praticamente, de exortações, e muitos até preferem estendê-lo até a referência (26,19), para que se faça inclusão das leis e dos regulamentos encontrados desde o capítulo 12 ao capítulo 26.

Esse discurso começa com uma nova exposição do Decálogo, seguindo a exposição bem aproximada da literalidade do que lemos em Êxodo 20, com exceção do quarto mandamento, referente ao sábado, que, em Êxodo, está associado à criação.

Isso porque, nesse ponto, Moisés já tem em vista uma base que reflete a servidão vivida pelos hebreus sob o cativeiro egípcio.

Somente os dez mandamentos são dados diretamente pela voz de Deus. O restante da legislação é mediado por Moisés, conforme mostra a referência 5,27 de Deuteronômio.

As leis de Moisés, desde os capítulos 12 a 26, incluem a normalização referente à liturgia do culto a Deus e a questão dos alimentos, dos escravos, das dívidas, das festas anuais, dos juízes e das cidades de refúgio, além dos temas relacionados à moral e à conduta (IPB, 2014).

O terceiro e último discurso, do capítulo 27 ao 30 de Deuteronômio, é uma exortação severa de Moisés para que o povo observe as leis do Senhor. E inclui a cerimônia solene que deveria ser realizada no vale entre os montes Ebal e Gerizim logo após Israel ter iniciado o processo de conquista de Canaã (IPB, 2014).

Essa cerimônia lembrava a cerimônia da aliança em Êxodo (20,1 a 24,8), devidamente realizada pelo sucessor de Moisés, Josué, na conquista de Canaã (Josué 8,30-35).

Tais leis e exortações foram anunciadas por Moisés para que Israel não se esquecesse de sua obrigação perante Deus, isto é, para que o povo ouvisse os mandamentos do Senhor e a eles obedecesse.

1.2 O Código de Hamurábi

Hamurábi foi um rei da primeira dinastia da Babilônia (1792-1750 ou 1730-1685 a.C.), notabilizado, acima de tudo, por sua contribuição como legislador, concretizada na coletânea de leis conhecida como *Código de Hamurábi*[3].

Esse monarca fortaleceu e expandiu seu reino por meio da diplomacia e da conquista militar. Era eficiente e arquitetava cuidadosamente cada operação. E sempre agia, o que era comum em sua natureza, com vasta antecedência diante dos fatos previsíveis. Notável administrador, seu reinado é conhecido como "a idade de ouro da Babilônia", tendo governado essa cidade por 43 anos, provavelmente entre 1850 e 1750 a.C. Promoveu a modificação do sistema de leis mediante a revisão de antigos códigos, entre os quais se observava um em especial, o Código de Hamurábi, com 300 anos de existência. A Hamurábi se credita o feito de haver unificado a Babilônia (DHNET, 2014).

No novo grande código que leva o seu nome, ele reuniu todos os seus conceitos legais, estabelecendo, inclusive, preços máximos e salários mínimos. Dessa forma, forneceu a seus súditos uma tabela de imposto que considerava justo, flexível e eficiente. Tal era o respeito e a aceitação que tinha em seu reino que todos os governadores das províncias faziam questão de mantê-lo informado de maneira direta e detalhada. Novas construções foram edificadas em todas as partes de seu domínio, sempre em expansão. Moveu-se, ainda, no sentido de abrandar as alterações no idioma original. Ao manejar a língua acadiana, na qual foi composto o Código de Hamurábi, ela se tornou um modelo para todos os futuros escritores da antiga Mesopotâmia.

O Código de Hamurábi, que se baseava em antigas coleções de **leis sumérias** e **acadianas**, sendo revistas, adaptadas e

3 O Código de Hamurábi é constituído de "uma compilação de 282 leis da antiga Babilônia (atual Iraque), composto por volta de 1772 a.C. Hamurábi é o sexto rei da Babilônia, responsável por decretar o código conhecido com seu nome, que sobreviveu até os dias de hoje em cópias parcialmente preservadas" (Infoescola, 2014).

ampliadas por seu autor, influenciou bastante a civilização de todos os países do Oriente. Composto por 282 parágrafos que tratam sobre questões civis, criminais e comerciais, esse código abrangia todas as atividades comuns das pessoas, tais como falsa acusação, feitiçaria, serviço militar, regulamento de negócios e terras, leis de família, tarifas, salários, comércio, empréstimos e dívidas. Conforme se vê em todos os códigos legais, ali aparece uma lista de crimes, com suas devidas punições. A punição capital era requerida para vários tipos de crimes, devendo ser executada mediante a morte na fogueira, a empalação ou o afogamento. Havia também as punições menores, como açoites, mutilações diversas e pagamento de multas; além disso, aprisionamento ou exílios eram exigidos no caso de certos crimes. As mulheres tinham direitos, mas não eram consideradas iguais aos homens, perante a lei (Champlin; Bentes, 1995).

O princípio geral do código era o seguinte: "O forte não prejudicará o fraco" (DHNET, 2014). Em verdade, o código estabelecia uma ordem social baseada nos direitos do indivíduo e apoiada na autoridade das divindades babilônicas e do Estado. A tábua de pedra em que se acha inscrito foi descoberta em Susa, no Irã, em 1901, sendo levada por um rei elamita como troféu de guerra.

Atualmente, o Código de Hamurábi encontra-se guardado no Museu do Louvre, em Paris, num bloco inestimável, de 2,25 metros de altura e 1,90 metro de circunferência em sua base, no qual se pode distinguir bem a figura de Hamurábi, que também era conhecido como Khamu-Rabi (nome de origem árabe). Em alto e em baixo-relevo a figura foi esculpida, absorvendo os "direitos de equidade", que se acham inscritos na parte inferior do código, com 46 colunas em um texto de aproximadamente 3.600 linhas.

O Capítulo 1 do Código de Hamurábi, referente ao "ordenamento hamurábico", dedicava-se aos sortilégios, aos juízos de Deus, aos falsos testemunhos e à prevaricação dos juízes. Todavia, é notável influência do talião logo no primeiro artigo normativo.

O art. 1º do referido código estabelecia que: "Se alguém acusa um outro, lhe imputa um sortilégio, mas não pode dar a prova disso, aquele que acusou deverá ser morto" (DHNET, 2014). O art. 2º esmiuçava o que se constata no art. 1º, enquanto o art. 3º era como que insuportável para aqueles que juravam falsamente perante um juízo babilônico: "Se alguém em um processo se apresenta como testemunha de acusação e não prova o que disse, se o processo importa perda de vida, ele deverá ser morto" (DHNET, 2014).

No art. 5º encontramos punição para os juízes que aplicavam sentenças erradas, cuja reprimenda não se resumia apenas ao pagamento das custas atribuídas ao injustamente classificado como "réu", multiplicadas por doze – sob os mandos da autoridade que lhe fosse superior, esta deveria expulsá-lo publicamente da cadeira de magistrado.

O Capítulo 2 do Código de Hamurábi tratava dos crimes de **furto** (violência contra a coisa) e **roubo** (violência contra a pessoa) e reivindicações de móveis. Assim como em alguns aspectos da Torah[4], a severidade de Hamurábi em seu código também não pretendia poupar aqueles que, indevidamente, se apropriassem de patrimônio alheio. Ao culpado era aplicada, impiedosamente, a pena de morte.

Uma curiosidade peculiar numa sociedade normatizada aos extremos era que as casas babilônicas não possuíam trancas ou

4 Nome dado aos cinco primeiros livros que constituem o texto central do judaísmo.

fechaduras de segurança. Outro aspecto particular: não havia advogados naquela sociedade que, rica e ímpia quanto ao seu semelhante, cultuava os deuses e os soberanos.

O Capítulo 3 destinava-se aos direitos e **deveres** dos **oficiais**, dos **gregários** e dos **vassalos** em geral, além da organização dos benefícios. No que se referia aos deveres de cada indivíduo para com o serviço militar, exercício que sempre fora tido por prioritário em todas as legislações mundiais, o código dispunha o seguinte:

> *Art. 26° Se um oficial ou um gregário que foi chamado às armas para ir servir ao rei não vai e assolda um mercenário e o seu substituto parte, o oficial ou gregário deverá ser morto, aquele que o tiver substituído deverá tomar posse de sua casa.* (DHNET, 2014)

O Capítulo 9 era composto de apenas um artigo (art. 127), o qual se destinava a prever e a regular o chamado *crime de difamação e injúria*, grafado assim: "Se alguém difama uma mulher consagrada ou a mulher de um homem livre e não pode provar se deverá arrastar esse homem perante o juiz e tosquiar-lhe a fronte" (DHNT, 2014).

A medicina, quando apreciada a partir dos direitos hamurábicos, era exercida com cautela em território mesopotâmico, uma vez que o médico poderia ser bem recompensado, caso curasse seus pacientes, ou punido com a amputação das mãos quando procedia mal, conforme regulamenta o Capítulo 12:

> *Art. 215° Se um médico trata alguém de uma grave ferida com a lanceta de bronze e o cura ou se ele abre a alguém uma incisão com a lanceta de bronze e o olho é salvo, ele deverá receber dez siclos.*
> *Art. 216° Se é um liberto, ele receberá cinco siclos.*
> *Art. 217° Se é o escravo de alguém, o seu proprietário deverá dar ao médico dois siclos.*

> *Art. 218° Se um médico trata alguém de uma grave ferida com a lanceta de bronze e o mata, ou lhe abre uma incisão com a lanceta de bronze e o olho fica perdido, se lhe deverão cortar as mãos.*
> *Art. 219° Se um médico trata o escravo de um liberto de uma ferida grave com a lanceta de bronze e o mata, deverá dar escravo por escravo.* (DHNET, 2014)

Com relação à legislação trabalhista, Hamurábi se mostrou pioneiro na definição do que atualmente conhecemos por *salário mínimo*, o que confirmou sua identificação como soberano jurista.

Por fim, Hamurábi era construtor de canais, templos e fortalezas, castigador de rebeliões, audacioso no combate e jurista nos tempos de harmonia social, deixando em seu código, eivado de punições, justeza, severidade e igualdade, três parágrafos que enganam nas entrelinhas seus sentimentos e seu talento psicológico.

Os arts. 137, 156 e 172, normatizando as mais variadas causas do divórcio, concluíam seu dispositivo legal, humano e sensato em relação à mulher, definindo o seguinte: “Ela pode desposar em seguida o homem do seu coração” (DHNET, 2014).

Essa demonstração de sensibilidade verificável no código – no qual se prescrevia a pena de morte em vinte e duas circunstâncias – contrastava a regra, visto que havia alguns “incisos” que reconheciam a existência de uma lei maior que não se achava escrita. E essa lei, todavia, era portadora de maior poder do que o Código de Hamurábi. Era a lei do amor, impressa na alma e no coração de todas as criaturas.

Contrariando as crenças dos contemporâneos de então, concluímos que o código mesopotâmico não fora outorgado ou mesmo promulgado por Schamash, o “deus do sol e da justiça”, mas por Hamurábi, o homem.

1.3 O Corão e a Sharia islâmica

O Corão (ou Alcorão) é o livro sagrado do islamismo. É a partir dele que há séculos se sustenta o dogma muçulmano de que o Corão é a palavra de Deus incriada e, por consequência, preexistente em relação ao homem e ao próprio mundo. E mais, os muçulmanos afirmam que o modelo dessa palavra se acha "guardado" no céu, liberado somente aos árabes para a inscrição no seu próprio idioma, sendo que as revelações já inscritas derivam das palavras transmitidas pelo profeta Mohammad, as quais seriam, finalmente, dirigidas a todo o gênero humano (O Alcorão Sagrado, 2014).

As mensagens corânicas, entretanto, conforme mandam a tradição e a crença muçulmanas, só pertencem a Deus, não tendo sofrido qualquer interferência humana quando de sua transcrição para o "livro sagrado".

De forma figurada, poderíamos afirmar que Mohammad teria estendido sobre "um tapete oriental" todas as legislações que precediam ao Corão, destacando as passagens que lhe pareceram mais adaptáveis, insculpindo-as em muitos metros de pergaminho, tratando, depois, de ornamentar esse ordenamento doutrinário jurídico do Oriente.

O Corão contém 114 suratas (ou capítulos). A mais extensa delas é a segunda, denominada "A vaca", composta de 286 versículos. As menores são as da ordem 103, "A era", 108, "A abundância" e 110, "O socorro", com três versículos cada.

Uma peculiaridade que deve ser destacada está relacionada ao fato de que as suratas de Medina têm caráter de maior

juridicidade, apresentando, ainda, quantidade maior de versículos e, por conta disso, mais substância literária.

O Corão tem aplicado sua influência até os dias de hoje em todos os países de maioria islâmica, por isso os dirigentes de tais países não se preocuparam em formular uma Constituição ou uma variedade de códigos, já que todos os anseios comunitários estariam compreendidos nas palavras do profeta transcritas em seu "livro sagrado".

Visto desse modo, o Corão sempre estará acima de todas as demais leis, dispondo de uma prioridade severa e, concomitantemente, reguladora. De modo contrário ao que se observa na Constituição Federal Brasileira, de 5 de outubro de 1988 (Brasil, 1988), no Corão não se vislumbra o direito público ou privado, somente os direitos de Allah e dos homens.

A seguir, selecionamos algumas breves coleções de normas corânicas diretamente relacionadas ao direito, sendo que a função legislativa de cada uma delas coube exclusivamente ao profeta Maomé.

∞ **Filhos adotivos** – O Corão admite a adoção, mas traça uma linha bem definida entre os filhos consanguíneos e os filhos adotados.

Vejamos o que destaca a surata 33 do Corão, versículo 4: "que vossos filhos adotivos fossem como vossos próprios filhos". O versículo 5 recomenda que os filhos adotivos não tenham o nome do adotante, mas que sejam socialmente considerados irmãos dos filhos legítimos ou protegidos.

∞ **Adultério** – Uma vez que essa questão envolve honra, seu conceito no Islã alcança um rigor excessivo.

A surata 17, versículo 32, impõe que o adultério deve ser evitado, pois indica comportamento vergonhoso e mau caminho. (O Alcorão Sagrado, 2014).

Já na surata 4, versículo 15, surge uma modalidade processual mais severa, nos seguintes termos: "Quanto àquelas, dentre vossas mulheres, que tenham incorrido em adultério, apelai para quatro testemunhas, dentre os vossos e, se estas o confirmarem, confinai-as em suas casas, até que lhes chegue a morte ou que Deus lhes trace um novo destino" (O Alcorão Sagrado, 2014).

O Corão regula a punição ao adultério nos casos de mulheres livres e casadas, bem como o *quantum* ("proporção") da pena a ser imposto.

- **Embriaguez e jogo** – A surata 2 trata de ambos, enquanto a surata 5 os abomina.

  Da surata 2, destaca-se o versículo 219, que versa o seguinte:

  > "Interrogam-te a respeito da bebida inebriante e do jogo de azar; dize-lhes: Em ambos há benefícios e malefícios para o homem; porém, os seus malefícios são maiores do que os seus benefícios [...]" (O Alcorão Sagrado, 2014).

Quanto às composições destacadas, percebemos que o Corão apresenta a clara conotação de um código ético e de normas que visa equilibrar as sociedades que vivem sob seus estatutos, mas não podemos nos esquecer da Sharia, a norma mais específica e, por vezes, mais severa do que o "livro sagrado" do Islã.

O termo *Sharia* (*Shari'a*) significa, literalmente, "caminho claro", e define a lei canônica do islamismo, isto é, a plenitude das determinações divinas para o gênero humano (Santiago, 2014). E, por conta disso, não tem qualquer conotação terrena. Somente para a fé islâmica se constitui em um código de normas derivado do próprio Deus, do qual se originam, nas comunidades islâmicas xiitas, as leis humanas. Sua essência tem por objetivo maior conciliar as atividades exteriores do homem com a lei do islamismo.

A partir desse entendimento, as autoridades islâmicas – os imãs, cuja base de fé e conduta emprega parte da Sharia – asseveram que as práticas externas não podem ser executadas sem que sejam motivadas por intenções boas e reais e autêntica fé interior.

Os sufistas (adeptos do sufismo) também consideram a Sharia o ponto de partida imprescindível para os que adotam o caminho da chamada "autoiluminação".

Entre outros ordenamentos doutrinários, a Sharia inclui cinco exigências básicas conhecidas como "os cinco pilares", que são práticas dogmáticas impingidas a todos os fiéis muçulmanos do sexo masculino. A saber:

1. *Shahadah* – profissão de fé islâmica: Todos os muçulmanos têm de pronunciar esse credo corretamente pelo menos uma vez na vida.
2. *Salat* – culto: As orações prescritas devem ser proferidas cinco vezes por dia, com o fiel voltado para Meca (pela manhã, na hora do almoço, à tarde, depois do pôr do sol e antes de dormir).
3. *Zakat* – atos de caridade: As esmolas são dadas espontaneamente para os pobres, os desabrigados ou qualquer pessoa que esteja em grande necessidade.
4. *Siym* – jejum: Trata-se de um período de jejum observado durante o Ramadã, nono mês do calendário islâmico (conforme a crença, foi a época em que Maomé recebeu a revelação do Alcorão).

5. *Hajj* – peregrinação a Meca: Cada muçulmano deve fazê-la pelo menos uma vez na vida.

A esses preceitos o terceiro califa, Otman Ibn Affan, acresceu a *jihad* (popularmente interpretado como "guerra santa"), como determinação a ser cumprida pelos fiéis. As prescrições de Otman Ibn Affan têm sido classificadas pelo Islã como "obrigatoriedade", "recomendação", "legalmente indiferentes", "desapropriadas" e até mesmo "proibidas".

A corrente mais expressiva do Islã, a dos *sunitas* (seguidores da Sunna), baseia a Sharia no Corão e nas tradições do profeta Maomé e dos primeiros muçulmanos. Mas tudo isso é fundamentado no consenso da comunidade, chamada *Ijma,* e no raciocínio que analisa e valora essa questão, procedimento designado como *Qiyas*. Os sunitas sempre agem dessa forma sempre que os três fatores citados anteriormente não ofereçam uma orientação específica acerca de determinada questão.

Já o xiismo destaca o Corão como sendo o corpo das tradições deixadas por Ali e sua família e como o consenso dos eruditos xiitas, conhecidos também como *mujtahids*.

Nos primeiros séculos do islamismo, havia uma lei secular – *qanun* – que ocupava o lugar de importância equivalente ao da Sharia e, em muitos países islâmicos, o costume local (*ada*) manteve sua influência.

Nos dias atuais, com a instituição de **códigos normativos com base nos parâmetros das sociedades ocidentais na maioria dos países da Ásia Ocidental**, a Sharia tem tido expressividade quase nula, ou extremamente diminuída, e, nesse processo, uma das ofertas mais resistentes tem sido a que se refere às questões pessoais, ou seja, questões que envolvem casamentos e heranças.

1.4 O código penal inquisitorial

A Inquisição se constituiu no esforço empregado pela Igreja Católica no sentido de identificar e punir os chamados *hereges*: pessoas que declaravam crenças diferentes daquelas ditadas pelos ensinamentos romanos e cuja época de instituição e prática teve início em 1184, a partir da Ata do Concílio de Verona.

A Inquisição se arrastou mortalmente por muitos países europeus e suas colônias, mas a perseguição aos hereges empreendida pela Igreja romana estabelecida em território espanhol foi a que ganhou maior expressividade histórica.

Os inquisidores frequentemente torturavam os suspeitos – procedimento autorizado, em 1252, pelo Papa Inocêncio IV e confirmado posteriormente por Urbano IV.

As atrocidades praticadas em nome do Santo Ofício, uma espécie particular de tribunal inquisitório que operava na Espanha, por conta da força que a Igreja Católica exercia até mesmo sobre a Coroa, não eram de maneira nenhuma executadas de forma velada ou ilegal; antes, na maioria dos tribunais instituídos, tinham como fundamento um ordenamento processual penal específico, no qual se prescreviam os procedimentos e as penas, além do modo de aplicação de ambos.

Foi justamente esse o caso do *Malleus Maleficarum*, um código religioso empregado exclusivamente pelos inquisidores e em cujas infindas prescrições de torturas e execuções acabaram com a vida de milhares (talvez milhões) de mulheres em vários países.

Os inquisidores Kramer e Sprenger (1991) formularam essa pérola do genocídio humano em 1484 como meio de regularizar o holocausto imposto por Roma às mulheres cujos indícios pudessem sugerir uma postura herege ou apóstata.

A partir deste ponto, observaremos algumas prescrições "legais" estabelecidas pelo *Malleus Maleficarum* para que pudessem ser aplicadas entre os investigados de Roma.

A primeira parte desse tratado penal mortífero recebe o título de "Das três condições necessárias para a bruxaria", e, observando o estilo de toda a obra, constata-se que está dividida em questões. Vejamos o que diz o primeiro tópico: "Se crer em bruxa é tão essencial à fé católica, sustentar obstinadamente opinião contrária é ter vivo sabor de heresia" (Kramer; Sprenger, 1991).

Nessa primeira introdução, os inquisidores procuraram enfatizar que a crença na existência dessas personalidades sociais maléficas é quase um mandamento da Igreja, mas que é passível de punição e candidato ao título de herege aquele que afirma que as bruxas têm poder para proceder a todo o mal que intentarem independente da vontade de Deus.

Na continuidade da matéria abordada na primeira parte de *Malleus Maleficarum*, Kramer e Sprenger (1991) fazem indiscriminado e descontextualizado uso das normas estabelecidas em Deuteronômio para os casos em que algumas pessoas praticaram consulta aos mortos, destacando trechos dos Capítulos 18, 19 e 20 deste.

Em períodos conclusivos da matéria, declarações contaminadas de severas advertências começam a surgir em expressões que apontam que a verdadeira fé é determinada pelo modo como o homem interpreta as Escritura Sagradas. Assim, se o homem errasse nessa interpretação e pensasse de modo diferente do que foi estabelecido pela Santa Igreja Católica, seria considerado herege (Kramer; Sprenger, 1991).

Duas primeiras modalidades punitivas, quando comparadas aos padrões atuais de reprovação à ação delituosa, poderiam ser tidas por amenas ou de pouca expressividade, ainda que para aquele advento. Estamos nos referindo à **excomunhão** e à **retenção do perdão**. Não obstante, o ordenamento inquisitorial não se furtava aos abusos quando prescrevia, quase que indiscriminadamente, pena de morte aos que se achassem supostamente nas contravenções elencadas na parte penal romana, de onde extraímos: "Saiba-se que todos os costumeiramente denominados de feiticeiros ou magos, e também os que praticam a arte da adivinhação, ficam sujeitos a pena de morte" (Kramer; Sprengel, 1991, p. 51).

A mesma pena é novamente lembrada e prescrita na obra em questão: "É proibido a qualquer homem praticar adivinhação, se a praticar, há de ter como recompensa a morte pela espada de seu carrasco" (Kramer; Sprenger, 1991, p. 51).

Uma análise mais acurada dessa primeira parte nos bastaria para enumerar os excessos atinentes a este descalabro jurídico que, por qualquer indício, declarado por qualquer testemunha como prova, receitava que os acusados fossem torturados para que confessassem o crime. Assim, qualquer pessoa poderia ser submetida à tortura, independentemente de idade, sexo, posição social, e, mesmo após ter confessado, poderia sofrer ainda todas as outras torturas previstas pela lei (Kramer; Sprengel, 1991).

A segunda parte do *Malleus Maleficarum*, que versa sobre a questão "Dos métodos pelos quais se infligem os malefícios e de que modo podem ser curados" em seu segundo capítulo, ensina os meios pelos quais se pode perpetrar um pacto com o inimigo maior do homem: o diabo.

Segundo ensina *Malleus Maleficarum,* cada bruxa teria sua forma peculiar de assumir fidelidade para com a entidade do mal, descrevendo como seria possível reconhecer pelo menos três grupos distintos de bruxas: 1) as que injuriam, mas não curam; 2) as que curam, mas, por meio de algum pacto misterioso com o diabo, não injuriam; 3) as que injuriam e curam (Kramer; Sprengel, 1991).

Os inquisidores acreditavam que aquelas que pertenciam à primeira classe procediam contra o sentido da natureza, ou seja, agiam de forma animal, isso porque tinham o hábito de matar e devorar as crianças de sua própria espécie.

Ainda nessa parte da obra é descrito o duplo método empregado pelas **feiticeiras** e pelas **noviças** para que pudessem perpetrar o juramento sacrílego destinado ao demônio.

Num desses métodos, o juramento é proclamado em uma reunião solene realizada de acordo com a oportunidade oferecida. Em outro, *Malleus Maleficarum* descreve, com minúcias, a forma como a cerimônia de juramento deveria ocorrer. Realizar-se-ia sempre com data marcada, ainda que pudesse ser convocada para qualquer hora, mas em sigilo. Quando realizada com data previamente agendada, era composta de toda a pompa de um conclave, no qual o próprio diabo, personificado, aparecia às bruxas e lhes reclamava a fidelidade, que também deveria ser apresentada individualmente por meio de um voto solene.

A troca oferecida pelo demônio por essa profissão de fidelidade seria, segundo os inquisidores, a sedução que adviria dos bens materiais mundanos, além da longevidade na existência terrena.

Após a realização dos procedimentos referentes às bruxas veteranas, segue-se a apresentação das iniciantes, ou seja, as noviças, recomendadas para o acolhimento e a aprovação, somente após jurarem à entidade do mal repudiar a fé e renunciar à santa religião cristã e à adoração à mulher anômala (maneira pela qual se referiam a Maria). Além disso, as iniciantes deveriam jurar nunca mais venerar os sacramentos (Kramer; Sprenger, 1991).

Se o diabo compreendesse que a noviça preenchia todos os requisitos para se incorporar à ordem, então ele lhe estendia a mão, respondendo a iniciada com o mesmo gesto e, assim postados, firmava-se o juramento e a noviça selava seu próprio destino.

Essa etapa do conclave, entretanto, não encerrava a solenidade. O demônio exigia, ainda, como pleito que a iniciada deveria entregar-se a ele de corpo e alma para todo o sempre. Além disso, a noviça deveria esforçar-se para apresentar-lhe mais discípulos: homens e mulheres.

Em outro relato testemunhal de uma mulher suspeita de bruxaria, sendo torturada por seus inquisidores, ocorre um fato ainda mais insólito: a forma como as feiticeiras de então procediam para consumir os corpos de crianças mortas:

> *São mortas pelos nossos malefícios e palavras mágicas nos próprios berços ou quando estão dormindo junto aos seus pais. De sorte a parecer que morreram asfixiadas por seu próprio peso ou por alguma outra causa natural. Depois as desenterramos sigilosamente e as cozinhamos num caldeirão, até que toda a carne se desprenda dos ossos e se transforme num caldo, fácil de ser bebido. Da matéria mais sólida fazemos uma pomada que nos é de grande valia em nossos ritos, em nossos prazeres e em nossos voos; com o liquido enchemos um cantil ou odre. Quem dele bebe, se transforma num profundo conhecedor de nossa seita e se transforma numa de nossas líderes.* (Kramer; Sprenger, 1991, p. 217)

O código *Malleus Maleficarum* também relata os métodos pelos quais as bruxas podiam, apenas pelo toque das mãos, privar um homem de seu membro genital ou, ainda, transformá-lo numa besta, na chamada *metamorfose*.

Levando em consideração esse poderio quase ilimitado das acusadas, os inquisidores achavam que, pela intervenção de uma ou mais feiticeiras, o diabo podia possuir o corpo de um homem. E, segundo acreditavam ainda, às feiticeiras era atribuído poder para que pudessem infligir toda espécie de malefício físico aos homens, inclusive enfermidades.

Semelhantemente ao sacrilégio empregado na morte das crianças e na exumação de seus corpos, que eram consumidos como alimento, às feiticeiras também se atribuía a responsabilidade de oferecer os recém-nascidos ao demônio. Para tanto, apresentavam-se às parturientes e, logo após o nascimento, tiravam a vida da criança.

Quase de um devaneio mitológico, os inquisidores incluíram no *Malleus Maleficarum* um rol de malefícios que as bruxas poderiam aplicar aos gados e demais animais de criação. Teriam, ainda, poder para manipular os ventos, as tempestades e os raios, sempre com o primordial propósito de tirar vidas humanas.

Faltar-nos-ia espaço para que pudéssemos discorrer sobre a infinidade de "remédios" prescritos pelo código *Malleus Maleficarum*, ora ditados por todos aqueles que se achavam envolvidos com bruxaria, ora ditados pela Igreja por meio dos inquisidores como um antídoto contra aqueles que se submetiam aos domínios da feitiçaria.

Após a relação de todos os malefícios, declarações testemunhais e predições sobre as punições aplicadas às bruxas, finalmente a terceira parte da obra se dedica à instituição das medidas que deveriam ser tomadas contra as bruxas e os hereges, mas isso depois de ser estabelecido o tribunal judiciário eclesiástico (Kramer; Sprenger, 1991).

O código também aborda a instauração de processos e regulariza suas normas e a maneira como devem ser conduzidos, além de apresentar o modelo pelo qual as sentenças deveriam ser lavradas.

É nessa última seção do livro que encontramos, por exemplo, a imposição das penas de morte aplicadas aos judeus como sendo a última lei canônica imposta a eles. Vejamos o texto: "Os seus bens hão de ser confiscados e eles hão de ser condenados à morte, em virtude da perversa doutrina com que fazem oposição à fé em Cristo" (Kramer; Sprenger, 1991, p. 382).

Para finalidades legais, o tribunal eclesiástico trazia, por definição aos que não observavam a dogmática da Igreja, a seguinte fórmula: "Herege é o que ora dá origem a novas opiniões, ora as segue" (Kramer; Sprenger, 1991, p. 386).

Na conclusão do código *Malleus Maleficarum*, na questão 35, 3ª parte, temos, em forma de súmula, o rol de quesitos semelhantes ao nosso código de processo penal. Tal lista é composta de 11 artigos que esgotam a questão processual até a oferta do recurso alcançada pelos acusados. Essa oferta, no entanto, mesmo sendo um direito das vítimas, deveria ser avaliada como justa e legítima ou frívola e inepta por uma autoridade eclesiástica que estivesse participando do processo (Kramer; Sprenger, 1991).

Eis o rol de normas do processo inquisitorial:

> *I. De como se deve examinar as testemunhas, quando deverão estar presentes sempre cinco pessoas. E também como as bruxas devem ser interrogadas, em geral e em particular. [...]*
>
> *II. Várias dúvidas são esclarecidas quanto às respostas negativas, e quando uma bruxa deve ser presa, e quando deve ser considerada manifestamente culpada de heresia de bruxaria.*
>
> *III. Do método de prender as bruxas.*

> IV. *Das duas obrigações do juiz depois da prisão e se os nomes dos depoentes devem ser revelados aos acusados.*
> V. *Das condições sob as quais se há de permitir a presença de um advogado para a defesa.*
> VI. *Quais as medidas que o advogado deve tomar quando os nomes das testemunhas não lhe são dados a conhecer ou quando deseja informar o juiz de que as testemunhas são inimigas mortais do prisioneiro.*
> VII. *De que modo o juiz deve investigar a suspeita desses inimigos mortais.*
> VIII. *Dos pontos que o juiz deve considerar antes de consignar a prisioneira à tortura.*
> IX. *Do método para condenar a prisioneira à tortura.*
> X. *Do método para proceder com a tortura, e de como devem ser torturadas; e das provisões contra o silêncio por parte da bruxa.*
> XI. *Do interrogatório final e das precauções a serem observadas pelo juiz.* (Kramer; Sprenger, 1991, p. 3897-3898)

Como em toda obra que procede originariamente do colegiado teológico romano e se inicia com os vistos de *nihil obstat* e *imprimatur*, os quais, respectivamente, se constituem no reconhecimento da correção e na posterior determinação para a publicação da obra, no código *Malleus Maleficarum* a autenticidade da obra é atestada pela expressão *non obstantibus,* e a pertinente deferência surge com a inscrição "Roma, Basílica de S. Pedro, 9 de dezembro do ano da encarnação de nosso Senhor de 1484, no primeiro ano de nosso pontificado" (Kramer; Sprenger, 1991, p. 44). No final, concluídas as disposições processuais, transcreve-se: "Certificado de aprovação do *Malleus Maleficarum* pela faculdade de teologia da Universidade de Colônia" (Kramer; Sprenger, 1991, p. 524).

1.5 O direito canônico[5]

Para que possamos explorar o direito canônico e nos localizar corretamente, devemos, acima de tudo, distingui-lo do direito eclesiástico. E a distinção ocorre já na conceituação de cada um deles.

Uma vez que a Igreja é tida tão somente como uma instituição exclusivamente religiosa a função do direito canônico é normalizar o relacionamento entre a Igreja e as pessoas subordinadas a ela pela fé. Isso porque tanto a Igreja quanto o corpo de fiéis estariam ligados pela confissão do cristianismo. Analisado dessa forma, o direito canônico, regra estrita para aplicação temporal entre os fiéis, tem por finalidade primeira a salvação das almas. A pressuposição do direito canônico, segundo seus defensores, estaria intimamente ligada até mesmo ao mais básico ordenamento bíblico do Novo Testamento: a propagação do Evangelho, conforme prescrito em Marcos (16,15).

Assim, a orientação canônica que predomina é aquela que orienta o cristão, antes de qualquer coisa, a estar bem com o seu Deus e os seus irmãos na fé, e não com a matéria temporal. O direito canônico pode, então, ser definido como "o corpo de estatutos jurídicos" cuja origem seria tanto divina quanto humana, embora se ressalte que a inspiração é sempre divina e que esse corpo estatutário seria reconhecido e promulgado por uma autoridade da Igreja Católica, determinando a organização

5 Caracterizado como um ramo pouco acessível das ciências jurídicas, e por isso mesmo limitadamente estudado, o direito canônico inspirou a elaboração desta seção, na qual procuramos enfatizar a organização judiciária desse direito e suas nuances processuais civis. Para permitir melhor compreensão de sua sistemática processual, expomos sua estrutura e seus aspectos dogmáticos que conduzem os atores pelo caminho dos tribunais eclesiásticos previstos no Código de Direito Canônico de 1983.

e a atuação da própria Igreja e de seus fiéis, sempre se relacionando com o objetivo comum existente entre a instituição e os seguidores.

Quando tratamos da origem do direito canônico, naturalmente passamos pelo período imediatamente anterior a Cristo, ao seu próprio período e ao período imediatamente posterior a Ele, segundo é proposto pelos defensores de uma historicidade que se acha atrelada ao testemunho de Roma.

O apóstolo Paulo (I Coríntios 6,1-6), em duas ocasiões, proibiu os crentes de procederem como os que não pertenciam ao "caminho", determinando que as questões que envolvessem os membros da Igreja fossem levadas ao arrazoado dos chefes da eclésia.

Por ser de teor intrinsecamente dogmático e católico, baseado na ótica histórica, o direito canônico apontava os bispos e o papa como homens habilitados para esse arrazoado. E era justamente esse o modelo hierárquico jurídico que deveria prevalecer a partir da promulgação do direito canônico.

O direito canônico, segundo é reclamado, tem duas fontes de revelação. A primeira delas é de **natureza divina**, que compreende a Sagrada Escritura e a tradição da Igreja. A segunda, de **natureza humana**, é composta de normas eclesiásticas e laicas, formando, assim, o direito canônico positivo.

No atual **Código de Direito Canônico**[6] (A Santa Sé, 1983) se reconhece o período em que se procedeu à codificação do direito canônico que antecedeu, em seu conteúdo, o vigente. Na oportunidade, ou seja, na confecção do atual direito, o papa nomeou, sob a sua direta supervisão, uma comissão de 16 membros

6 O Código de Direito Canônico aqui citado está em versão portuguesa, como se encontra no link próprio do Vaticano (A Santa Sé, 1983). Fizemos as adaptações de ortografia, basicamente de acentuação e consoantes mudas, para que não se estranhe o texto.

do colégio cardinalício e contou, ainda, com Pietro Gasparri, secretário canonista (pessoa especializada em direito canônico; versada nos cânones).

Uma vez composta e amparada pelo canonista, a comissão traçava a metodologia para o desenvolvimento do trabalho, cuja norma primordial era adequar, com precisa indicação das fontes, o direito social vigente aos cânones devidamente estatuídos. As divergências de interpretação em determinado tema tinham de ser dirimidas com a adoção da opinião mais autorizada, isto é, reconhecida como autoridade superior. Propostas que porventura fossem trazidas à tona para compor o cânon deveriam, necessariamente, trazer as razões de sua apresentação.

O cânon é constituído de 21 títulos subdivididos em capítulos, nos quais se normatizam competências referentes à ordem judiciária, além de partes, ações e exceções de uma série de outros quesitos que compunham todo o seu rol de regulamentações. O apêndice do antigo direito canônico, de 1917 (Agnus Dei, 2014), também se acha provido de várias bulas e, entre elas, encontramos uma específica que se presta a organizar o processo eletivo papal.

Em setembro de 1917, Benedito XV instituiu uma comissão de cardeais para desenvolver uma interpretação genuína do código canônico e estabelecer alguns requisitos para organizar os métodos legislativos. A interpretação que se originou desse empenho do colégio cardinalício tinha força de lei, sendo, por fim, publicada na *Acta apostolicae sedis*[7]. Observado a partir de um prisma jurídico, o código alcança a classificação de autenticidade que lhe fora atribuída com a promulgação do papa,

7 Informações do Vaticano que, uma vez decididas pelo papa, são inseridas nessa ata tendo validade somente após a sua publicação.

além de "unicidade", atributo natural da obra, posto ser a única que incorpora todos os cânones em vigor na Igreja Católica Romana do Ocidente. A codificação chamada *pio-beneditina* (título oriundo do pontífice que a promulgou) firma-se então, por mais de quarenta anos, como obra de reconhecido valor jurídico da Igreja.

O Código de Direito Canônico vigente na atualidade surge a partir da influência que a Igreja sofreu em poucas décadas em virtude das profundas mudanças na cultura contemporânea, realidade que determinou a necessidade de alterações nos estatutos canônicos. As mudanças foram preconizadas com a instituição do Concílio Ecumênico Vaticano II, em 25 de janeiro de 1959, quando teve início a importante preparação para as reformas na *Lex Canonici* (Lei Canônica).

No decorrer dos tempos, a Igreja Católica procedeu a mudanças e renovou as leis da disciplina canônica, para, com fidelidade constante ao seu Divino fundador, ajustá-las à missão que lhe fora outorgada. Movida por esse mesmo objetivo, e realizando, por fim, a expectativa de todo o mundo católico, a Igreja Católica determinou, em 25 de janeiro de 1983, a publicação do Código de Direito Canônico Revisado (A Santa Sé, 1983). Com essa publicação, a Igreja rememora o dia 25 de janeiro de 1959, quando o predecessor do atual pontífice romano, na época João XXIII (*in memoriam*), proclamou, pela primeira vez, ter decidido reformar o corpo vigente dos estatutos canônicos que haviam sido promulgados em 1917, na solenidade do Pentecoste.

A partir deste ponto do texto, apreciaremos uma série de cânones devidamente contextualizados e comentados de acordo com sua aplicação jurídica estabelecida pelo clero católico romano. Analisaremos alguns textos do cânones entre 1051 e 1716, constantes no Livro VII – Dos processos – Parte I – Dos juízos em geral do antigo Código de Direito Canônico de 1917 (A Santa Sé, 1983).

No cânone 1401, lemos:

> *Por direito próprio e exclusivo, a Igreja conhece:*
>
> *1° das causas que respeitam a coisas espirituais ou com estas conexas; 2° da violação das leis eclesiásticas e de tudo aquilo em que existe a razão de pecado, no respeitante à definição da culpa e à aplicação de penas eclesiásticas.* (A Santa Sé, 1983, p. 244)

As coisas espirituais propostas por esse cânone são, por exemplo, os sacramentos, as doutrinas concernentes à fé e os ritos litúrgicos. Fundamentada nesse cânon, a Igreja reivindica jurisdição intransferível para arrazoar questões matrimoniais, distinguindo os fatos que envolvam fiéis batizados. A instituição do matrimônio, em especial, afirma o cânon 1055, parágrafo 1°, foi elevada à classe dos sacramentos pelo próprio Cristo. Característica interessante, e que se sujeita ao magistério da Igreja, inscrita no cânone 1084, parágrafos 2° e 3°, para aplicação no âmbito do matrimônio é a que se refere à impotência. Conforme decreto da Sagrada Congregação para a Doutrina da Fé, de 13 de maio de 1977 (A Santa Sé, 1977), a impotência que anula o matrimônio consiste na incapacidade antecedente e perpétua, quer absoluta, quer relativa, de realizar o ato conjugal.

Quanto à questão íntima do matrimônio, o cânone 1061 indica o seguinte:

> *O matrimônio válido entre batizados diz-se somente rato [ratificado], se não foi consumado; rato e consumado, se os cônjuges entre si realizaram de modo humano o ato conjugal de si apto para a geração da prole, ao qual por sua natureza,*

> *se ordena o matrimônio, e com o qual os cônjuges se tornam uma só carne.*
>
> *§ 2. Celebrado o matrimônio, se os cônjuges tiverem coabitado, presume-se a consumação, até que se prove o contrário. (A Santa Sé, 1983, p. 187)*

Esse cânone especifica o conceito de cópula conjugal e resolve a questão, antigamente sustentada pelo cardeal Gasparri, de que a incapacidade de ejaculação também caracterizava impotência, fazendo que os homens que se submeteram à operação de vasectomia fossem alcançados pela anulação. Esse pensamento foi abolido no novo Código de Direito Canônico (A Santa Sé, 1983), mas apenas no que se refere à incapacidade de ejacular.

Haveria, ainda, um aspecto envolvendo as figuras espirituais e temporais, ou seja, a questão das causas que definem o poder legal da Igreja de judiciar quando os assuntos espirituais estiverem anexados aos temporais.

Por conseguinte, no novo Código de Direito Canônico não se observa privilégio de foco (lugar) para as pessoas que ocupam cargos eclesiásticos.

O cânone 1403, que trata das causas de beatificação dos fiéis reconhecidos como extintos servos de Deus, afirma que o exercício eclesial legal é normatizado por lei pontifícia especial, e assim se redigiu:

> *§ 1 As causas de canonização dos Servos de Deus regem-se por lei pontifícia peculiar.*
>
> *§ 2 A estas causas aplicam-se também os preceitos deste Código, sempre que na mesma lei se remeter para o direito universal ou se tratar de normas, que, pela natureza das coisas, afectam também estas causas.* (A Santa Sé, 1983, p. 244)

Esse cânone é correlato ao 1187, nos termos: "Só é lícito venerar com culto público os servos de Deus que foram incluídos pela autoridade da Igreja no álbum dos Santos ou Beatos".

Sua aplicação está atrelada ao *modus* empregado para realização dos processos de beatificação e canonização e, embora não se ache diretamente tratado no Código de Direito Canônico, encontra a totalidade de sua regulamentação no documento eclesial *Sanctitas clarior (Motu proprio)*, datado de 19 de março de 1969 (A Santa Sé, 1969).

O título I da matéria iniciada no cânone 1400, que diz respeito aos juízos eclesiais em geral, intitula-se "Do foro competente" e dá sequência ao cânone 1404, cuja redação é a seguinte: "A primeira Sé por ninguém pode ser julgada".

O cânone 1405 enumera os agentes que incidem nas causas do cânone 1401, para as quais o pontífice romano detém competência exclusiva para judicatura.

Em quatro incisos, o cânone 1405 define que o o papa pode julgar:

> *1.° os que exercem a suprema magistratura do Estado;*
> *2.° os Cardeais;*
> *3.° os Legados da Sé Apostólica, e os Bispos em causas penais;*
> *4.° outras causas que ele tiver avocado ao seu juízo.*

Fecha-se, assim, o parágrafo primeiro.

O parágrafo 1° veta o juízo de atos ou documentos confirmado em forma específica pelo pontífice romano por parte de qualquer outro juiz eclesial, exceto com o prévio mandato do papa. O parágrafo 3° preserva-se nesse contexto, limitando a competência de juízo a respeito de bispos, abade primaz, abade superior e moderador supremo, além das dioceses que não têm superiores abaixo do sumo pontífice.

Por conclusão a esta análise das definições do Código de Direto Canônico para os aspectos estudados, temos que – em razão da posição ocupada pela Igreja Católica Romana no mundo, e rememorando o período em que a Igreja e seu direito usufruíram a proeminência no contexto jurídico do Ocidente europeu – a dogmática e a jurisprudência desse último assunto serviram para compor o direito comum social, sempre preservando a equidade no trabalho de interpretação e elaboração promovido pelos comentadores que tiveram por referência o direito romano.

Desse modo se procedeu porque havia interesse na mudança das antigas práticas cotidianas observadas nos âmbitos regionais, transformando-as em uma forma de direito mais erudito e abrangente, sustentado, à época, pela unidade da escrita e da língua latina – e também pelo desejo de um direito capaz de garantir melhor a justiça que já havia sido alijada pela postura humilhante adotada pelos juízes locais nos feudos ou senhorios onde detinham jurisdição.

1.6 A natureza da lei

Tomás de Aquino, em sua *Suma teológica*, ensinava que a regra ou medida da atividade humana é a razão, cuja finalidade é direcionar a atividade ao objetivo. A lei civil, composta de um ordenamento cuja expectativa é o benefício comum da sociedade, foi confeccionada pelos representantes eleitos pela própria comunidade para desenvolverem a legislação. São esses mesmos representantes que promulgam a lei civil que, por derradeiro, recebe o aval do líder maior da nação (Tomás Pègues, 1942).

A lei, como "primeiro princípio", ensina que cada área da atividade humana deve ter essa característica. Quando nos reportamos aos "primeiros princípios" da razão humana, percebemos que, no raciocínio do indivíduo, se encontra a questão da não contradição, isto é, o princípio que nos ensina que não é possível haver duas ideias divergentes sobre o mesmo tema, mas que ambas são verdadeiras (Tomás Pègues, 1942).

Existem outros princípios que nos foram transferidos pelos nossos antepassados e que estão relacionados à moral e à conduta social, como a antiquíssima máxima "faça o bem, evite o mal".

A última lei que poderíamos observar é a "lei natural", cujos preceitos são para a razão prática aquilo que os "primeiros princípios" do pensamento são para o raciocínio filosófico e a consequente conduta social.

A lei preocupa-se principalmente com o planejamento da forma de execução para a finalidade dos "primeiros princípios", ou seja, propõe-se a nos garantir a felicidade última, cujo objetivo é o convívio social. Em resumo, a lei é a normatização que busca o benefício comunitário (Tomás Pègues, 1942).

A proclamação da lei é o procedimento executado pelo presidente da República nas nações que adotam esse tipo de governo, o que é feito a partir da manifestação favorável do Poder Legislativo, que deve tornar a lei válida, efetiva e aplicável, visto que, segundo o Código Penal brasileiro, Decreto-Lei n. 2.848, de 7 de dezembro de 1940, art. 1º: "Não há crime sem lei anterior que o defina. Não há pena sem prévia cominação legal" (Brasil, 1940).

Tomás de Aquino lecionava, no texto *Questões disputadas (Quaestiones disputatae)*, que ninguém seria obrigado a obedecer a algum preceito sem ser primeiro informado razoavelmente sobre ele. Disso resulta a compreensão de que o homem comum deve observar a lei como dever de suas ações para o bem de todos (Tomás Pègues, 1942).

Dentro de um contexto moral, para que se veja estabelecida a obrigação, a lei deve ser aplicada às pessoas para ser regulada, além de ser trazida ao conhecimento da comunidade pela promulgação, conforme apontado pela *Suma teológica* (Tomás Pègues, 1942).

No que concerne à lei moral, em especial a que se acha ditada no texto sagrado, o fato de não conhecer a lei é argumento legítimo para não obedecê-la, a não ser que seja por ignorância culpável, por planejamento ou omissão consciente.

1.7 Tipos de leis na história da Idade Média

Já na Idade Média, Tomás de Aquino distinguiu quatro espécies de leis (Tomás Pègues, 1942):

1. *lex aeterna* ou razão divina, eterna e imutável, da qual dependem as outras leis, as quais são derivações daquela;
2. *lex naturalis*, semeada por Deus no coração do homem e criada especificamente para reger a natureza do próprio homem;
3. *lex humana*, criada pelo próprio homem a partir do que se observa na *lex naturalis*.

4. lei divina, a qual Deus impôs aos homens quando se mostrou a eles, nos dez mandamentos.

Tomando por certo que no período citado havia uma interdependência entre as leis divina e humana (positiva), sobrepujando a lei celeste à lei dos homens, formou-se o consenso de tornar o Estado sujeito à Igreja, posição que ficou sedimentada como "teocracia" na gestão de Bonifácio VIII (Benedetto Caetani), o mais famoso papa com esse nome.

A posição do papa Bonifácio, entretanto, sofreu a discordância de Dante Alighieri e Marcílio de Pádua, nos documentos *Teoria dos dois sóis* e *Independência do Estado perante a Igreja*, respectivamente. Com o advento do Renascimento – movimento intelectual que preconizou, no século XV, a recuperação dos valores e modelos da Antiguidade greco-romana – e da Reforma Protestante, houve a separação entre a teologia e o direito, o que serviria de base para Hugo Grócio formar sua doutrina de direito natural fundamentada na razão humana.

No século XVII, surgiu a Escola de Direito Natural, que se alicerça no racionalismo (doutrina que privilegia a razão como meio de conhecimento e explicação da realidade), propaga a orientação já estabelecida nos fundamentos do direito e elabora uma concepção de "Estado de direito liberal-burguês", considerado moderno para a época.

Nessa linha de pensamento, destacaram-se John Locke, Thomas Hobbes e Samuel Pufendorf. Para Locke, todos os homens possuem, por natureza, os direitos inerentes à liberdade, à igualdade e à propriedade, ficando sob o encargo do Estado tão somente a proteção para cada uma dessas prerrogativas naturais.

Hobbes, por sua vez, pensava que a natureza teria imposto aos homens, desde que tomados isoladamente, um "estado de natureza" em que a agressividade predominaria. No latim, esse estado de natureza é definido como *homo homini lupus*, que significa: "o homem é lobo do próprio homem". E isso ocorre quando o homem se encontra em liberdade absoluta, já que é "natural", por isso a necessidade de que sejam estabelecidos poderes estatais para que essa tendência nociva seja contida.

Por último, Pufendorf distingue o direito da teologia e o **direito natural** do **direito positivo**, associando o primeiro aos direitos que lhe são "naturais" e necessários à subsistência e o segundo aos direitos licitamente adquiridos em sociedade.

Recebem destaque, no século XVIII, Charles Secondat (Barão de Montesquieu), ou simplesmente Montesquieu, e Jean-Jacques Rousseau, que são personalidades expressivas da Revolução Francesa por proferirem novos conceitos sobre o direito natural.

Montesquieu é autor da obra *O espírito das leis*, tida como vultosa no ambiente em que fora inserida e por meio da qual o autor examinou minuciosamente tanto as leis como cada um dos costumes ou estruturas sociais estabelecidos (pela própria lei) entre os povos. Seu objetivo, com isso, era justificar as leis de acordo com as circunstâncias sociais e ambientais que as originaram (Montesquieu, 2000).

Por seu turno, Rousseau (1999), em *O contrato social*, apostou em uma transformação gradativa do estado natural de liberdade numa situação societária, cuja afirmação principal era a de que o homem nasce livre, mas em toda parte está aprisionado.

O ponto de vista de Rousseau encontra uma semelhança com o pensamento de Locke. Ou seja, os dois compreendem que o homem nasce num estado de liberdade natural que promove a felicidade absoluta, mas, ao se ver inserido no quadro social, constata o fim dessa liberdade e, por consequência, da felicidade que acreditava sempre estar em sua posse. Então, se corrompe. Numa visão mais crítica, Rousseau afirmava que o homem é "um bom selvagem", que sua natureza é sadia, mas a sociedade o corrompe. (Rousseau, 1999).

Os dois pensadores concluem que a liberdade, quando é peculiar ao indivíduo, satisfazendo-o, consequentemente traz um período de atitudes bondosas, o que esclarece que a sociedade política conveniente ao homem seria aquela que lhe garantisse o máximo em autonomia individual.

Com a restrição dessa autonomia, a liberdade natural, a readaptação do caráter social se faz a partir da norma civil, que não deixa de prever liberdade ao indivíduo. Todavia, o ideal maior já não é o do homem, mas o do Estado.

A partir desse ordenamento, vemos que a lei civil passa a tomar as características de um **contrato**, no qual a liberdade é um fim e a sociedade é o objeto desse contrato, culminando em um resultado que advém da vontade social comum e não do escopo individual de cada cidadão.

Quando observamos a formação familiar, constatamos que a família, em si mesma, administra sua união com base num contrato: a certidão de casamento. E esse contrato é redigido segundo os ditames da lei civil, que servem para regularizar somente os aspectos da união ligados ao patrimônio pertinente a cada uma das partes envolvidas, sem jamais regular as intenções de afetividade que uniram os cônjuges.

Rousseau (1999), por enfatizar esse aspecto da união matrimonial legal, reduz toda a instituição do casamento a um mero contrato, que, como qualquer outro, pode ser rescindido ou anulado pelas partes. Daí a instituição do divórcio, termo cuja etimologia nos revela tratar-se de *diverto (divorto), is, ti sum, ere,* "ir-se embora", "ausentar-se", "separar-se", procedimento que também é previsto no ornamento legal civil.

Ainda segundo Rousseau, a legitimidade do Estado existe apenas quando o próprio Estado defende os direitos naturais do homem, especialmente a liberdade.

1.8 Direito e religião: respectivas definições[8]

1.8.1 Direito

O termo *direito* é tido por "plurívoco-analógico", ou seja, apresenta uma pluralidade de sentidos analógicos, uma vez que as palavras podem, em sua classificação, ser unívocas e plurívocas.

As palavras unívocas guardam apenas um significado definido pela própria denominação. Por exemplo: *Deus*, *fogo*. As palavras plurívocas podem, entretanto, ser "equívocas" ou "analógicas". Devemos esclarecer que esse aspecto pode promover uma infinidade de significados para uma mesma palavra, mas todos equívocos, isto é, não condizem uns com os outros, embora sejam aparentemente análogos, ou então, são análogos propriamente ditos, quando os termos apresentarem semelhança na analogia.

---

8 O texto desta seção foi baseado em Montoro (2006), Nader (2008) e Reale (2007).

Por exemplo, no português, podemos analisar a palavra *cravo*. Observamos que os seus significados não são análogos, uma vez que, ao designar uma flor, de certo não estará definindo um instrumento musical. Ao referir-se a um tipo de prego, não dirá respeito a certa afecção da pele. Dessa analogia, concluímos que o termo *cravo*, em suas acepções, não é análogo, mas equívoco, diverso.

Voltemos, agora, à definição da palavra *direito*. O termo provém do latim *directu*, superando a expressão *jus*, do latim clássico, por ser mais expressiva.

Em Roma, considerava-se tanto o *jus* quanto o *faz*, valorizando o *jus* como o conjunto de normas formuladas pelos homens as quais se destinavam a ordenar a vida em sociedade. Já a expressão *faz* era o conjunto dos estatutos de origem divina e religiosa que se prestavam a reger as relações entre os homens e a divindade.

Nos primórdios da história romana, o *faz* era a norma que imperava e sua aplicação cabia aos pontífices: os ministros supremos da religião, que guardavam, em segredo, os princípios jurídicos que deveriam ordenar as ações humanas, ações das quais se destacam as expressões *sanção* (*sancionare*) e *santificar*. Ou seja, os sacerdotes "santificavam" a lei.

A secularização do direito ocorreu por volta de 254 a.C, por iniciativa de um plebeu chamado Tibério Coruncâneo, ocasião em que a palavra *direito* penetrou no vocábulo das nações por via latina, derivando de um radical primitivo indo-europeu (*rj*) em substituição ao latino clássico *jus*, como vimos anteriormente. Mas essa partícula latina, ao menos no que tange ao vasto emprego dessas expressões na matéria legal do direito brasileiro em seus códigos, reveste-se de grande representatividade quanto ao uso, quando as penas da magistratura transcrevem expressões como *jus libertatis* (direito à liberdade), *jus facit judex* (o juiz faz o direito) e *ex facto oritur jus* (o direito nasce do fato).

O radical *rj* significa "guiar", "conduzir", "dirigir", com maior concentração nas línguas célticas, germânicas e latinas, nas quais são escritas nas formas: *raiths* (gótico), *recht* (alemão) ou *right* (inglês). Já nas línguas neolatinas, por meio do acusativo *directum*, temos: *direito* (português), *derecho* (espanhol), *diritto* (italiano) e *droit* (francês).

O termo *direito*, então, significaria, em períodos remotos, "conduzir", "guiar". Todavia, se a etimologia da palavra parece ser a que até aqui foi exposta, as acepções do termo podem variar em grande número, e cada acepção deve sofrer interpretação de acordo com sua aplicação no meandro legal.

A seguir, apresentamos algumas significações da palavra *direito*:

- **Direito objetivo**
  O direito brasileiro pune o duelo.
- **Direito subjetivo**
  A cada direito corresponde uma ação que o assegura, conforme art. 75 do Código Civil (Brasil, Lei n. 10.406, de 10 de janeiro de 2002); ou: ninguém é obrigado a fazer ou a deixar de fazer alguma coisa senão em virtude de lei, art. 5º, inciso II da Constituição Federal (Brasil, 1988).
- **Direito no sentido do justo**
  O operário tem o direito de participar nos lucros da empresa.
- **Direito no sentido de ciência**
  Cabe ao direito o estudo da posse e da propriedade.

1.8.2 Religião

O termo *religião* se firma, em um primeiro momento, como elemento de composição antepositivo. Do latim *religio, onis*, significa, de acordo com Perissé (2010):

> *No latim,* religio *designava "respeito", "reverência". A palavra deriva de* relegere, *em que* re-, *"de novo", está associado ao verbo* legere, *"ler", abrigando o sentido de "tomar com atenção". Uma pessoa vive a* ***religião*** *quando, uma e outra vez, cuida escrupulosamente de algo muito importante, algo que deve ser cultuado.*

Conforme Houaiss (2009):

> *Os latinos ligam-no a "*relegere*" [...], etimologia defendida por Cícero [...]. Outros autores (Lactâncio e Sérvio) associam "*religio*" a "*religare*": o que seria propriamente "o fato de se ligar com relação aos deuses", simbolizado pela utilização das "*uittae*" (fitas para enfeitar as vítimas ou ornar os altares) e dos "*stemmata*" no culto. Alega-se em favor desse sentido a imagem de Lucrécio, 1,931: "*religionum nodis animum exsoluere*". [liberar a alma dos vínculos religiosos]*

Todavia, uma visão superficial das "alternativas seculares da religião" deve ser esboçada para uma melhor compreensão. Essas alternativas em si mesmas, na forma como são oferecidas pelas sociedades, não podem ser classificadas como "religião". Isso porque, apesar de as alternativas apresentarem elementos comuns com a religião, é a partir dessas identificações, que se apresentam como opções, que essas alternativas em nada se comunicam com a religiosidade.

Qualquer pessoa que adote para si um ponto de vista, ainda que teórico, que exclua a crença religiosa, a exemplo do **ceticismo** e do **materialismo**, não precisará aceitar nenhuma alternativa da religião. Essa pessoa não necessitará de coisa alguma que se assemelhe, em sua vida, ao que a religião representa na vida do crente.

Há, porém, aqueles que têm um ponto de vista teórico acerca da religião que é secular e, para essas pessoas, certos comprometimentos exercem a mesma função da adesão a uma crença religiosa.

Quanto às definições mais específicas sobre a fé – como exercício de convicção do homem para que possa se relacionar espiritualmente –, entre outras, há duas que seriam as principais:

1. **Religião** é uma série de sistemas reconhecíveis de crença e prática que apresentam uma semelhança familiar. Essa série, entretanto, não apresenta um limiar claro, uma divisão bem definida. O ponto de partida pode ser algum conceito, ideia ou filosofia que se reconheça como religião: o cristianismo, por exemplo. Elementos que sejam comuns a este ou a sistemas semelhantes (judaísmo e islamismo) são, então, selecionados para que componham, juntamente com outros, a relação de uma série de religiões (Freire; Bronsztein, 2013).

   De forma especialmente abrangente, todos os "ismos" (budismo, hinduísmo, moonismo etc.) podem ser arrolados na classe das religiões. Todavia, o processo de definição interno de cada filosofia religiosa pode parecer arbitrário e artificial. Estudiosos dessa causa propõem que o emprego de terminologia própria para definir a religião específica de cada terminologia (prática que não se observava até o início do século XIX) deveria ser substituído por nomenclatura excludente do rótulo *religião*, passando a grafar-se: *a religião de...* (um povo ou uma área cultural).

2. **O termo *religião* pode denotar**: a) a classe de todas as religiões; b) a essência supostamente comum de todos os fenômenos autenticamente religiosos; c) o ideal de que todas as religiões verdadeiras são consideradas manifestações imperfeitas; d) a religiosidade humana, expressa não só em sistemas e tradições (religião explícita), mas também em modos de vida em que se ache implícita e quase velada (Minhateca, 2014).

   Para o item "a", uma definição de força pode bastar, mas para os demais exemplos, as definições serão avaliadas de acordo com o comprometimento.

Obviamente que os definidores da religião, por assim dizer, estão sujeitos a erros, ao menos no que tange à materialização da religião, isto é, uma concretização da fé mal colocada. É cabível rememorar que o fato de o indivíduo declarar-se religioso ou esboçar religiosidade é inerente ao homem, mas não se limita apenas aos que exteriorizam essa posição.

1.9 A Constituição Federal Brasileira

A nova Constituição Federal Brasileira de 1988 encerra o ciclo da chamada *transição democrática*, inaugurada com o advento da Nova República.

A introdução constitucional evidencia seu caráter liberal quando se expressa nos termos dos constituintes que a redigiram:

> *Nós, representantes do povo brasileiro, reunidos em Assembleia Nacional Constituinte para instituir um Estado democrático, destinado a assegurar o exercício dos direitos sociais e individuais, a*

liberdade, a segurança, o bem-estar, o desenvolvimento, a igualdade e a justiça como valores supremos de uma sociedade fraterna, pluralista e sem preconceitos, fundada na harmonia social e comprometida, na ordem interna e internacional, com a solução pacífica das controvérsias, promu lgamos, sob a proteção de Deus, a seguinte Constituição da República Federativa do Brasil. (Brasil, 1988, Preâmbulo)

O conteúdo da Constituição varia conforme as circunstâncias históricas, segundo os fatores de natureza política, ideológica e econômica. Como ensina Salvetti Netto (citado por Aquaviva, 2010, p.80), operador do direito constitucional, a uma Constituição de caráter liberal democrático, de uma rica explanação que fora empregada à época áurea da liberdade política, jamais seria cabível declarar os direitos sociais ou disciplinar a relação entre o capital e o trabalho, fatores que compõem a mais importante preocupação das Constituições em vigor.

Com base nessa posição, conforme Lazirratti (2014), uma Constituição que oferece boa compreensão deve estar amparada em dois pontos principais:

1. como ordenamento jurídico estruturador do Estado;
2. como objeto das ideologias que, predominantes num dado momento histórico, são recolhidas pelo legislador constituinte.

No que se refere ao berço histórico do Brasil, temos por fato que a aceitação unânime da Constituição, como documento escrito, revela que essa lei suprema cuidava apenas da estruturação da política do Estado, e que o governo monárquico precedeu a forma de governo de natureza republicana.

Se a Constituição, brasileira ou estrangeira de qualquer pátria, não zelasse em sua elaboração pelos valores sociais predominantes no pertinente momento cívico do povo, nada mais seria do que um corpo sem alma, ou seja, uma simples folha de papel.

Uma Constituição, para reger a nação, necessita ser aprovada pelo corpo legislativo – Câmara dos Deputados e Senado Federal – logo, tem de ser também lei. Entretanto, a Constituição brasileira não pode ser tida na mesma conta que os demais códigos que auxiliam no ordenamento jurídico da nação e, assim, resumir-se a uma simples lei. É mais do que isso.

Talvez a mais expressiva peculiaridade que respeita à Constituição brasileira e não encontra paralelo nos demais códigos da nação esteja relacionada no art. 60, parágrafo 4º, incisos I a IV, que versa sobre as chamadas *cláusulas pétreas*[9]. Vejamos como se encontram dispostas:

> *[...] § 4º Não será objeto de deliberação a proposta de emenda tendente a abolir:*
> *I – a forma federativa de Estado;*
> *II – o voto direto, secreto, universal e periódico;*
> *III – a separação dos Poderes;*
> *IV – os direitos e garantias individuais.* (Brasil, 1988)

Se você tiver maior interesse na matéria legal, poderá compreender melhor as correlações entre o art. 60 (clausulas pétreas) e os demais textos implicados, checando diretamente em um exemplar da Constituição Federal os pontos indicados a seguir.

Quanto às observações feitas pela Constituição brasileira, sobre o tema "religião", a lei máxima consome pelo menos seis de seus 250 artigos, acomodando, ainda, os respectivos incisos, os quais analisaremos resumidamente:

9 Determinação rígida e permanente, que não pode ser alterada.

> *Art. 5º Todos são iguais perante a lei, sem distinção de qualquer natureza, garantindo-se aos brasileiros e estrangeiros residentes no País a inviolabilidade do direito à vida, à liberdade, à igualdade, à segurança e à propriedade, nos termos seguintes:*
> *[...]*
> *VI – é inviolável a liberdade de consciência e de crença, sendo assegurado o livre exercício dos cultos religiosos e garantida, na forma da lei, a proteção aos locais de culto e a suas liturgias;*
> *VII – é assegurada, nos termos da lei, a prestação de assistência religiosa nas entidades civis e militares de internação coletiva;*
> *VIII – ninguém será privado de direitos por motivo de crença religiosa ou de convicção filosófica ou política, salvo se as invocar para eximir-se de obrigação legal a todos imposta e recusar-se a cumprir prestação alternativa, fixada em lei; [...] (Brasil, 1988)*

Cada um desses incisos assegura a inviolabilidade de consciência e de crença, o que, por consequência, garante a cada cidadão brasileiro o livre exercício de cultos religiosos, da mesma forma que garante, em dispositivo legal próprio, a proteção aos locais nos quais se realizem cultos ou suas respectivas liturgias.

Conforme essa especificação constitucional, e por extensão à vida social do indivíduo, ninguém poderá sofrer qualquer privação de seus direitos em razão de sua crença religiosa, ou ainda, por consequência de sua convicção filosófica e política, exceto nos casos em que o agente as invocar, com o objetivo de eximir-se de obrigação legal imposta por lei a todo cidadão, norma legal que lhe garanta a exceção, a exemplo do serviço militar obrigatório, conforme ordena o art. 143, parágrafos 1º e 2º da Constituição Federal (Brasil, 1988).

Não obstante a norma insculpida no artigo supracitado, esta encontra sua alternativa no cumprimento de prestação de serviços (por exemplo, serviço militar) que não agridam os sujeitos individuais atinentes ao manifestante de oposição e cuja alternativa seja fixada em lei.

Desde a vigência da República, conforme o Decreto n. 119-A, de 7 de janeiro de 1890 (Brasil, 1890), existe separação entre Estado e Igreja, o que constitui o Brasil como nação laica, isto é, não confessional, posição que se define no fato de não haver religião oficial da República Federativa do Brasil.

A questão da prestação de assistência religiosa em instituições civis ou militares no Brasil que se prestem à internação (prisão) coletiva compõe a seguridade desse direito nos termos da lei, conforme veremos a seguir, no tópico que trata da a lei de execução penal. O art. 19, inciso I, apresenta-nos os seguintes termos:

> *Art. 19. É vedado à União, aos Estados, ao Distrito Federal e aos Municípios:*
> *I – estabelecer cultos religiosos ou igrejas, subvencioná-los, embaraçar-lhes o funcionamento ou manter com eles ou seus representantes relações de dependência ou aliança, ressalvada, na forma da lei, a colaboração de interesse público.* (Brasil, 1988)

Delimita e ordena a relação entre o Estado e as instituições religiosas, delineando claramente a separação entre ambos, meta cristalina no ordenamento maior que impede a vinculação do poder temporal (político) ao poder espiritual (eclesiástico).

A vasta diversidade de crenças observada na sociedade brasileira é, sem dúvida, ao lado do pretendido e propagado "Estado democrático de direitos", o divisor de águas entre o Estado e a Igreja.

O art. 143, parágrafos 1° e 2°, já referenciado anteriormente para dispor sobre o serviço militar e sua obrigatoriedade, em suas declinações legais na Constituição Federal é mais abrangente quanto aos seus aspectos peculiares, na norma assim transcrita:

> *Art. 143. O serviço militar é obrigatório nos termos da lei.*
> *§ 1º – Às Forças Armadas compete, na forma da lei, atribuir serviço alternativo aos que, em tempo de paz, depois de alistados, alegarem imperativo de consciência, entendendo-se como tal o decorrente de crença religiosa e de convicção filosófica ou política, para se eximirem de atividades de caráter essencialmente militar.*
> *§2º – As mulheres e os eclesiásticos ficam isentos do serviço militar obrigatório em tempo de paz, sujeitos, porém, a outros encargos que a lei lhes atribuir.* (Brasil, 1988)

O *caput* do art. 143 evidencia o exercício militar como compulsório, todavia esclarece que o é nos termos da lei e, então, dirime nos parágrafos 1º e 2º suas exceções.

No parágrafo 1º, a já comentada prestação alternativa é citada como de responsabilidade das Forças Armadas e seus agentes, para que, em tempos de paz, designem ocupação alternativa àqueles que, por questões religiosas, filosóficas ou políticas, depois de alistados, optem por eximir-se das atividades essencialmente militares.

O parágrafo 2º inclui no rol dessas exceções as mulheres e os eclesiásticos, aos quais, pelas autoridades militares referendadas no parágrafo 1º, são atribuídos encargos previstos em lei.

A Lei n. 8.239, de 4 de outubro de 1991 (Brasil, 1991) é específica acerca da prestação de serviço alternativo ao serviço militar. Nela, o art. 2º especifica os motivos da obrigatoriedade, enfatizada no art. 3º, cujo parágrafo 2º especifica as atribuições alternativas ao serviço militar propriamente ditas como sendo de caráter administrativo, assistencial, filantrópico ou, ainda, produtivo.

Essa ocupação alternativa, segundo a Lei n. 8.239/1991, deve ser desenvolvida em órgãos da formação de reservas das Forças Armadas ou em órgãos submetidos aos ministérios civis, desde que haja convênio e interesses recíprocos, além de o convocado apresentar a devida aptidão para a atividade atribuída.

De acordo com a Lei n. 8.239/1991, ao final da prestação alternativa, é concedido ao convocado certificado de prestação alternativa com os mesmos efeitos jurídicos do Certificado de Reservista.

A denegação do convocado em cumprir a prestação alternativa irá impedi-lo de receber o certificado correspondente pelo prazo de dois anos após o vencimento do período estabelecido.

Outro aspecto religioso que se observa na Constituição Federal, embora não o vejamos efetivamente aplicado à norma constitucional nos estabelecimentos de ensino da nação, refere-se ao fato de que a educação religiosa deve constituirdisciplina regular nos horários normais das escolas públicas de ensino fundamental, nos termos do art. 210, parágrafo 1º:

> *Art. 210. Serão fixados conteúdos mínimos para o ensino fundamental, de maneira a assegurar formação básica comum e respeito aos valores culturais e artísticos, nacionais e regionais:*
> *§ 1º – O ensino religioso, de matrícula facultativa, constituirá disciplina dos horários normais das escolas públicas de ensino fundamental.* (Brasil, 1988)

A Constituição Federal, ao organizar os quesitos de obrigações tributárias, também inclui os templos religiosos, conforme se acha versado no Código Tributário Nacional, Lei n. 5.172, de 25 de outubro de 1966 (Brasil, 1966b), em seu art. 9º, inciso IV, alínea "b", e na própria Constituição, em seu art. 150, inciso VI, alínea "b":

> *Art. 150. Sem prejuízo de outras garantias asseguradas ao contribuinte, é vedado à União, aos Estados, ao Distrito Federal e aos Municípios:*
> *[...]*
> *VI – instituir impostos sobre:*
> *[...]*
> *b) templos de qualquer culto; [...] (Brasil, 1988)*

O *caput* do art. 150 da Constituição Federal veda à União (governo federal), aos estados, ao Distrito Federal e aos municípios todas as taxações tributárias, na forma como se acham elencadas tanto na Constituição quanto no Código Tributário Nacional.

1.10 Os três diplomas da lei penal

A matéria penal, no ordenamento jurídico brasileiro, compreende três diplomas com fins específicos, o Código Penal Brasileiro, o Código de Processo Penal e a Lei de Execução Penal, os quais estudaremos a seguir.

1.10.1 O Código Penal Brasileiro

Num primeiro momento, a exemplo da lavratura do corpo do flagrante numa prisão por cometimento de crime, o diploma empregado pela autoridade policial para enquadramento penal é o Código Penal Brasileiro (CPB), Decreto-Lei n. 2.848, de 7 de dezembro de 1940 (Brasil, 1940), constituindo-se o ponto de partida para o completo procedimento do inquérito policial.

O CPB também visa a duas questões inerentes à fé, dentro do contexto social religioso, compreendidas, respectivamente, nos art. 208 (dos crimes contra o sentido religioso) e 283 (charlatanismo).

O art. 208 prescreve o seguinte: "Escarnecer de alguém publicamente, por motivo de crença ou função religiosa; impedir ou perturbar cerimônia ou prática de culto religioso; vilipendiar publicamente ato ou objeto de culto religioso" (Brasil, 1940).

O sujeito ativo (autor) desse delito e dos de sua modalidade pode ser qualquer pessoa, inclusive seus ministros ou fiéis.

A vítima do crime, na modalidade descrita no *caput*, é sempre uma pessoa determinada (ministro, sacerdote ou fiel) e, nas demais variedades, a coletividade religiosa. Nesses casos, reconhece-se o delito como vago, isto é, sem vítima específica, como ocorre nos casos de perturbação de cerimônia funerária (art. 209 do CPB – Brasil, 1940).

Para que se configure o delito da primeira modalidade – "escarnecer de alguém publicamente por motivo de crença ou função religiosa" –, é necessário, além de haver vítima específica, que se constate o dolo do acusado, por confissão ou conjunto probatório de fatos ou testemunhos. O dolo é a vontade de escarnecer, zombar de alguém em decorrência de crença ou profissão religiosa, admitindo-se, ainda, a forma tentada, quando não se tratar de conduta verbal, havida por um único ato.

A segunda modalidade do tipo penal prescrito no art. 208 do CPB (Brasil, 1940) – "impedir ou perturbar cerimônia ou prática de culto religioso" – caracteriza-se pela "conduta típica", ou seja, quando a ação do acusado esteja prescrita no *caput* do artigo ("escarnecer, impedir, perturbar ou vilipendiar"). O meio empregado para a consumação não importa para caracterizar o crime (embora concorra para o aumento da pena) se houver emprego de violência, alarido, gritos ou vaias.

As cerimônias religiosas mais solenes são: missas, procissões, casamentos e batizados. E as práticas em que não se empregam formalidades mais intensas são: sermões, catecismos, orações e novenas.

O art. 283 (charlatanismo) do CPB ordena: "Inculcar ou anunciar cura por meio secreto ou infalível" (Brasil, 1940).

O crime de charlatanismo é um delito comum e pode ser cometido por qualquer pessoa. O charlatão também é conhecido como *estelionatário da medicina*, por fraudar a boa-fé de pessoas enfermas. Assim, o delito pode ser caracterizado até mesmo por médicos que prometam curas por método secreto ou infalível.

O sujeito passivo do crime, cujo perigo é abstrato, é a coletividade e, eventualmente, ou ainda, de forma mais definida, a pessoa iludida e lesada pelo agente.

Assim como se observa em todo o restante do CPB, após a caracterização do fato como delituoso, urge a necessidade de se distinguirem os elementos objetivos e subjetivos do charlatanismo.

Em síntese, configuram-se da seguinte forma:

a) **Tipo objetivo:** Trata-se de "inculcar", que significa "anunciar", "difundir" ou "propagar", mediante panfletagem ou viva voz, a cura de moléstias por meios secretos ou infalíveis. Médicos que adotam esse procedimento, embora firam a ética dessa classe profissional, estão amparados pelo Decreto-Lei n. 4.113, de 14 de fevereiro de 1942 (Brasil, 1942), e também os profissionais da área de odontologia, conforme a Lei n. 5.081 de 24 de agosto de 1966 (Brasil,

1966a), desde que, como já especificado, não se trate de doença para a qual não se conheça tratamento próprio e de efeito absolutamente eficaz, segundo os atuais conhecimentos científicos.

b) **Tipo subjetivo**: É a vontade de "inculcar" ou "anunciar" cura por meio secreto ou infalível, quando se constatar no acusado a ciência quanto à falsidade do meio empregado, ou seja, característico da má-fé. O charlatanismo, para ensejar enquadramento legal, não carecerá necessariamente de vínculo com qualquer espécie de lucro ou outra finalidade específica de vantagem financeira.

1.10.2 O Código de Processo Penal

O segundo importante diploma que regulamenta a lei penal é o Decreto-Lei n. 3.689, de 3 de outubro de 1941 (Brasil, 1941), ou Código de Processo Penal (CPP), o qual, após a conclusão do inquérito na fase policial, dirime as questões no âmbito judicial, quando o fato delituoso se expõe à apreciação e ao devido processamento por um juiz de direito, representante competente do Estado para tanto, enquanto a sociedade tem, por procuradores, os representantes do Ministério Público, responsáveis pela denúncia.

O CPP é extremamente limitado quanto aos aspectos religiosos sociais, guardando em seu art. 295 apenas a norma a ser obedecida quando, ao final do necessário **processo penal**, é estabelecida a **instituição penal** adequada para recolher os ministros de confissão religiosa que tenham recebido contra si sentença judicial, cuja pena é privativa de liberdade.

> *Art. 295. Serão recolhidos a quartéis ou à prisão especial, à disposição da autoridade competente, quando sujeitos à prisão antes de condenação definitiva:*
>
> *[...]*
>
> *VIII – os ministros de confissão religiosa; [...]* (Brasil, 1941)

A jurisprudência (tese jurídica sustentada pelos magistrados, pelos desembargadores e pelos ministros dos Tribunais Superiores, os quais formam as correntes de pensamento que fundamentam as decisões nas sentenças e nos acórdãos) tem atendido ao preceito legal destacado acima, opinando pelo justo cabimento da medida, para que, independentemente de credo, comprovada a filiação em associação religiosa devidamente estabelecida, seus ministros sejam beneficiados pelo isolamento da população carcerária comum.

Cabe, aqui, esclarecer que a benesse mencionada no trecho retirado da lei tem aplicação apenas enquanto "não transitar em julgado" (estabelecer-se à fase processual na qual não caiba mais recurso, tornando a sentença irrecorrível) o processo penal no qual figurou como réu o ministro de confissão religiosa, após o que manda a mesma letra legal que o sentenciado seja removido para um estabelecimento prisional comum.

1.10.3 A Lei de Execução Penal

O terceiro diploma que regulamenta a lei penal brasileira é a Lei n. 7.210, de 11 de julho de 1984 (Brasil, 1984):

> *Art. 24. A assistência religiosa, com liberdade de culto, será prestada aos presos e aos internados, permitindo-se-lhes a participação nos*

serviços organizados no estabelecimento penal, bem como a posse de livros de instrução religiosa.

§ 1º No estabelecimento haverá local apropriado para os cultos religiosos.

§ 2º Nenhum preso ou internado poderá ser obrigado a participar de atividade religiosa.

Concluída a fase policial e o processo penal (que culmine com a sentença do réu à pena privativa de liberdade – prisão), resta valer-se o magistrado responsável pela execução da pena imposta deste último diploma penal, no qual se acham estatuídas todas as questões passíveis de observância no cotidiano carcerário, baixando normas que regulamentam o tempo, a forma, o regime, os benefícios, as sanções e todos os demais aspectos que envolvem o cumprimento da pena.

A justiça brasileira, ao articular normas para direção de estabelecimentos penais, reconheceu na religião um dos fatores de maior importância no processo de ressocialização do sentenciado. Albergaria (1993) apontou que Pio XII afirmara que o crime e a culpa não chegam a destruir no fundo humano o selo imposto pelo Criador, divagando na exposição do pontífice para orientar-se na relevância desse recurso.

No mesmo diapasão, juristas de outras épocas asseveraram que o art. 24 da Lei de Execução Penal (Brasil, 1984) prevê a liberdade de culto, permitindo – não obrigando – a participação de todos os reclusos.

A falta de obrigação descrita se acha declinada no parágrafo 2º da Lei n. 7.210/1984 (Brasil, 1984), para que não se exija presença compulsória do preso nas atividades religiosas, desenvolvidas no âmbito da prisão, e isso tomando por alicerce a liberdade religiosa garantida na Constituição Federal, nos termos do já apreciado art. 5º inciso VI (Brasil, 1988).

Flávio Marcão (2013), em seu comentário à Lei 7.210/1984, lembra ainda o art. 18 da Declaração Universal dos Direitos Humanos, que trata da liberdade de manifestação de crença, incluindo o ensino desta, e garantindo ainda a liberdade para que o homem proceda à mudança de uma para outra religião.

Marcão (2013) cita também um documento da Organização das Nações Unidas (ONU) que define, em seu 2º e 3º princípios, as deliberações exaradas pela Assembleia Geral acerca do respeito interpessoal no que se refere à religião adotada por todos os indivíduos.

Não obstante, o mesmo jurista destaca o festejado Pacto de São José da Costa Rica que, em seu Capítulo II, art. 12, também expõe os aspectos legais sobre a liberdade de consciência e de religião.

Júlio Fabrini Mirabete (2003), outro perito em direito penal, que também explora o referido pacto na última fase da aplicação da lei, ou seja, na execução da pena, refere, em conceitos amplos, que o homem é um ser ético e, por consequência, porta carências espirituais das quais, por vezes, sequer possui consciência. No reconhecimento dessa consciência, quererá e deverá exercê-la, sendo que, nesse caso, o Estado, que mantém o indivíduo sob sua custódia, terá por obrigação promover os meios para que o reeducando exerça sua fé.

É Mirabete (2003) que, em seu comentário à Lei de Execução Penal (p. 85, 86), nos descortina a história para nos revelar que, já no Império Romano, era costume que os sacerdotes fossem encaminhados aos cárceres com o fim de promover conforto e assistência moral necessários aos segregados enclausurados nas masmorras.

É extremamente notável a ideia de que os clérigos deveriam recolher-se às suas celas, nos mosteiros da Idade Média, para se dedicar à meditação e se arrepender dos pecados nos quais incorressem, de modo a alcançarem uma efetiva reconciliação com Deus. Esse, talvez, tenha sido o aspecto mais decisivo para instituição do regime prisional de clausura aos transgressores das leis do Estado.

A primeira unidade prisional legalmente estabelecida teria sido a House of Correction, construída em Londres, entre 1550 e 1552. Nesse período, a cultura religiosa fora propagada nos meios prisionais por John Howard, que transformara a assistência religiosa em um dos pontos fundamentais de seu sistema carcerário, criando a figura do capelão nas prisões para presidir as atividades religiosas, além de estimular a leitura de obras de cunho religioso antes das refeições (Beccaria, 1997).

Quanto ao local no interior do presídio que se destine à assistência religiosa, deve ser seguido o que se encontra disposto no parágrafo 1º do art. 24 da Lei n. 7.210/1984 (Brasil, 1984), para que a celebração litúrgica de quaisquer profissões religiosas possa acontecer em ambiente adequado e reservado.

Nossa intenção, ao disponibilizar as informações que indicamos até aqui, não é pretensa a ponto de formar peritos para as causas judiciais que compreendam os aspectos sociais que refiram crença.

Não pretendemos, por consequência e inadequação de propósitos e espaço, extinguir toda a matéria, mas apresentart importante e significativo esclarecimento para ajudar a evitar que tanto o membro discente quanto os convíveres cristãos se vejam encobertos por ações judiciais que redundam em sanções que vão desde indenizações em dinheiro até privação de liberdade, como pudemos constatar na própria letra legal.

Todas as obras consultadas para a confecção deste material (vide referências) estão à disposição do leitor que desejar adquiri-las nas livrarias especializadas, das quais extraímos o "texto seco" da lei e algumas nuanças do entendimento jurídico doutrinário.

A prática religiosa, em especial a cristã, cuja maior atribuição visa à multiplicação dos "salvos" por meio da evangelização, não pode viver à larga dos aspectos legais que a regulam. Daí a necessidade de se valorizarem os direitos e os deveres estatuídos nos vários ordenamentos jurídicos brasileiros, como forma de garantir a cada servo de Cristo a melhor forma de proceder em sua vida cristã terrena.

Questionário

1. Faça uma síntese da lei mosaica e aponte os assuntos tratados nessa legislação.
2. Quais são os assuntos abrangidos pelo Código de Hamurábi?
3. Em que âmbito se pode dizer que o Código de Hamurábi foi pioneiro das leis?
4. O que significa o termo *Sharia* e qual é a sua relação com a lei islâmica?
5. Quais são as práticas dogmáticas impostas pela Sharia aos fiéis muçulmanos do sexo masculino?

6. O que foi o código penal inquisitorial?
7. Qual é a diferença entre direito canônico e direito eclesiástico?
8. Quais foram as três espécies de leis distinguidas por Tomás de Aquino?
9. Defina o termo *direito*.
10. Defina o termo *religião*.
11. Quais são os três diplomas da lei penal?

Apêndice 1

A Lei de Imprensa – Lei n. 5.250, de 9 de fevereiro de 1967 (Brasil, 1967)

Arts. 25, 27 e 29:

> *Art. 25. Se de referências, alusões ou frases se infere calúnia, difamação ou injúria, quem se julgar ofendido poderá notificar judicialmente o responsável, para que, no prazo de 48 horas, as explique.*
> *[...]*
> *Art. 27. Não constituem abusos no exercício da liberdade de manifestação do pensamento e de informação:*
> *I – a opinião desfavorável da crítica literária, artística, científica ou desportiva, salvo quando inequívoca a intenção de injuriar ou difamar.*
> *[...]*
> *IX – a exposição de doutrina ou ideia.*

> *Art. 29. Toda pessoa natural ou jurídica, órgão ou entidade pública, que for acusado ou ofendido em publicação feita em jornal ou periódico, ou em transmissão de radiodifusão, ou a cujo respeito os meios de informação e divulgação veicularem fato inverídico ou errôneo, tem direito a resposta ou retificação.*
> *§ 1º A resposta ou retificação pode ser formulada:*
> *a) pela própria pessoa ou seu representante legal;*
> *[...]*
> *§ 3º Extingue-se ainda o direito de resposta com o exercício da ação penal ou civil contra o jornal, periódico, emissora ou agência de notícias, com fundamento na publicação ou transmissão incriminada.*

Os artigos e incisos destacados da Lei n. 5.250/1967, conhecida como *Lei de Imprensa*, referem-se às circunstâncias que, por vezes, se acham relacionadas às inúmeras questões religiosas que, não raro, evoluem para polêmicas que podem culminar em litígios judiciais.

Assim como identificamos os sujeitos **ativo** e **passivo** no já cotejado art. 208 (Brasil, 1940) do Código Penal Brasileiro (CPB), também na Lei de Imprensa eles se distinguem, nas seguintes formas:

a) **Sujeito ativo** – Pode ser qualquer pessoa, não se exigindo que esta possua qualquer qualidade especial, nem mesmo que o agente esteja elencado no rol dos profissionais de informações.
b) **Sujeito passivo** – Para esse indivíduo, quando do enquadramento legal, a caracterização pode variar. Nas variantes relacionadas nos arts. 14-17 e 19, é o Estado, já que em muitos enfoques da norma insculpida nessa lei, ele surge como polo passivo, recebendo a proteção penal. Já nas derivações dos arts. 18 e 20-22, o sujeito passivo pode ser qualquer pessoa.

Nas caracterizações de difamação, inferem os juristas, a passividade do agente pode alcançar a pessoa jurídica.

Há uma norma relacionada à Lei de Imprensa, denominada *animus jocandi* ("pretensão de zombar"), que pune, quando caracterizado o delito, o **sujeito ativo** que, em matéria publicada em qualquer veículo da imprensa escrita periódica, escarnece ou menoscaba de uma determinada pessoa, não importando a área da vida privada do **sujeito passivo** que tenha sido exposta à ridicularização.

Essa, talvez, seja uma das características da Lei 5.250/1967 que pode implicar sanções contra aqueles que, sob a égide de um conceito religioso pessoal divergente daquele que se observou numa pessoa ou grupo, lhes denigrem a imagem empregando menoscabo em texto ao qual deem publicidade em periódicos, associando indevidamente a honra de alguém e sua idoneidade à crença por ele manifesta, implicando que, caso o autor da matéria seja notificado judicialmente, disporá do prazo de 48 horas para esclarecer suas afirmações publicadas, conforme rege o cotejado art. 25, *caput*.

Já o art. 27, como lido no *caput*, isenta de responsabilidade penal a pessoa que se enquadrar em seus incisos I e IX, quando esta se valer de veículos de comunicação para declarar sua discordância quanto à crença alheia, seja particular, seja de grupo, expondo a sua própria, ainda que a repute como verdadeira, em detrimento da doutrina – não da pessoa – combatida na matéria.

Por derradeiro, para os casos característicos juridicamente enquadrados na Lei de Imprensa, o art. 29 garante o direito de resposta, tanto à pessoa quanto à entidade menoscabada ou ofendida em publicação feita em periódico.

A resposta ou retificação pode ser formulada pelo próprio ofendido ou seu representante (procurador) legal. Todavia, esse direito perde sua aplicabilidade quando a parte ofendida ingressa com ação penal ou civil contra o periódico ou editor que contiver ou tiver produzido a agressão, respectivamente, a qual se constituirá no objeto da ação penal impetrada pelo **sujeito passivo**.

Apêndice 2

A Lei de Racismo – Lei n. 7.716, de 5 de janeiro de 1989 (Brasil, 1989)

> *Art. 1º Serão punidos, na forma desta lei, os crimes resultantes de discriminação ou preconceito de raça, cor, etnia, religião ou procedência nacional.*
> *[...]*
> *Art. 20. Praticar, induzir ou incitar a discriminação ou preconceito de raça, cor, etnia, religião ou procedência nacional.*
> *§ 1º – fabricar, comercializar, distribuir ou veicular símbolos, emblemas, ornamentos, distintivos ou propaganda que utilizem a cruz suástica ou gamada, para fins de divulgação do nazismo.*

O último diploma legal que apreciaremos neste breve tratado sobre direito e religião dispõe sobre as formas de constrangimento que se inflige sobre alguém em decorrência das divergências do **sujeito ativo** em relação ao **passivo** quanto às características carreadas no *caput* do art. 1º da Lei n. 7.716/1989, com a redação acima, que foi retificada apenas com a Lei n. 9.459, de 15 de maio de 1997.

A prática desse delito, embora este não se ache elencado no rol dos crimes hediondos, infere peculiar gravidade, posto o fundamento anotado na Constituição Federal (Brasil, 1988), em seu art. 5º, inciso XLII, que veta a concessão de fiança para os casos de prisão em flagrante delito, torna-o imprescritível (não depende de prazo para o juízo da ação penal, podendo ser punido a qualquer tempo) e pode culminar com a pena de reclusão, isto é, que se inicia em regime prisional fechado.

A Lei n. 7.716/1989 já recebeu três alterações desde sua promulgação: a Lei n. 8.081, de 21 de setembro de 1990 (Brasil, 1990), a Lei n. 8.882, de 3 de junho de 1994 (Brasil, 1994), e a última, a Lei n. 9.459, de 13 de maio de 1997 (Brasil, 1997). É oportuno esclarecermos que o presente comentário observa tais alterações.

Conforme os arts. 1º e 20, parágrafo 1º (Brasil, 1989), transcritos anteriormente, notamos que o quesito *religião* é o elemento sob os cuidados da lei quando é inerente ao cidadão e quando se acha amparado pela Constituição Federal nos termos pertinentes já observados em seu art. 5º.

Isso posto, fica claro que não se limita o cotejado diploma a preservar os indivíduos de etnias díspares à dos nativos brasileiros, mas, ainda, remove a barreira, ao menos no âmbito social, que se pretenda impor ao cidadão que professe crença não condizente com a da maioria, uma vez que a República Federativa do Brasil não adotou para si nenhuma delas.

Assim, considerando-se tudo o que for de acesso público comum, como sociedades, associações, agremiações, à exceção das que são peculiares às classes trabalhistas não vinculadas a qualquer crença, obriga-se pela lei que ninguém, por motivo de crença, poderá ser privado do ingresso, desde que atendidas às exigências estatuídas pela entidade e que não transponham a lei. A regra também se estende aos estabelecimentos comerciais, casas de espetáculos, restaurantes e tudo o que estiver aberto ao público.

O art. 20, no mesmo documento legal (Lei n. 7.716/1989), confere caráter criminoso a toda pessoa que praticar, induzir ou incitar a discriminação de qualquer indivíduo, tendo a religião, tal qual o art. 1º, como quesito de caracterização do ato como criminoso.

O parágrafo 1º desse art. 20, de maior abrangência, tenciona coibir meios pelos quais se possa promover a prática e a incitação à discriminação cotejada no *caput* dos arts. 1º e 20, parágrafo 1º, proibindo a fabricação, o comércio e a distribuição de qualquer material que tenha por objetivo específico a divulgação do nazismo, filosofia que, predominantemente, quer segregar negros, nordestinos, homossexuais e, no que implique etnia ou religião, judeus.

Do que se depreende da lei, conforme o que vimos até aqui sobre as definições legais de racismo, não há excesso em lembrar o cristão de que, não estando este apto ao diálogo inter-religioso, ou desconhecendo por completo os aspectos estudados nessa matéria, deve empregar cautela ao expor publicamente suas opiniões, redigir artigos ou manifestar-se por qualquer outro meio, sempre distinguindo a pessoa da crença, sob pena de sofrer as consequências da lei.

Referências

A SANTA SÉ. **Código de Direito Canônico**: versão portuguesa. 4. ed. Lisboa: Conferência Episcopal Portuguesa, 1983. Disponível em: <http://www.vatican.va/archive/cod-iuris-canonici/portuguese/codex-iuris-canonici_po.pdf>. Acesso em: 8 dez. 2014.

______. Congregação para a Doutrina da Fé. **Decreto sobre a impotência, que torna nulo o matrimônio**. Roma, 13 maio 1977. Dsiponível em: <http://www.vatican.va/roman_curia/congregations/cfaith/documents/rc_con_cfaith_doc_19770513_impotentia_po.html>. Acesso em: 8 dez. 2014.

______. **Sanctitas Clarior: Lettera Apostolica in forma di Motu Proprio**. Roma, 19 mar. 1969. Disponível em: <http://www.vatican.va/holy_father/paul_vi/motu_proprio/documents/hf_p-vi_motu-proprio_19690319_sanctitas-clarior_it.html>. Acesso em: 8 dez. 2014.

AGNUS DEI. **Código de Direito Canônico**: 27.05.1917. Disponível em: <http://agnusdei.50webs.com/cc17_0.htm>. Acesso em: 8 dez. 2014.

ALBERGARIA, J. **Manual de direito penitenciário**. Rio de Janeiro: Aide, 1993.

ALTAVILA, J. de. **Origem dos direitos dos povos**. 9 ed. São Paulo: Ícone, 2001.

AQUAVIVA, M. C. **Teoria geral do Estado**. 3. ed. Barueri, SP: Manole, 2010.

AZEVEDO, P. F. de. **Aplicação de direito e contexto social**. 2 ed. São Paulo: Revista dos Tribunais, 1996.

BECCARIA, C. B. M. de. **Dos delitos e das penas**. Tradução de Lucia Guidicini e Alessandro Berti Contessa. São Paulo: M. Fontes, 1997.

BÍBLIA. Português. **Bíblia de Jerusalém**. 4. ed. rev. e atual. São Paulo: Paulus, 2002.

BRASIL. Constituição (1988). **Diário Oficial da União**, Brasília, DF, 5 out. 1988. Disponível em: <http://www.planalto.gov.br/ccivil_03/constituicao/constituicao.htm>. Acesso em: 15 ago. 2014.

______. Decreto n. 119-A, de 7 de janeiro de 1890. **Diário Oficial da União**, Poder Executivo, Brasília, DF, 17 jan. 1890. Disponível em: <http://www.planalto.gov.br/ccivil_03/decreto/1851-1899/D119-A.htm>. Acesso em: 15 ago. 2014.

______. Decreto-Lei n. 2.848, de 7 de dezembro de 1940. **Diário Oficial da União**, Poder Executivo, Brasília, DF, 31 dez. 1940. Disponível em: <http://www.planalto.gov.br/ccivil_03/decreto-lei/del2848.htm>. Acesso em: 15 ago. 2014.

______. Decreto-Lei n. 3.689, de 3 de outubro de 1941. **Diário Oficial da União**, Poder Executivo, Brasília, DF, 13 out. 1941. Disponível em: <http://www.planalto.gov.br/ccivil_03/decreto-lei/del3689.htm>. Acesso em: 15 ago. 2014.

______. Decreto-Lei n. 4.113, de 14 de fev. de 1942. **Diário Oficial da União**, Poder Executivo, Brasília, DF, 14 fev. 1942. Disponível em: <http://legis.senado.gov.br/legislacao/ListaTextoIntegral.action?id=14613&norma=29585>. Acesso em: 15 ago. 2014.

______. Lei n. 5.081, de 24 de agosto de 1966. **Diário Oficial da União**, Poder Legislativo, Brasília, DF, 27 out. 1966a.

Disponível em: <http://www.planalto.gov.br/ccivil_03/leis/l5172.htm>. Acesso em: 15 ago. 2014.

BRASIL. Lei n. 5.172, de 25 de outubro de 1966. **Diário Oficial da União**, Poder Legislativo, Brasília, DF, 27 out. 1966b. Disponível em: <http://www.planalto.gov.br/ccivil_03/leis/l5172.htm>. Acesso em: 15 ago. 2014.

______. Lei n. 5.250, de 9 de fevereiro de 1967. **Diário Oficial da União**, Poder Executivo, Brasília, DF, 10 fev. 1967. Disponível em: <http://www.planalto.gov.br/ccivil_03/leis/l5250.htm>. Acesso em: 15 ago. 2014.

______. Lei n. 7.210, de 11 de julho de 1984. **Diário Oficial da União**, Poder Executivo, Brasília, DF, 13 jul. 1984. Disponível em: <http://www.planalto.gov.br/ccivil_03/leis/l7210.htm>. Acesso em: 15 ago. 2014.

______. Lei n. 7.716, de 5 de janeiro de 1989. **Diário Oficial da União**, Brasília, DF, 6 jan. 1989. Disponível em: <http://www.planalto.gov.br/ccivil_03/leis/l7716.htm>. Acesso em: 15 ago. 2014.

______. Lei n. 8.081, de 21 de setembro de 1990. **Diário Oficial da União**, Brasília, DF, 24 set. 1990. Disponível em: <http://www.planalto.gov.br/ccivil_03/leis/L8081.htm>. Acesso em: 15 ago. 2014.

______. Lei n. 8.329, de 4 de outubro de 1991. **Diário Oficial da União**, Brasília, DF, 4 out. 1991. Disponível em: <http://www.planalto.gov.br/ccivil_03/leis/l8239.htm>. Acesso em: 15 ago. 2014.

______. Lei n. 8.882, de 3 de junho de 1994. **Diário Oficial da União**, Brasília, DF, 7 jun. 1994. Disponível em: <http://www.

planalto.gov.br/ccivil_03/Leis/L8882.htm>. Acesso em: 15 ago. 2014

BRASIL. Lei n. 9.459, de 13 de maio de 1997. **Diário Oficial da União**, Poder Legislativo, Brasília, DF, 14 maio 1997. Disponível em: <http://www.planalto.gov.br/ccivil_03/leis/l9459.htm>. Acesso em: 15 ago. 2014.

______. Lei n. 10.406, de 10 de janeiro de 2002. **Diário Oficial da União**, Poder Legislativo, Brasília, DF, 11 jan. 2002. Disponível em: <http://www.planalto.gov.br/ccivil_03/leis/2002/l10406.htm>. Acesso em: 15 ago. 2014.

CHAMPLIN, R. N.; BENTES, J. M. **Enciclopédia de Bíblia, teologia e filosofia**. São Paulo: Candeia, 1995. v. 3.

DHNET. **Código de Hamurábi**. Disponível em: <http://www.dhnet.org.br/direitos/anthist/hamurabi.htm>. Acesso em: 2 dez. 2014.

FRANCO, A. S.; STOCO, R. (Org.) **Leis penais especiais e sua interpretação jurisprudencial**. 7. ed. São Paulo: Revista dos Tribunais, 1997. v. 2.

FREIRE, A. do A.; BRONSZTEIN, K. P. O Ciber-fiel e a Ciber-igreja: uma análise a partir da fanpage do Bispo Edir Macedo. In: CONGRESSO BRASILEIRO DE CIÊNCIAS DA COMUNICAÇÃO, 36., 2013, Manaus. **Anais**... São Paulo: Intercom, 2013. Disponível em: <http://www.intercom.org.br/papers/nacionais/2013/resumos/R8-1296-1.pdf>. Acesso em: 8 dez. 2014.

HOUAISS, A.; VILLAR, M. de S. **Dicionário eletrônico Houaiss da língua portuguesa**. Versão 3.0. Rio de Janeiro: Instituto Antônio Houaiss; Objetiva, 2009. 1 CD-ROM.

INFOESCOLA. **Código de Hamurabi**. Disponível em: <http://www.infoescola.com/historia/codigo-de-hamurabi>. Acesso em: 26 nov. 2014.

IPB – Igreja Presbiteriana do Brasil de Alfenas. **Os três discursos de Moisés**. Disponível em: <http://ipbalfenas.com.br/?q=estudo198>. Acesso em: 2 dez. 2014.

KOUTANTOS, D. **Palavras que cheiram mar 2**: Etimologia de mais de 1000 palavras gregas usadas em português. Disponível em: <https://pt.scribd.com/doc/55216929/dicionario-etimologico#download>. Acesso em: 3. dez. 2014.

KRAMER, H.; SPRENGER, J. **O martelo das feiticeiras**: *Malleus Maleficarum*. 6. ed. Tradução de Paulo Fróes. Rio de Janeiro: Rosa dos Tempos, 1991.

LAZIRRATTI, R. **Segurança pública, responsabilidade constitucional**. Universidad Del Museo Social Argentino, Buenos Aires, [S.d.]. Disponível em: <http://www.conteudojuridico.com.br/pdf/cj041188.pdf>. Acesso em: 8 dez. 2014.

LENZA, P. **Direito constitucional esquematizado**. 6. ed. ver., amp. e atual. São Paulo: Método, 2003.

MARCÃO, R. F. **Lei de Execução Penal anotada**. 4. ed. São Paulo: Saraiva, 2013.

MINHATECA. **Definições de religiões**. Disponível em: <http://minhateca.com.br/caspaz/Doutrina+Cat*c3*b3lica/Defini*c3*a7*c3*b5es+de+Religi*c3*b5es,80174231.doc>. Acesso em: 8 dez. 2014.

MIRABETE, J. F. **Código de Processo Penal interpretado**. 10. ed. São Paulo: Atlas, 2003.

MIRABETE, J. F. **Comentários à Lei n. 7210, de 11-7-84**. 8. ed. São Paulo: Atlas, 1997.

MONTESQUIEU. **Do espírito das leis**. São Paulo, M. Fontes, 2000.

MONTORO, A. F. **Introdução à ciência do direito**. 25 ed. São Paulo: Ed. Revista dos Tribunais, 2006.

NADER, P. **Introdução ao estudo do direito**: de acordo com a Constituição de 1988. Rio de Janeiro: Forense, 2008.

O ALCORÃO Sagrado. Tradução de Samir El Hayek. Disponível em: <http://www.ebooksbrasil.org/eLibris/alcorao.html>. Acesso em: 2 dez. 2014.

PERISSÉ, G. Religião. In: ______. **Palavras e origens**: consideraçõs etimológicas. 2. ed. rev. ampl. e atual. São Paulo: Saraiva, 2010. Disponível em: <http://palavraseorigens.blogspot.com.br/2010/09/o-misterio-etimologico-da-religiao.html>. Acesso em: 8 dez. 2014.

REALE, M. **Lições preliminares de direito**. São Paulo: Saraiva, 2007.

ROUSSEAU, J. J. **O contrato social**. 3. ed. Tradução de Antonio de Pádua Danesi. São Paulo: M. Fontes: 1999.

SANTIAGO, E. **Sharia**. Disponível em: <http://www.infoescola.com/islamismo/sharia>. Acesso em: 2 dez. 2014.

TOMÁS PÈGUES, O. P. **A Suma Teológica de São Tomás de Aquino em forma de catecismo**. Taubaté: Ed. Taubaté, 1942.

TUCCI, J. R. C. e. **Lições de processo civil canônico**: história e direito vigente. São Paulo: Revista dos Tribunais, 2001.

Respostas

1. O Livro é uma repetição da lei e da história de Israel, consistindo principalmente de três grandes discursos e um compêndio de leis ditado por Moisés no final de sua vida, durante o tempo em que os hebreus se achavam estacionados nas planícies de Moabe, pouco antes de Josué assumir o comando e liderar o povo na conquista de Canaã.
2. Composto por 282 parágrafos que tratam de questões civis, criminais e comerciais, o Código de Hamurábi abrangia todas as atividades comuns das pessoas, tais como falsa acusação, feitiçaria, serviço militar, regulamento de negócios e terras, leis de família, tarifas, salários, comércio, empréstimos e dívidas. Conforme se vê em todos os códigos legais, ali aparece uma lista de crimes, com suas devidas punições. A punição capital era requerida para vários tipos de crimes, devendo ser executada mediante a morte na fogueira, a empalação ou o afogamento. Havia também as punições menores, como açoites, mutilações diversas e pagamento de multas; além disso, aprisionamento ou exílios eram exigidos no caso de certos crimes. As mulheres tinham direitos, mas não eram consideradas iguais aos homens, perante a lei.
3. Com relação à legislação trabalhista, Hamurábi se mostrou pioneiro na definição do que atualmente conhecemos por *salário mínimo*, o que confirmou sua identificação como soberano jurista.
4. O termo *Sharia* (*Shari'a*) significa, literalmente, "caminho claro" e define a lei canônica do islamismo, isto é, a plenitude das determinações divinas para o gênero humano e, por conta disso, não tem qualquer conotação terrena. Somente para a fé islâmica se constitui em um código de normas derivado do próprio Deus, do qual se originam, nas comunidades islâmicas xiitas, as leis humanas. Sua essência tem por objetivo maior conciliar as atividades exteriores do homem com a lei do islamismo.
5. Entre outros ordenamentos doutrinários, a Sharia inclui cinco exigências básicas conhecidas como "os cinco pilares", que são práticas dogmáticas impingidas a todos os fiéis muçulmanos do sexo masculino, a saber:

1) *Shahadah* – profissão de fé islâmica: Todos os muçulmanos têm de pronunciar este credo corretamente pelo menos uma vez na vida.

2) *Salat* – culto: As orações prescritas devem ser proferidas cinco vezes por dia, com o fiel voltado para Meca (pela manhã, na hora do almoço, à tarde, depois do pôr do sol e antes de dormir).

3) *Zakat* – atos de caridade: As esmolas são dadas espontaneamente para os pobres, os desabrigados ou qualquer pessoa que esteja em grande necessidade.

4) *Siym* – jejum: Trata-se de um período de jejum observado durante o Ramadã (junho ou julho. Conforme a crença, foi a época em que Maomé recebeu a revelação do Alcorão).

5) *Hajj* – peregrinação a Meca: Cada muçulmano deve fazê-la pelo menos uma vez na vida.

6. A Inquisição se constituiu no esforço empregado pela Igreja Católica no sentido de identificar e punir os chamados *hereges*: pessoas que declaravam crenças diferentes daquelas ditadas pelos ensinamentos romanos e cuja época de instituição e prática teve início em 1184, a partir da Ata do Concílio de Verona.

7. O direito canônico, segundo é reclamado, tem duas fontes de revelação. A primeira delas é de natureza divina, que compreende a Sagrada Escritura e a tradição da Igreja. A segunda, de natureza humana, é composta de normas eclesiásticas e laicas, formando, assim, o direito canônico positivo. No atual Código de Direito Canônico se reconhece o período em que se procedeu à codificação do direito canônico que antecedeu, em seu conteúdo, o vigente. Na oportunidade, ou seja, na confecção do atual direito, o Papa Pio X nomeou, sob a sua direta supervisão, uma comissão de 16 membros do colégio cardinalício e contou, ainda, com Pietro Gasparri, secretário do canonista (pessoa especializada em direito canônico; versada nos cânones).

8. Tomás de Aquino, em sua *Suma teológica*, ensinava que a regra ou medida da atividade humana é a razão, cuja finalidade é direcionar a atividade ao objetivo. A lei civil, composta de um ordenamento cuja expectativa é o benefício comum da sociedade, foi confeccionada pelos representantes

eleitos pela própria comunidade para desenvolverem a legislação. São esses mesmos representantes que promulgam a lei civil, que, por derradeiro, recebe o aval do líder maior da nação. A lei, como "primeiro princípio", ensina que cada área da atividade humana deve ter essa característica. Quando nos reportamos aos "primeiros princípios" da razão humana, percebemos que, no raciocínio do indivíduo, se encontra a questão da não contradição, isto é, o princípio que nos ensina que não é possível haver duas ideias divergentes sobre o mesmo tema, mas que ambas são verdadeiras. Existem outros princípios que nos foram transferidos pelos nossos antepassados e que estão relacionados à moral e à conduta social, como a antiquíssima máxima "faça o bem, evite o mal". A última lei que poderíamos observar é a "lei natural", cujos preceitos são para a razão prática aquilo que os "primeiros princípios" do pensamento são para o raciocínio filosófico e a consequente conduta social.

9. O termo *direito* é tido por "plurívoco-analógico", ou seja, apresenta uma pluralidade de sentidos analógicos, uma vez que as palavras podem, em sua classificação, ser unívocas e plurívocas.
10. O termo *religião* se firma, em um primeiro momento, como elemento de composição antepositivo. Pode ser resumido como uma série de sistemas reconhecíveis de crença e prática que apresentam uma semelhança familiar. Essa série, entretanto, não apresenta um limiar claro, uma divisão bem definida. O ponto de partida pode ser algum conceito, ideia ou filosofia que se reconheça como religião: o cristianismo, por exemplo. Elementos que sejam comuns a este ou a sistemas semelhantes (judaísmo e islamismo) são, então, selecionados para que componham, juntamente com outros, a relação de uma série de religiões (Freire; Bronsztein, 2013).
11. Código Penal, Codigo de Processo Penal e Lei de Execução Penal.

Parte 2

Pentateuco

Parte 2

Pentateuco

O Pentateuco

Capítulo 1[1]

1.1 Título

O termo *pentateuco* é aplicado aos cinco primeiros livros da Bíblia, utilizando os nomes greco-latinos: Gênesis, Êxodo, Levítico, Números e Deuteronômio. Na tradição judaica, esses livros são conhecidos pelas primeiras palavras indicadas no texto: "No princípio" (*Bereshit*) etc. Juntos, eles constituem a Lei (no hebraico: **Torá**, que originalmente significa "ensino"). Os judeus atribuem à Torá maior autoridade e santidade que ao restante das Escrituras.

Nestes cinco primeiros livros encontramos um perfil histórico, desde a criação do mundo e da humanidade até os discursos

1 Todas as passagens bíblicas indicadas neste capítulo são citações de Bíblia (2002).

de Moisés nas planícies de Moabe, onde ocorreu a morte e o sepultamento de Moisés (Deuteronômio 34).

O Pentateuco pode ser resumido da seguinte forma: **história primeva** (Gênesis 1-11); **período patriarcal** (Gênesis 12-36); **história de José** (Gênesis 37-50); **libertação do Egito e jornada ao Sinai** (Êxodo 1-18); **entrega das Leis no Sinai** (Êxodo 19; Números 10); **jornada do Sinai a Moabe** (Números 10,36); **três discursos de Moisés nas planícies de Moabe, com apêndices** (Deuteronômio 1,34).

1.2 Autor

Por quase dois milênios o Pentateuco foi atribuído a Moisés tanto pela tradição judaica quanto pela tradição cristã. Embora questões importantes sobre a autoria tenham surgido ao longo do caminho, isso não aconteceu até o século XVIII, período em que a questão foi levantada por alguns opositores das Escrituras.

O Pentateuco dá evidências internas de que Moisés foi o escritor de tal compêndio. Há seis passagens no Pentateuco que declaram especificamente a autoria de Moisés: "Então disse o Senhor a Moisés: Escreve isto para memória num livro e relata-o aos ouvidos de Josué: que eu totalmente hei de riscar a memória de Amaleque de debaixo dos céus" (Êxodo 17,14).

A segunda passagemque dá evidência da autoria do Pentateuco a Moisés pode ser verificada em Êxodo (24,4-8):

> *E Moisés escreveu todas as palavras do Senhor, e levantou-se pela manhã de madrugada, e edificou um altar ao pé do monte e doze monumentos, segundo as doze tribos de Israel; e enviou certos jovens*

> *dos filhos de Israel, os quais ofereceram holocaustos e sacrificaram ao Senhor sacrifícios pacíficos de bezerros. E Moisés tomou a metade do sangue e o pôs em bacias; e a outra metade do sangue espargiu sobre o altar. E tomou o livro do concerto e o leu aos ouvidos do povo, e eles disseram: "Tudo o que o Senhor tem falado faremos e obedeceremos". Então, tomou Moisés aquele sangue, e o aspergiu sobre o povo, e disse: "Eis aqui o sangue do concerto que o Senhor tem feito convosco sobre todas estas palavras".*

A terceira passagem consta em Êxodo (34,27): "Disse mais o Senhor a Moisés: Escreve estas palavras; porque, conforme o teor destas palavras, tenho feito concerto contigo e com Israel".

A quarta passagem consta em Números (33,1-2): "Estas são as jornadas dos filhos de Israel, que saíram da terra do Egito, segundo os seus exércitos, pela mão de Moisés e Arão. E escreveu Moisés as suas saídas, segundo as suas jornadas, conforme o mandado do Senhor; e estas são as suas jornadas, segundo as suas saídas".

A quinta passagem é encontrada em Deuteronômio (31,9; 31,24-26):

> *E Moisés escreveu esta Lei, e a deu aos sacerdotes, filhos de Levi, que levavam a arca do concerto do Senhor, e a todos os anciãos de Israel. [...] E aconteceu que, acabando Moisés de escrever as palavras desta Lei num livro, até de todo as acabar, deu ordem Moisés aos levitas que levavam a arca do concerto do Senhor, dizendo: "Tomai este livro da Lei e ponde-o ao lado da arca do concerto do Senhor, vosso Deus, para que ali esteja por testemunha contra ti".*

Por fim, a sexta passagem que evidencia que o autor do Pentateuco é Moisés pode ser verificada em Deuteronômio (31,22): "Assim, Moisés escreveu este cântico naquele dia e o ensinou aos filhos de Israel".

Outros livros do Antigo Testamento atribuem a autoria do Pentateuco a Moisés: Josué (1,7-8; 23,6); I Reis (2,3); II Reis (14,6); Esdras (3,2; 6,18); Neemias (8,1); Daniel (9,11-13). Os escritores do Novo Testamento estão de pleno acordo com os do Antigo Testamento quanto à autoria mosaica. Não deixaram dúvidas aos seus ouvintes de que foi Moisés quem escrevera os primeiros livros das Escrituras. Eles falam dos cinco livros em geral como "a Lei de Moisés" (Atos 13,39; 15,5; Hebreus 10,28). Para eles, ler Moisés equivale a ler o Pentateuco: "E até hoje, quando é lido Moisés, o véu está posto sobre o coração deles" (II Coríntios 3,15). Finalmente, as palavras do próprio Senhor Jesus dão testemunho de que Moisés foi o autor desses livros, ao dizer: "Porque, se vós crêsseis em Moisés, creríeis em mim; porque de mim escreveu ele" (João 5,46; Mateus 8,4; 19,8; Marcos 7,10; Lucas 16, 31; 24,27, 24,44).

Moisés, mais do que qualquer outro homem, tinha preparo e experiência para escrever o Pentateuco. Considerando-se que foi criado no palácio dos faraós, "[...] foi instruído em toda a ciência dos egípcios; e era poderoso em suas palavras e obras" (Atos 7,22). Foi testemunha ocular dos acontecimentos do Èxodo e da peregrinação no deserto. Mantinha a mais íntima comunhão com Deus e recebia revelações especiais. Como hebreu, Moisés tinha acesso às genealogias e às tradições orais e escritas de seu povo, e durante os longos anos da peregrinação de Israel, teve o tempo necessário para meditar e escrever. E, sobretudo, tinha notáveis dons e gênio extraordinário, o que testemunha em seu papel como líder, legislador e profeta.

1.2.1 A teoria documentária

Há dois séculos, eruditos de tendência racionalista puseram em dúvida a paternidade mosaica do Pentateuco. Criaram uma teoria documentária, segundo a qual os primeiros cinco livros da Bíblia são uma compilação de documentos redigidos, em sua maior parte, no período de Esdras (444 a.C). No entender desses estudiosos, o documento mais antigo que se encontra no Pentateuco data do tempo de Salomão. Julgam que Deuteronômio é uma "fraude piedosa" escrita pelos sacerdotes no reinado de Josias, tendo como finalidade promover um avivamento e que Gênesis consiste, sobretudo, de lendas nacionais de Israel.

Muitos estudiosos conservadores acham provável que Moisés, ao escrever o livro do Gênesis, tenha empregado genealogias e tradições escritas (Moisés menciona especificamente "o livro das gerações de Adão", em Gênesis 5,1). Provavelmente, essas valiosas memórias foram transmitidas de uma geração para outra desde tempos remotos. Não nos cause estranheza que Deus possa ter guiado Moisés a incorporar tais documentos em seus escritos.

Também é notável haver alguns acréscimos e retoques insignificantes de palavras arcaicas, feitos à obra original de Moisés. É universalmente reconhecido que o relato da morte de Moisés (Deuteronômio 34) foi escrito por outra pessoa (o Talmude, livro dos rabinos, o atribui a Josué). Gênesis (36,31) indica que havia rei em Israel, algo que não existia na época de Moisés. Em Gênesis (14,14) dá-se o nome *Dã* à antiga cidade de *Laís*, nome que lhe foi dado depois da conquista. Pode-se atribuir isso a notas esclarecedoras, ou a mudanças de nomes geográficos arcaicos, introduzidas para tornar mais claro o relato. Provavelmente tais notas foram agregadas pelos copistas das Escrituras ou por algum personagem (como o profeta Samuel). Não obstante, esses retoques não seriam de grande importância nem afetariam a integridade do texto. Assim, pois, são contundentes tanto a evidência interna como a externa de que Moisés escreveu o Pentateuco. Muitos trechos contêm frases, nomes e costumes do Egito, indicativos de que o autor tinha conhecimento pessoal de sua cultura e de sua geografia, algo que dificilmente teria outro escritor em Canaã, vários séculos depois de Moisés. Por exemplo, consideremos os nomes egípcios, conforme indicado por Domingues (2014): *Potifar* – **dom do deus do sol, Ra**; *Zafenate-Paneá* – **Deus fala; ele vive**; *Asenate* – **pertencente à deusa Neit** e *Om* – **antigo nome de Heliópolis** (Gênesis 37,36; 41,45-50). Pelas referências feitas com relação a certos materiais do tabernáculo, deduzimos que o autor conhecia a península do Sinai. Por exemplo, as peles de texugos se referem, segundo alguns eruditos, às peles de um animal da região do Mar Vermelho; a "onicha", usada como ingrediente do incenso (Êxodo 30,34), era da concha de um caracol da mesma região. Evidentemente, as passagens foram escritas por alguém que conhecia a rota da peregrinação de Israel e não por um escritor no cativeiro babilônico, ou na restauração de Israel, séculos depois.

Do mesmo modo, os conservadores mostram que o Deuteronômio foi escrito no período de Moisés. O ponto de referência do autor desse livro é o de uma pessoa que ainda não entrou em Canaã. A forma como está escrito é a dos tratados entre os senhores e seus vassalos do Oriente Médio no segundo milênio antes de Cristo.

A arqueologia também confirma que muitos dos acontecimentos do livro de Gênesis são realmente históricos. Por exemplo, os pormenores da tomada de Sodoma, descrita no capítulo 14, coincidem com assombrosa exatidão das descobertas dos arqueólogos. Nisso se incluem: os nomes dos quatro reis, o movimento dos povos e a rota que os invasores tomaram, chamada *caminho real*. Depois do ano 1200 a.C., a condição da região mudou radicalmente, e essa rota das caravanas deixou de ser utilizada.

Além do mais, nas ruínas de Mari (sobre o rio Eufrates) e de Nuzi (sobre um afluente do rio Tigre) foram encontradas tábuas de argila da época dos patriarcas. Nelas se descrevem leis e costumes, tais como as que permitiam que um homem sem filhos desse sua herança a um escravo (Gênesis 15,3) e uma mulher estéril entregasse sua criada a seu marido para suscitar descendência (Gênesis 16,2). Do mesmo modo, as tábuas contêm nomes equivalentes ou semelhantes aos de Abraão, Naor (Nacor), Benjamim e muitos outros. Por isso, tais provas refutam a teoria de que o livro do Gênesis é uma coletânea de mitos e lendas do primeiro milênio antes de Cristo. A arqueologia demonstra cada vez mais que o Pentateuco apresenta detalhes históricos exatos e que foi escrito na época de Moisés.

Desse modo, com base em todas as evidências apresentadas, podemos concluir que a autoria do Pentateuco pode realmente ser atribuída a Moisés.

1.3 O ambiente em que o Pentateuco foi escrito

Quando Abraão chegou à Palestina, esta já era uma ponte importante entre os centros culturais e políticos daquela época. Ao norte achava-se o império hitita; ao sudoeste, o Egito; ao Oriente e ao Sul, a Babilônia; e ao Nordeste, o Império assírio. Ou seja, os israelitas estavam localizados em um ponto estratégico e não isolado geograficamente das grandes civilizações.

A maioria dos historiadores acha que a planície de Sinar, situada entre os rios Eufrates e Tigre, foi o berço da primeira civilização importante, chamada **Suméria**. No ano 2800 a.C., os sumérios já haviam edificado cidades florescentes e haviam organizado o governo em cidades-estados; também haviam utilizado metais e tinham aperfeiçoado um sistema de escrita chamada *cuneiforme*. Quase ao mesmo tempo, desenvolvia-se no Egito uma civilização brilhante. É provável que, quando Abraão se dirigiu para o Egito, tenha visto pirâmides que já contavam mais de 500 anos.

A região onde se desenvolveu a primeira civilização é chamada **fértil crescente** (pela forma do território que abrange). Estende-se de forma semicircular entre o Golfo Pérsico e o mar Mediterrâneo, até ao sul da Palestina. O território é regado constantemente por chuvas e rios caudalosos, como o Eufrates, o Tigre, o Nilo e o Orontes, o que possibilita uma agricultura produtiva. No interior dessa região está o deserto da Arábia, onde há escassas chuvas e pouca população. Ali, no fértil crescente, surgiram os grandes impérios dos amorreus, babilônios, assírios e persas. O mais importante para nós, todavia, é que ali habitou o povo escolhido de Deus e ali nasceu o Salvador do mundo.

Toda a região compreendida entre os rios Eufrates e Tigre chama-se **Mesopotâmia** (*meso* – entre; *potamos* – rio). No princípio, era denominada *Caldeia*, à planície de Sinar, desde a cidade de Babilônia, ao sul, até o Golfo Pérsico; mas posteriormente o termo *Caldeia* passou a designar toda a região da Mesopotâmia (a mesma área chamava-se também *Babilônia*).

A Mesopotâmia abrangia muito do território do atual Iraque e era provavelmente o local do Jardim do Éden e da torre de Babel. O território da Palestina é relativamente pequeno. Desde Dã até Berseba, pontos extremos no norte e no sul, respectivamente, a uma distância de apenas 250 quilômetros. O território tem, desde o mar Mediterrâneo até o mar Morto, 90 quilômetros de largura e o lago de Genesaré (mar da Galileia) dista aproximadamente 50 quilômetros do mar Mediterrâneo. A área total de Canaã equivale, em tamanho, à sétima parte do Uruguai ou a um terço do Panamá. Contudo, nessa porção tão pequena do globo terrestre, Deus revelou-se ao povo israelita, e ali o Verbo eterno habitou entre os homens e realizou a redenção da raça humana.

1.4 Gênesis

Gênesis é o primeiro livro do Pentateuco e seu nome vem da Septuaginta (tradução da Bíblia Hebraica para o latim) – "versão dos setenta". Significa "princípio", "origem" ou "nascimento", pois relata o princípio de todas as coisas – **o germe de todas as formas de vida e de todas as instituições e relações humanas**. Gênesis também é chamado de "viveiro ou sementeiro da Bíblia", porque nele estão as sementes de todas as grandes doutrinas. Encontramos a origem do mundo, do planeta, do homem, do casamento, do pecado, do governo humano, de diversos povos, dos diferentes idiomas e principalmente do povo de Israel. Nele está registrada a primeira mensagem de redenção (3,15), depois de ter o homem pecado e caído nas trevas.

As primeiras alianças de Deus com os homens surgem nesse livro, como a aliança de Deus com Adão, com Noé e com Abraão. Apresenta fatos que têm influenciado bilhões de pessoas durante milhares de anos, como a queda, o dilúvio, a torre de Babel, a intriga entre judeus e árabes, o papel distintivo de Israel, a destruição de Sodoma e Gomorra.

Gênesis é um dos livros mais citados no Novo Testamento, servindo de base para todo o restante das Escrituras Sagradas. Alguns temas do Gênesis mal voltam a aparecer até que sejam tratados e interpretados no Novo Testamento. "O livro do Apocalipse, em particular, narra o cumprimento dos grandes temas iniciados no Gênesis. A 'antiga serpente', que 'engana todo mundo', está derrotada; cai Babel (Babilônia) e os redimidos são levados de novo ao paraíso e têm acesso à arvore da vida" (Hoff, 1993, p. 21).

Em Gênesis, Deus é Deus e preocupa-se unicamente com os seres humanos, Ele coloca à disposição da humanidade um grande plano de benefício revelado no chamado de Abraão, demonstrando com isso a maravilha do seu infinito e redentor amor.

1.4.1 Esboço de Gênesis

I. O começo da humanidade (1,1-11,32)
   a) A criação do mundo (1,1-2,3)
   b) O lugar do homem no mundo (2,4-25).
   c) A entrada do pecado e a queda resultante (3,1-4,26) – Instituição da Aliança da Graça[2]
   d) As raças antediluvianas e os patriarcas – Adão a Noé (5,1-5,32)
   e) A pecaminosidade do mundo expurgada pelo dilúvio (6,1-9,29)
   f) A posteridade de Noé e as raças primitivas do Oriente Próximo (10,1-11,32)

II. A vida de Abraão (12,1-25,18)
   a) A chamada de Abraão e sua aceitação da aliança pela fé (12,1-14,24)
   b) Renovação e confirmação da aliança (15,1-17,27)
   c) Ló é poupado de Sodoma (18,1-19,38)
   d) Abraão e Abimeleque (20,1-18)
   e) Nascimento e casamento de Isaque, o filho da promessa (21,1-24,67)
   f) A posteridade de Abraão (25,1-18)

III. A vida de Isaque e sua família (25,19-26,35)
   a) Nascimento de Esaú e Jacó (25,19-28)
   b) Esaú vende a primogenitura a Jacó (25,29-34)
   c) Isaque e Abimeleque (26,1-16)
   d) A disputa em Berseba (26,17-33)
   e) Os casamentos de Esaú (26,34-35)

2 O favor de Deus para com o homem pecador, após o seu arrependimento; a demonstração da graça.

IV. A vida de Jacó (27,1-37,1)
   a) Jacó no lar paterno (27,1-46)
   b) Exílio e viagem de Jacó (28,1-22)
   c) Jacó com Labão na Síria (29,1-33)
   d) Jacó volta à terra da promissão (33,16; 35,20)
   e) A posteridade de Jacó e Esaú (35,21; 37,1)

V. A vida de José (37,2-50)
   a) José como menino (37,2-36)
   b) Judá e Tamar (38,1-30)
   c) José promovido no Egito (39,1-41)
   d) José e seus irmãos (42,1-45)
   e) José recebe Jacó no Egito (45,16-47,26)
   f) Últimos dias de Jacó e suas profecias finais (47,27-50)
   g) José garante a seus irmãos seu perdão completo (50,15-26)

1.4.2 Aspectos teológicos

O livro fornece inúmeras respostas para os questionamentos da mente humana. Ele confirma doutrinas fundamentais da fé cristã, como: o Universo como um resultado da ação de Deus a partir do nada (Gênesis 1,1); o Espírito Santo presente no processo da criação do mundo (Gênesis 1,2); a criação do homem à imagem e semelhança de Deus (Gênesis 1,26); o homem como um ser especial, superior às demais criaturas (Gênesis 1,28); a pluralidade divina (Gênesis 1,26); a vinda de um redentor por meio da própria raça humana (Gênesis 3,15); a queda do homem pela sua desobediência (Gênesis 3); o sofrimento e a morte como consequência do pecado (Gênesis 3,17-19); a transmissão do pecado para toda a raça humana por meio de Adão (Gênesis 5,3); a aliança de Deus com Abraão (Gênesis 15 e 17), estabelecendo a primazia de Israel.

A pluralidade da Divindade (Gênesis 1,26), sua soberania sobre toda a Terra (Gênesis 14,19), sua providência (Gênesis 22,14), sua função como juiz (Gênesis 18,25) já estavam estabelecidas.

Teríamos uma lacuna instransponível sem essa obra mosaica. Diversas doutrinas do Novo Testamento vão procurar em Gênesis sua base, como o novo nascimento (II Coríntios 4,6); a justificação pela fé (Romanos 4,3); a eleição Divina (Romanos 9,11-12); o juízo divino (Judas 7); a importância da fé (Hebreus 11,4-12).

Quando Jesus foi procurar a base ética para o casamento, não o fez na lei mosaica e sim na narrativa de Gênesis 2. É também ao livro de Gênesis que Ele vai recorrer para pintar o quadro dos tempos finais por ocasião de seu retorno (Lucas 17,26-37). Dos dezesseis heróis da fé enumerados em Hebreus 11, pelo menos oito são personagens do livro de Gênesis.

O peso teológico do livro se torna ainda maior quando a questão das alianças[3] é posta em pauta. Muitos apontam Gênesis 12,1 como o início da nossa história da salvação. O plano de Deus começa a ser executado quando Ele faz uma aliança direta com Abraão e a sua descendência. A partir desse pacto, Deus começa a desenvolver um relacionamento irrevogável com Abraão e seus descendentes, com implicações salvíficas universais (Romanos 11,28-29). O desenvolvimento histórico dos descendentes de Abraão está estreitamente ligado com a execução do plano divino, desde a revelação de sua palavra (Romanos 3,2),

3 Aliança da salvação; aliança da restauração do ser humano; aliança da restauração da terra após o dilúvio.

a entrega da Lei, das promessas e demais alianças (Romanos 9,4) até o surgimento do Messias (Romanos 9,5).

1.4.3 Aspectos tipológicos

Também nesse aspecto a riqueza de Gênesis se sobressai, apesar de grandes porções do texto de Êxodo e Levítico ilustrarem verdades espirituais de forma tipológica[4]. Diversas personagens e situações encontradas em Gênesis vão ter o seu cumprimento em Jesus e na vida revelada no Novo Testamento. Mesmo se tratando de personagens históricos, mas que viveram situações reais, as pessoas e fatos apresentados ilustram verdades espirituais futuras, reveladas na morte, ressurreição e ascensão de Cristo.

Alguns desses **tipos** foram reconhecidos pelos escritores do Novo Testamento. Outros, apesar de sua clara indicação tipológica apontando para Jesus e o Evangelho, não são referidos diretamente. Podemos até dizer que esse conteúdo seja inesgotável porque novas compreensões são percebidas à medida que estudamos o livro de Gênesis.

Iniciamos por **Adão** (que se torna uma ilustração de Cristo), o qual é chamado de *segundo Adão* ou *Adão celestial* e colocado também em contraste com Cristo e sua obra (Romanos 5 e I Coríntios 15). Temos **Noé e a arca** representando a salvação de Deus na atual dispensação da graça (I Pedro). Temos **Melquisedeque**, um personagem que só aparece em uma curta narrativa e cujo significado espiritual é de uma profundidade ímpar, tornando-se o tema central da epístola aos Hebreus

4 Na cultura cristã, alguns personagens bíblicos são considerados como tipos ou protótipos relacionados a Cristo e ao plano de Deus de forma geral.

(Gênesis 14; Salmo 110 e Hebreus 4 a 8). Temos **Ismael** e **Agar**, que simbolizam a antiga aliança em contraste com a nova (Gênesis 16,21 e Gálatas 3). Temos **Abraão** sacrificando seu filho Isaque, um claro tipo do Pai sacrificando seu único Filho e que o escritor de Hebreus consegue relacionar tão magistralmente (Gênesis 22). Temos **Isaque** como o noivo aguardando ansioso o momento de encontrar a noiva que estava sendo preparada (Gênesis 26 e II Coríntios 11,2). Temos **José**, rejeitado pelos seus irmãos, que o lançam na cova e futuramente o reencontram (Gênesis 37).

Essas são apenas algumas notas sobre o valor tipológico deste primeiro livro da Bíblia. Os detalhes são de uma riqueza espiritual enorme, a tal ponto que fica difícil compreender certas colocações do Novo Testamento sem uma leitura atenta do livro de Gênesis. É possível perceber que todas essas situações que apontam para valores espirituais não são fruto de mentes criativas, capazes de encontrar similaridades nos textos bíblicos. Foram colocadas por Deus no intuito de gravar a sua verdade para a humanidade desde essa obra inicial.

1.4.4 Aspectos apologéticos

Embora muitos tenham buscado negar o sentido literal dos capítulos iniciais de Gênesis, nós vemos que tanto Jesus como os apóstolos colocam todas as narrativas como verdadeiros acontecimentos e não como mera representação ou simbolismo. A teologia modernista, influenciada pelo cientismo do século XIX, tentou reinterpretar ou mesmo ignorar completamente muitas das narrativas do livro de Gênesis, pois julgava que este estaria em desacordo com o conhecimento científico. Mas ele permanece como um livro fundamental para o entendimento de toda a teologia. Uma interpretação equivocada do livro pode alterar drasticamente os fundamentos da fé cristã, e por isso Gênesis não deve ser tratado com negligência.

Os capítulos 1 a 3, principalmente, requerem uma forte análise apologética, visto que muitas seitas e movimentos heréticos fazem interpretações e inferências distorcidas dessas passagens. Pelo fato de o texto de Gênesis ser um dos mais expressivos e conhecidos da literatura universal sobre a origem do homem, sofre ataques e interpretações errôneas diversas. O trabalho apologético em torno desses capítulos não tem fim, uma vez que estarão na base do desenvolvimento da doutrina da salvação.

1.4.5 Aspectos históricos

Os historiadores se debatem com vestígios humanos, uma vez que se recusam a aceitar a simples narrativa do livro de Gênesis. Todavia, é ele o único escrito inspirado e revelado que fala um pouco desses primeiros passos do homem sobre a Terra.

Ao abordarmos Gênesis como um livro que contém a história da humanidade, de fato, é preciso aceitar certas limitações. Na verdade, se excluirmos a parte que começa com o chamado de Abraão (capítulo 12) até o final, restam-nos apenas onze capítulos, que expõem algo como 2.000 anos de história, embora tal conta não seja precisa.

O que temos nesses capítulos são pequenas pinceladas, narrativas microscópicas diante de tanta coisa ocorrida nesse período de 2.000 anos. Mas nem por isso as narrativas de Gênesis perdem a sua importância como relato histórico. Tudo ali descrito, embora resumido, aconteceu de fato. As personagens e os eventos não podem ser relegados à categoria de lenda ou mero símbolo; só podem ser aceitos como acontecimentos reais da história humana naqueles primórdios. Do contrário, todo o restante desmorona, uma vez que o plano divino se desenrola sobre ela.

Adão, por exemplo, foi uma pessoa real que, juntamente com sua esposa Eva, deu origem a toda a raça humana. Paulo confirmou isso diante dos filósofos gregos no Areópago de Atenas, dizendo: "De um só ele fez toda a raça humana para habitar sobre toda a face da terra [...]." (Atos 17,26). Enoque foi identificado como o sétimo depois de Adão (Judas 14), fato que situa a existência daquele como algo real.

Do mesmo modo, o dilúvio é um fato histórico, como atestam inúmeras histórias similares à de Gênesis entre diversos povos, inclusive aborígenes da América. Quando ouvimos a palavra *dilúvio*, pensamos quase imediatamente na Bíblia e na história da arca de Noé. Essa história maravilhosa do Antigo Testamento viajou com o cristianismo através do mundo. Nos povos de todas as raças existem diferentes tradições de uma inundação imensa e catastrófica. Os gregos contavam a lenda do dilúvio de Deucalião; já muito antes de Colombo, corriam entre os primitivos habitantes do continente americano numerosas histórias a respeito de uma grande inundação. Na Austrália, na Índia, na Polinésia, no Tibete, em Caxemira, na Lituânia, há histórias de uma grande inundação que vêm sendo transmitidas de geração a geração até os nossos dias. Serão todas lendas, mitos ou produtos da imaginação? Ou simplesmente um fato histórico que sofreu alterações conforme foi sendo contado pelos descendentes que sobreviveram ao dilúvio?

A chamada *Tábua das Nações* citada no capítulo 10 de Gênesis é de uma precisão impressionante. Apesar da dificuldade em identificar cada povo, a maioria das identificações deles é bem clara. As fontes utilizadas por Moisés provavelmente remontam ao tempo da Torre de Babel, quando ainda era possível identificar o destino dos descendentes de Noé.

Da mesma sorte, a existência da Torre de Babel e sua construção como sendo a causa da diversidade de línguas no mundo só são desconsideradas pelos estudiosos porque estes se recusam a reconhecer a ação divina na história. Eles também não têm nenhuma explicação razoável e definitiva para a questão. Aliás, o linguista Hans Joachim Störig (2003), em seu famoso livro *A aventura das línguas*, após ter feito uma longa viagem através do mundo dos idiomas, termina por narrar a história bíblica da Torre de Babel como a origem da diversidade linguística.

Talvez possamos afirmar que as genealogias sejam o elo mais forte para testificar a factualidade de Gênesis. Todas as personagens bíblicas se ligam por meio delas. Funcionam como uma espécie de certidão de nascimento, indicando a origem de cada pessoa. Logo, toda a história posterior de Israel vai ser conectada ao primeiro homem e seus descendentes por meio dessas listas genealógicas.

1.4.6 Aspectos arqueológicos

Certos arqueólogos encontraram, perto de Nínive (atual Mossul, no Iraque), dois selos antigos, representativos de uma cena que sugere a história da tentação. No centro há uma árvore; à direita, um homem; à esquerda, uma mulher, e atrás dela, uma serpente erguida, em atitude de falar à mulher. Embora não tenham encontrado nenhum texto babilônico que descreva a tentação, acredita-se indicar que a raça ainda se lembrava da tentação no Éden. Diferentes epopeias da criação, escritas sobre tábuas de barro, foram encontradas nas ruínas de Babilônia, Nínive, Nipur e Assur e contêm certas semelhanças com o relato do Gênesis. São sete tábuas que descrevem um "abismo" de águas, contam que no quarto dia foram ordenadas as estrelas e que o homem foi feito de barro. Entretanto, há grandes diferenças entre essas epopeias e o relato do Gênesis.

Ao longo dos anos, muitas críticas têm sido levantadas quanto à confiabilidade histórica da Bíblia. Tais críticas são usualmente baseadas na falta de evidência de fontes externas que confirmem o registro bíblico. E, sendo a Bíblia um livro religioso, muitos eruditos tomam a posição de que ela é parcial e não confiável, a menos que haja evidência externa confirmando-a. Em outras palavras, a Bíblia é culpada até que seja provada inocente, e a falta de evidências externas coloca o registro bíblico em dúvida.

De acordo com Wood (2014a),

> *Este padrão é extremamente diferente do aplicado a outros documentos antigos, mesmo que muitos deles, se não a maioria, contém um elemento religioso. Eles são considerados acurados a menos que a evidência demonstre o contrário. Embora não seja possível verificar cada incidente descrito na Bíblia, as descobertas arqueológicas feitas desde a metade do século XVIII têm demonstrado a confiabilidade e plausibilidade da narrativa bíblica. Alguns exemplos:*

A descoberta do arquivo de Ebla no norte da Síria nos anos 70 tem mostrado que os escritos bíblicos concernentes aos Patriarcas são de todo viáveis. Documentos escritos em tabletes de argila de cerca de 2300 a.C. mostram que os nomes pessoais e de lugares mencionados nos registros históricos sobre os Patriarcas são genuínos. O nome "Canaã" estava em uso em Ebla – um nome que críticos já afirmaram não ser utilizado naquela época e, portanto, incorretamente empregado nos primeiros capítulos da Bíblia. A palavra "tehom" ("o abismo") usada em Gênesis 1:2 era considerada como uma palavra recente, demonstrando que a história da criação foram escrita [sic] bem mais tarde do que o afirmado tradicionalmente. "Tehom", entretanto, era parte do vocabulário usado em Ebla, cerca de 800 anos antes de Moisés. Costumes antigos, refletidos nas histórias dos Patriarcas, também foram descritos em tabletes de argila encontrados em Nuzi e Mari.

Ainda conforme Wood (2014b),

O evento bíblico mais documentado é o dilúvio universal descrito em Gênesis (capítulos 6 a 9). Diversos documentos babilônicos foram descobertos e descrevem o mesmo dilúvio. A lista de reis sumérios[5]*, por exemplo, indica que todos os reis reinaram por longos anos. E então veio uma grande inundação, e após esse acontecimento, os reis sumérios reinaram por períodos bem menores. Trata-se do mesmo padrão de acontecimento encontrado na Bíblia. Os homens tinham uma maior longevidade antes do dilúvio e menor após este. O 11º tablete do Épico de Gilgamesh descreve uma arca, animais levados até a arca, pássaros sendo soltos durante a grande inundação, a arca repousando sobre uma montanha e um sacrifício sendo oferecido após a arca estar parada.*

[...]

5 Antigo manuscrito sumério que lista os reis da Suméria (antigo sul do Iraque) e dinastias vizinhas, seus reinados supostos e os locais da realeza oficial.

> *Os tabletes de argila sumérios registram a confusão de línguas, assim como se observa no histórico bíblico da Torre de Babel (Gênesis 11,1-9). "Existiu uma era de ouro onde toda a humanidade falava a mesma língua. As línguas foram então confundidas pelo deus Enki, senhor da sabedoria. Os babilônios têm registros similares onde os deuses destruíram a torre do templo e dispersaram-nos e tornaram suas línguas estranhas".*

Portanto, é notável que esse pequeno tablete de argila coberto de inscrições contém o relato babilônico do dilúvio.

A cidade de Salém é outro exemplo que demonstra um texto bíblico plausível: "E chegou Jacó salvo a **Salém**, cidade de Siquém, que está na terra de Canaã, quando vinha de Padã-Arã; e armou a sua tenda diante da cidade" (Gênesis 33,18; 12,6; grifo nosso).

Além dos exemplos que apresentamos, diversas evidências arqueológicas reforçam a confiabilidade do texto bíblico.

De acordo com Siegfried (1985, p. 40, tradução nossa),

> *Escavações foram empreendidas em Siquém, primeiramente pelas expedições austríaco-alemãs em 1913 e 1914; posteriormente, no período de 1926 a 1934, sob a responsabilidade de vários arqueólogos; e, por fim, por uma expedição americana no período de 1956 a 1972 [...]. A escavação na área sagrada revelou uma fortaleza na qual havia um santuário e um templo dedicado a El-berith, "o deus do concerto".*

O templo dedicado a El-berith foi destruído por Abimeleque, filho do juiz Gideão (Juízes 9), e proporcionou-nos uma data confiável acerca do **período teocrático**. Recentemente, nas proximidades do monte Ebal (Deuteronômio 27,13) foi encontrada uma estrutura que sugere identificar um altar israelita. Segundo Siegfried (1985, p. 40), "Datado do 13º ou 12º século a.C., o altar pode ser considerado como contemporâneo de Josué, indicando a possibilidade de ter sido construído pelo próprio líder hebreu, conforme é descrito em Deuteronômio 27 e 28".

Por fim, mais uma evidência que reforça a veracidade do texto bíblico é a Tumba dos patriarcas. Conforme Lanser (2014),

> *A Bíblia relata que Sara, Abraão, Isaque, Rebeca, Lia e Jacó foram enterrados em Hebrom, numa caverna denominada a Cova do Campo de Macpela, adquirida por Abraão (Gênesis 23). Segundo a tradição, essa caverna está localizada abaixo de Haram el-Khalil ("recinto sagrado do amigo do Deus Único Misericordioso"), em Hebrom, e é atualmente uma mesquita muçulmana). Algumas referências datadas do período helênico (segundo século D.C) atestam que este é o local autêntico de sepultamento dos Patriarcas. A caverna foi explorada pelos Agostinianos em 1119, sendo declarada a descoberta dos ossos dos Patriarcas nesta data.*

1.5 Êxodo

Tal como Gênesis, *Êxodo* é um título que não tem origem hebraica, mas grega. A Septuaginta o chama de *livro de Êxodos*, que significa "**saída, partida**" – um título apropriado para a descrição da saída do povo escolhido da terra onde sofreu a escravidão total durante gerações. Essa redenção do Egito, realizada por intervenção divina, foi milagrosa, exigindo da parte dos israelitas apenas fé na eficácia do sangue derramado (Êxodo 12,1-3). Como no Novo Testamento, a redenção tem o propósito de tornar possível a comunhão entre as pessoas remidas de Deus. Depois da realização da redenção do Egito, foi dada a Lei, seguida pela revelação de grandes verdades do culto aceitável a

Deus quando prestado no tabernáculo, com os seus sacrifícios concomitantes e o sacerdócio assistente.

No Êxodo, Deus, até então ligado ao povo israelita apenas por meio de sua aliança com Abraão (Gênesis 12,2), atrai-os para Si, nacionalmente, por meio da redenção; coloca-os sob a aliança mosaica (19,5) e habita no meio deles na nuvem de glória. No livro de Gálatas o apóstolo Paulo explica o relacionamento da Lei com a aliança abraâmica. Por meio dos inúmeros mandamentos, Deus ensinou a Israel suas justas exigências. A experiência convenceu Israel do seu pecado; e a provisão do sacerdócio e os sacrifícios (cheios de tipos preciosos de Cristo) ofereceram a um povo culpado um meio de obter perdão, purificação e restauração da comunhão e da adoração.

1.5.1 Esboço de Êxodo

I. O Treinamento do homem de Deus para a Tarefa de Deus (1,1-4, 31)
   a) O passado de Moisés; a perseguição tirânica (1,1-22)
   b) A adoção e instrução de Moisés, os primeiros 40 anos (2,1-14)
   c) O caráter disciplinado de Moisés, os segundos 40 anos (2,15-25)
   d) A vocação de Moisés por parte de Deus, em Horebe (3,1-4.31)

II. A graça triunfante: o povo de Deus libertado da escravidão (5,1-18)
   a) O Triunfo de Deus sobre a potência mundial, por meio das dez pragas (5,1-11,1)

b) Seis tipos da salvação (12,1-18.27)
   1. A Páscoa: símbolo e apropriação do Calvário (12,1-13)
   2. Travessia do Mar Vermelho: o mergulho pela fé (batismo) – (14.1-15)
   3. Maná dos céus: pão da vida (eucaristia) – (16,1-36)
   4. A rocha fendida: a água da vida (17,1-7)
   5. Refidim: antegozo da vitória sobre o mundo (17,8-16)
   6. Nomeação dos anciãos: organização da comunidade religiosa (18,1-27)

III. O selo da Santidade (19,1-31)
   a) A promessa da aliança: absoluta submissão à vontade de Deus revelada, como "nação santa, propriedade peculiar de Deus" (19,1-25)
   b) Princípios básicos de uma vida santificada, segundo a aliança: o decálogo (20,1-26)
   c) A vida santa na sua conduta para com os outros (Livro da Aliança; Três grandes festivais) – (21,1-23)
   d) A vida santa no culto e na comunhão com Deus (a tipologia do sacerdócio, do sacrifício e dos móveis do tabernáculo) – (24,1-31)

IV. O fracasso da carne e o arrependimento pelo pecado (32,1-33)
   a) Rebelião, apostasia, idolatria: quebra da comunhão com Deus (32,1-35)
   b) Arrependimento, castigo e a intercessão de Moisés, o mediador (33,1-23)

V. A provisão divina pelo pecado: o perdão contínuo através do sacrifício (34,1-40)

a) Reafirmação da aliança da graça e a advertência divina contra a idolatria (34,1-35)
b) Meios de graça para evitar a apostasia: o sábado e o tabernáculo (35,1-19)
c) A congregação promete obedecer ao plano divino (35,20-39)
d) Formas de culto que Deus santifica e aceita (40,1-38)

1.5.2 Aspectos teológicos

De grande relevância para a história da salvação é a **teofania** apresentada no capítulo 3 de Êxodo, em que o próprio Deus se manifesta a Moisés em uma sarça ardente. *Teofania* é uma palavra grega usada no meio teológico que significa a manifestação da glória de Deus diante dos homens (Hoff, 1993).

Esse episódio se torna importante em virtude do conteúdo teológico nele envolvido. Primeiramente, temos a identificação de Deus. Ao perguntar Seu nome, a resposta de Deus a Moisés foi: "Eu Sou o que Sou" (Êxodo 3,14). Um conceito de divindade muito diferente do usual entre os povos. Deus é quem Ele é e pronto. É quase impossível informar por meio da linguagem quem é Aquele que é o único portador de existência própria: **Eu sou o que sou**.

O livro de Êxodo apresenta aspectos teológicos e morais de uma enorme importância para Israel e para o mundo. O monoteísmo nele expresso tornou-se marca exclusiva de Israel, bem como a proibição do uso de imagens. Os mandamentos relacionados à ordem moral da sociedade têm um valor inquestionável para a vida humana, protegendo a propriedade privada, o respeito filial, a integridade matrimonial, a integridade da vida humana, a verdade nos relacionamentos.

O simples fato de ter uma legislação própria foi um passo essencial na história e formação da nação de Israel. Até então eles eram apenas um povo. Agora eram um povo com sua própria legislação. Logo acrescentariam a esses dois elementos um território geograficamente delimitado, tornando-se, assim, uma nação de fato e de direito.

A libertação do Egito por meio dos milagres e sinais realizados por Moisés estabeleceu a descendência de Abraão como a nação prometida e também a sua aliança por meio do Cordeiro Pascal.

1.5.3 Aspectos tipológicos

A palavra de Deus a Moisés trouxe esta ordem: "Este mesmo mês vos será o princípio dos meses; este vos será o primeiro dos meses [...]" (Êxodo 12,2). O calendário comum continua o seu curso. Mas quem se identifica com Deus começa uma nova contagem de tempo. Por isso Jesus disse a Nicodemos: "Necessário vos é nascer de novo" (João 3,7). Nessa nova contagem de vida, cada um devia tomar um cordeiro para sua casa.

O sangue do cordeiro era posto nos umbrais e vergas de cada casa. À meia-noite viria o castigo pela morte dos primogênitos de cada família (capítulos 12, 13 e 29). Onde houvesse o sangue na porta, o primogênito permaneceria vivo. O sangue era sinal de obediência a Deus e de que um substituto morreu em lugar do primogênito. O sangue de Jesus é um refúgio para quem obedece ao Evangelho.

A carne do cordeiro era assada no fogo (Êxodo 12,8). Para realizar a sua missão, o Salvador teve de ser tentado, perseguido e maltratado pelos homens. Era comido o cordeiro com pães asmos, pães da sinceridade, (de acordo com I Coríntios 5,8), e ervas amargas (Êxodo 12,8), simbolizando o arrependimento. As pessoas presentes deveriam estar com os trajes completos, prontos para viajar (Êxodo 12,11). O crente tem de estar pronto, esperando a hora de partir para a eternidade. Isso se expressa pela palavra "Vigiai" (Marcos 13,37).

João mostra Jesus como **antítipo** da Páscoa, aplicando a frase: "Nenhum osso será quebrado" (Êxodo 12,46; João 19,36). Já o apóstolo Paulo, iluminado pelo Espírito Santo, entendeu claramente a obra salvífica de Cristo e declarou: "Porque Cristo, nossa páscoa [...]" (I Coríntios 5,7).

1.5.4 O simbolismo no livro de Êxodo

O simbolismo do tabernáculo, cuja descrição se encontra no livro de Êxodo, é uma rica fonte de simbolismo espiritual. Na verdade, é uma fonte inesgotável. Durante séculos, milhares de cristãos têm extraído dessa construção inúmeras lições para suas vidas. Por isso vale a pena estendermos um pouco o assunto.

Em comparação com os templos pagãos, a tenda da congregação era muito pequena. Não foi projetada para que o povo israelita se reunisse em seu interior para adorar a Deus, mas com o fim de que seus representantes, os sacerdotes, oficiassem como mediadores. Evidentemente, cada objeto e sua localização tinham grande valor simbólico. O escritor da Carta aos hebreus mostra o simbolismo do tabernáculo e do sacerdócio da antiga aliança, dizendo que se trata de "sombra das coisas celestiais" (Êxodo 8,5). Não cabe sermos dogmáticos ao interpretar os detalhes, mas devemos buscar, na medida do possível, a interpretação neotestamentária (Hoff, 1993).

Nota-se certo simbolismo cercado de devida importância patente no tabernáculo, conforme os itens indicados a seguir.

a) **A presença de Deus**

Para os israelitas, o tabernáculo era o lugar santíssimo e, em especial, o propiciatório que representava a imediata presença de Deus. Ali se manifestava a Shekina (em hebreu, "habitar"), a glória de Deus que representava sua própria presença. As figuras dos querubins, com as asas estendidas para cima e o rosto de cada um voltado para o rosto do outro, representavam a reverência e o culto a Deus. A arca continha as duas tábuas da lei de Moisés, um vaso com maná, e mais tarde se incluiu a vara de Aarão. Todos esses objetos lembravam a Israel o concerto[6] e o amor de Deus. As tábuas da lei simbolizavam a santidade de Deus e a pecaminosidade do homem. Também lembravam aos hebreus que não se pode adorar a Deus em verdade sem se dispor a cumprir sua vontade revelada. O véu que separava o lugar santíssimo do lugar santo e excluía todos os homens, com exceção do sumo sacerdote, acentuava que Deus é inacessível ao homem pecador. Somente por via do mediador nomeado por Deus e do sacrifício do inocente podia o homem aproximar-se de Deus (Hoff, 1993).

Para o cristão da atualidade, essas coisas servem de "alegoria para o tempo presente" (Hebreus 9,9), em que Jesus Cristo, nosso sumo sacerdote, entrou de uma vez para sempre com seu

6 Nesse caso, trata-se de uma terminologia biblica, relacionada ao perdão de Deus.

próprio sangue para fazer a propiciação por nossos pecados e expiá-los. É interessante notar a relação que existe entre o "propiciatório" e as palavras do apóstolo, quando disse, referindo-se a Cristo: "[...] ao qual Deus propôs para propiciação" (Romanos 3,25). Pela obra de Cristo no calvário, "o véu do templo se rasgou em dois, de alto a baixo" (Mateus 27,51). O véu rasgado é o símbolo da separação entre Deus e os homens e foi entretecido por nossos pecados; agora está rasgado e os cristãos têm acesso à presença de Deus (Hebreus 10,19-20; 4,14-16; Romanos 5,1-2) (Hoff, 1993).

b) **A aproximação de Deus**

No livro do Êxodo, os móveis colocados no pátio do tabernáculo mostravam como o homem pode aproximar-se de Deus e restaurar a comunhão com Ele. Assim, o primeiro passo para que o homem possa aproximar-se de Deus está simbolizado pelo **altar dos holocaustos**, ou seja, a expiação. Sua mensagem é: "Sem derramamento de sangue não há remissão" (Hebreus 9,22). Por conseguinte, sem remissão de pecados não há comunhão com Deus. A remissão foi efetuada no Calvário, onde Cristo se sacrificou por nossas rebeliões. Assim como o homem perseguido podia agarrar-se aos **chifres do altar**[7] para escapar do vingador ofendido, o pecador pode agarrar-se simbolicamente à cruz e mediante a fé encontrar um abrigo seguro para a sua alma. As pessoas que depositam sua fé em Cristo têm um altar (Hebreus 13,10) e são reconciliadas com Deus mediante a cruz (II Coríntios 5,18-21), tendo, desse modo, acesso ao Pai (Romanos 5,2). É preciso lembrar também que o **altar de cobre** era o lugar de completa dedicação a Deus, pois se ofereciam os sacrifícios

7 O altar dos sacrifícios tinha quatro pontas (duas de cada lado), chamadas de *chifres do altar*.

de holocausto que simbolizavam inteira consagração. Os que são perdoados e reconciliados devem seguir os passos daquele que se ofereceu em completa submissão à vontade divina (Hoff, 1993).

O segundo passo para aproximar-se de Deus e preparar-se para ministrar nas coisas sagradas é simbolicamente representado pela **pia de cobre**. Nela, os sacerdotes se lavavam antes de oficiar nas coisas sagradas. A pia de cobre demonstra que é necessário purificar-se para servir a Deus: "a santificação, sem a qual ninguém verá o Senhor" (Hebreus 12,14). O crente se limpa "com a lavagem da água, pela palavra" (Efésios 5,26) e pela "regeneração" e "renovação do Espírito Santo" (Tito 3,5) (Hoff, 1993).

c) **O culto aceitável a Deus**

Os móveis do lugar santo indicavam como a nação sacerdotal podia prestar culto a Deus e servi-lo de forma aceitável. Alguns estudiosos da Bíblia apontam que na obra de Cristo encontram-se os seguintes simbolismos relacionados aos objetos: **o altar do incenso** representa a Cristo, o intercessor; **a mesa dos pães** representa a Cristo, o pão da vida; e o **castiçal** representa a Cristo, a luz do mundo. Apesar da bênção resultante dessas interpretações tradicionais, convém-nos buscar o simbolismo dos objetos considerando primeiro a ideia que eles transmitiam aos israelitas e, a seguir, o que o Novo Testamento indica no tocante a eles. Dado que os que oficiavam no **lugar santo** eram os sacerdotes comuns, simbolizando os crentes (I Pedro 2,9; Apocalipse 1,6), é lógico considerar que o uso dos móveis do **lugar santo** prefigurava o culto e o serviço dos cristãos (Hoff, 1993).

O **altar do incenso** estava no centro; ensina-nos que uma vida de oração é imprescindível para agradar a Deus, já que o incenso simbolizava a oração, o louvor e a intercessão do povo de Deus, tanto no Antigo Testamento como no Novo Testamento (Salmo 141,2; Lucas 1,10; Apocalipse 5,8; 8,3). Assim como o perfume do fumo que o incenso desprendia subia ao céu, os louvores, as rogativas e as intercessões sobem ao Senhor como cheiro agradável. Duas vezes por dia, acendia-se o incenso sobre o altar e, provavelmente, ardia durante o dia todo. Essa ação ensina que os filhos de Deus devem ser constantes na oração. Acendia-se o incenso com o fogo do altar dos holocaustos, o que nos leva a notar que a oração aceitável ao Senhor se relaciona com a expiação do pecado e a consagração do crente. Também se destaca a importância do **fogo** para consumir o incenso. Se o incenso não ardia, não havia cheiro agradável. Igualmente, o crente necessita do fogo do Espírito Santo para que faça arder o incenso da devoção (Efésios 6,18). Orações frias não sobem ao Trono da Graça (Hoff, 1993).

Ao entrar no **lugar santo**, encontrava-se à direita a mesa dos pães da proposição. A expressão "pães da proposição" significa, literalmente, "pães do rosto" e, em algumas versões da Bíblia, é traduzida como "pão da presença", pois o pão era colocado continuamente na presença de Deus. Os doze pães colocados na mesa representavam uma oferta de gratidão a Deus da parte das doze tribos, pois o pão era, ao mesmo tempo, uma dádiva de Deus e um fruto dos esforços humanos. Por isso o povo reconhecia que havia recebido seu sustento de Deus e, ao mesmo tempo, consagrava a Ele os frutos de seu trabalho. Portanto, a **mesa dos pães** refere-se também à mordomia dos bens materiais (Hoff, 1993).

O terceiro móvel no **lugar santo** era o **castiçal de ouro**, que simbolizava o povo de Deus, Israel. O castiçal de ouro ensinava que Israel deveria ser a "luz dos gentios" (Isaías 49,6; 60,1-3;

Romanos 2,19), dando testemunho ao mundo por meio de uma vida santa e da mensagem proclamada do Senhor. O apóstolo João utiliza a figura do castiçal, representando as sete Igrejas da Ásia com os sete castiçais (Apocalipse 1,12-20); portanto, o **castiçal** prefigura a Igreja de Jesus Cristo. Assim como o **tronco do castiçal** unia os sete braços e suas lâmpadas, Jesus Cristo está no meio de suas Igrejas e as une. Embora as Igrejas locais sejam muitas, constituem uma só Igreja em Cristo. Também Jesus disse aos seus seguidores: "Vós sois a luz do mundo" (Mateus 5,14) (Hoff, 1993).

Era necessário encher o castiçal com azeite puro de oliveira a fim de que ardesse e iluminasse ao seu redor. O profeta Zacarias empregou a figura do castiçal com abundante azeite para representar Israel. Interpretou o símbolo do azeite com estas palavras: "Não por força nem por violência, mas pelo meu Espírito, diz o Senhor dos Exércitos" (Zacarias 4,6). O azeite é, pois, o símbolo do Espírito Santo. Se o crente não tem a presença e o poder do Espírito em sua vida, não será uma boa testemunha. Todos os dias um sacerdote trazia azeite fresco para o castiçal, de modo que a luz ardesse desde a tarde até o amanhecer (Êxodo 27,20-21). Do mesmo modo, o crente necessita receber todos os dias o azeite do Espírito Santo (Salmo 92,10) para que sua luz brilhe diante dos que andam na escuridão espiritual (Hoff, 1993).

d) O filho de Deus

A ideia central do tabernáculo era que Deus habitava entre seu povo; sua plena realização encontra-se na encarnação de Cristo: "E o Verbo se fez carne, e habitou entre nós" (literalmente, "fez tabernáculo entre nós" – João 1,14). Daí que se chama Emanuel, "Deus conosco" (Mateus 1,23)[8]. Em nossos dias,

8 A presença de Deus se evidencia no tabernáculo, e o nome de Deus, Emanuel, significa "Deus conosco".

a presença de Deus se manifesta na Igreja por meio do Espírito Santo que habita nos cristãos (Efésios 2,21-22) (Hoff, 1993).

Em Cristo se cumpriram muitas das cerimônias do tabernáculo: a **manifestação** da glória divina, a **expiação**, a **reconciliação** do homem com Deus e a presença de Deus entre seu povo redimido. As sombras e as figuras já passaram, mas a realidade permanece na Pessoa e obra de Jesus Cristo (Hoff, 1993).

1.5.5 Aspectos apologéticos

Algumas seitas insistem na guarda da Lei e, para isso, fundamentam seus ensinos no livro de Êxodo. Vejamos alguns exemplos que julgamos ser importantes.

O leitor pode observar que não se encontram na Bíblia as expressões *lei moral* e *lei cerimonial*. Dentro dos dez mandamentos, há um preceito cerimonial, justamente o quarto mandamento – a guarda do sábado. Como poderia ser um mandamento moral, se acerca desse mandamento Jesus afirmou que poderia ser violado dentro do templo e o sacerdote violador ficava sem culpa? (Mateus 12,5).

Ademais, no livro da lei de Moisés, tido como lei cerimonial, encontram-se preceitos morais. Os dois maiores mandamentos – assim classificados por Jesus – estão fora dos dez mandamentos. O primeiro, "Amarás o Senhor teu Deus de todo o teu coração, e de toda a tua alma, e de todo o teu pensamento" (Mateus 22,37), está no livro de Deuteronômio (6,5), escrito por Moisés e integrante do livro da Lei. O segundo mandamento, "Amarás o teu próximo como a ti mesmo", encontra-se em Levítico (19,18), também escrito por Moisés e posto ao lado da arca. Os dois maiores mandamentos não estão dentro dos dez mandamentos e Jesus os colocou como os maiores.

1.5.6 Aspectos históricos

Os acontecimentos narrados no livro de Êxodo são mais do que meras reflexões religiosas. Ele não apresenta primeiramente uma reflexão, ainda que elevada, sobre a divindade. Ele fala sobre um Deus que entrou e participou da história de um povo. Quando se diz que a fé bíblica é uma fé histórica, deve-se ao fato de os fundamentos bíblicos estarem relacionados a atos realizados por Deus em algum lugar e em algum momento da história humana.

Independentemente das discrepâncias que podem ocorrer entre as opiniões da história profana e a sagrada, a verdade é que Deus tirou um povo do Egito, a grande potência econômica, cultural e militar da época. Esse evento era o cumprimento de uma aliança feita aproximadamente quatrocentos anos antes com Abraão, a quem Deus tirara de Ur dos Caldeus (Gênesis 15,13).

1.5.7 Aspectos arqueológicos

A arqueologia tem descoberto fortes indícios da confiabilidade dos relatos encontrados no livro de Êxodo, conforme veremos nos trechos a seguir.

∞ **Os hebreus no Egito**

Segundo Borges (2008),

> *Uma ilustração gravada nas rochas de uma caverna no sul do Egito, por volta de 1450 a.C., mostra soldados de pele escura supervisionando*

o trabalho de homens de pele mais clara, vestidos de tangas de linho. A obra foi feita por ordem de um vizir – espécie de ministro – do faraó Thutmoses, que, acreditam alguns estudiosos, teria sido o soberano do Egito à época de Moisés. "É evidente a relação que a figura faz dos egípcios, de pele mais escura, com os hebreus, mais claros", observa Oseias Moura, doutor em Antigo Testamento pela PUC do Rio de janeiro.

Outra descoberta que remete ao suposto cativeiro egípcio é o túmulo de Amose, comandante do exército de Faraó. Nas paredes da tumba, numa vila nos arredores de Luxor, os arqueólogos encontraram inscrições que falam da família e das conquistas do general egípcio. Depois de relatar suas vitórias sobre exércitos inimigos, Amose inseriu uma lista de alguns dos seus escravos. A maior parte deles tinha nomes tipicamente hebreus, como Mara, Miriam e Putiel.

∞ As pragas do Egito

A arqueologia também trouxe à luz algumas das pragas que Deus teria derramado sobre o Egito, aplicadas para forçar o faraó a libertar os hebreus. O papiro de Ipuwer (sacerdote egípcio), seria um registro pessoal das preces desse sacerdote ao deus Hórus. No texto, com data aproximada de 1350 a.C. e escrito em egípcio cursivo, Ipuwer reclama: "O rio transformou-se em sangue, nossos animais estão morrendo. As plantações não produzem. A escuridão cobriu a terra". Assim, tais pragas seriam umas das dez que, que segundo o livro do Êxodo, Deus lançou sobre o Egito. A descoberta é responsável por alterar o posicionamento de vários estudiosos que se referiam às pragas como ficção (Borges, 2008).

Outra descoberta especial marcou a história da arqueologia bíblica e pode até posicionar Moisés e o livro do Êxodo na linha do tempo. Em 1896, nas proximidades de Tebas, no Egito, foi encontrada uma estela (uma placa de pedra) do Faraó Merneptah, datada ano 1220 a.C. A peça traz uma lista das vitórias de Merneptah sobre povos inimigos, sendo Israel um desses povos. Essa é a mais antiga referência não bíblica a Israel já encontrada. Entre outras citações, o texto diz: "A Líbia está devastada, Israel está aniquilado e suas sementes não mais germinarão". Os sinais utilizados na inscrição sugerem Israel como pessoa ou povo, e não como lugar, como defendem alguns estudiosos. (Borges, 2009)

∞ O Código de Hamurábi

O Código de Hamurábi, criado por volta de 1700 a.C., é um dos mais antigos conjuntos de leis já encontrados e um dos exemplos mais bem preservados desse tipo de documento da antiga Mesopotâmia.

De acordo com Vallejo Neto (2007), algumas partes da Torá são similares a certas seções do Código de Hamurábi e, em razão disso, alguns especialistas sugerem que os hebreus tenham derivado suas leis desse código. No entanto, segundo Thomas (1961), "Não existe fundamento algum para se assumir qualquer empréstimo pelos hebreus dos babilônicos. Mesmo se os dois conjuntos de leis diferem pouco na prosa, eles diferem muito no espírito".

Na Tabela 1.1, a seguir, você pode observar uma breve comparação dos textos do Código de Hamurábi e do Torá:

Tabela 1.1 – Comparação entre o Código de Hamurábi e a Torá

Código de Hamurábi	Torá
Pena de morte para roubo de templo ou propriedade estatal, ou por aceitação de bens roubados. (Seção 6)	Roubo punido por compensação à vítima. (Êxodo 22,1-9)
Morte por ajudar um escravo a fugir ou abrigar um escravo foragido. (Seção 15,16)	"Você não é obrigado a devolver um escravo ao seu dono se ele foge do dono dele para você." (Deuteronômio 23,15)
Se uma casa mal construída causa a morte de um filho do dono da casa, então o filho do construtor será condenado à morte. (Seção 230)	"Pais não devem ser condenados à morte por conta dos filhos, e os filhos não devem ser condenados à morte por conta dos pais." (Deuteronômio 24,16)
Mero exílio por incesto: "Se um senhor (homem de certa importância) teve relações com sua filha, ele deverá abandonar a cidade." (Seção 154)	Pena de morte por incesto. (Levítico 18-6, 29)
Distinção de classes em julgamento: Severas penas para pessoas que prejudicam outras de classe superior. Penas médias por prejuízo a membros de classe inferior. (Seção 196-205)	Você não deve tratar o inferior com parcialidade, e não deve preferenciar o superior. (Levítico 19-15)

Fonte: Adaptado de Vallejo Neto, 2007.

1.6 Levítico

Levítico é dedicado à adoração a Deus pelo povo resgatado, como se vê pela frequente ocorrência das palavras relacionadas com *santidade* e *sacrifício*. Na Bíblia Hebraica, o livro Levítico é chamado pela primeira palavra que aparece no texto, *wayyiqra*, que significa "e Ele chamou". O título *Levítico* foi extraído da Septuaginta: *Levitikon*. O nome é apropriado, pois o livro servia como manual litúrgico do sacerdote levítico e, ao mesmo tempo, ensinava aos israelitas a necessidade de uma santidade inabalável em cada aspecto de sua vida. É um livro que contém em sua totalidade leis e instruções.

Termos relacionados ao sacrifício permeiam esse livro; as palavras *sacerdote*, *sacrifício*, *sangue*, e *oferta* ocorrem com muita frequência; e *qodesh*, traduzido para "santidade" ou "santo", aparece mais de cento e cinquenta vezes. Observe também a repetida ordem: "sede santos, porque eu sou santo" (11,44-45; 19,2;20,7; 20,26).

1.6.1 Esboço de Levítico

I. A Lei dos Sacrifícios (1,1-7,38)
  a) O holocausto (1,1-17)
  b) As ofertas de manjares (2,1-16)
  c) Os sacrifícios pacíficos (3,1-17)
  d) O sacrifício pelos pecados por ignorância (4,1-5)
  e) O sacrifício pelo sacrilégio (5,14-6,7)
  f) O holocausto contínuo e as ofertas dos sacerdotes (6,8-23)
  g) A disposição das vítimas, na oferta pelo pecado, na oferta pela culpa e na oferta pacífica (6,24-7,27)
  h) A oferta movida e a oferta levantada (7,28-38)

II. A consagração dos sacerdotes (8,1-10,20)
   a) A consagração de Arão e dos seus filhos (8,1-36)
   b) Arão como sumo sacerdote (9,1-24)
   c) Julgamento contra Nadabe e Abiu por causa da desobediência destes (10,1-20)

III. Separação das coisas impuras (11,1-15,33)
   a) Comidas puras e impuras (11,1-47)
   b) Purificação das mães depois de darem à luz (12,1-8)
   c) Regulamentos no que diz respeito à lepra (13,1-14,57)
   d) A purificação dos corrimentos corporais (15,1-33)

IV. O Dia da Expiação (16,1-34)

V. O lugar do sacrifício e a inviolabilidade do sangue (17,1-16)

VI. A santidade prática: leis contra a imundícia, a impureza e a idolatria (18,1-20,27)

VII. A santidade e os deveres dos sacerdotes (21,1-22,33)

VIII. As santas convocações: sábado, Páscoa, pães asmos, Pentecoste, trombetas, expiação, tabernáculos (23,1-44)

IX. Os símbolos da consagração; penalidades pela profanação (24,1-23)

X. O Ano de Descanso e o Ano do Jubileu (25,1-55)

XI. As bem-aventuranças da obediência, as maldições da desobediência (26,1-46)

XII. O pagamento de votos e dízimos (27,1-34)

1.6.2 Aspectos teológicos

Assim como Êxodo tem por tema a comunhão que Deus oferece a seu povo mediante Sua presença no tabernáculo, Levítico apresenta as leis pelas quais Israel haveria de manter essa comunhão.

O Senhor queria ensinar a seu povo, os hebreus, a santificar-se. A palavra *santificação* significa "apartar-se do mal e dedicar-se ao serviço de Deus". É condição necessária para se desfrutar da comunhão com Deus. As leis e as instituições de Levítico faziam os israelitas tomar consciência de sua pecaminosidade e de sua necessidade de receber a misericórdia divina; ao mesmo tempo, o sistema de sacrifícios ensinava-lhes que o próprio Deus provia o meio de expiar seus pecados e de santificar sua vida (Hoff, 1993).

Deus é Santo e, para se aproximar Dele, o ser deve ser santo também. Israel deve ser diferente das outras nações e deve separar-se de seus costumes. O pensamento chave era o seguinte: "Santos sereis, porque eu, o Senhor vosso Deus, sou santo" (Levítico 11,44-45; 19,2). A palavra *santo* aparece setenta e três vezes no livro Levítico. O tabernáculo e seus móveis eram santos, os sacerdotes e suas vestimentas eram santos, as ofertas eram santas, as festas eram santas, e tudo era santo para que Israel fosse santo. O apóstolo Paulo sintetiza esse princípio e o aplica aos cristãos: "Portanto, quer comais quer bebais, ou façais outra qualquer coisa, fazei tudo para glória de Deus" (I Coríntios 10,31) (Hoff, 1993).

A santidade de Deus impõe leis concernentes às ofertas, ao alimento, à purificação, à castidade, às festividades e outras cerimônias. Somente pelos sacerdotes, o povo pecaminoso não poderia aproximar-se do Deus Santo. Tudo isso ensinou aos hebreus que o pecado é que afasta o homem de Deus, que Deus exige a santidade e que só o sangue espargido sobre o altar pode expiar a culpa. Assim, ao mesmo tempo que Levítico fala de santidade, fala da graça, ou possibilidade de obter perdão por meio de sacrifícios (Hoff, 1993).

Algumas vezes, o livro de Levítico tem sido encarado como uma obra de difícil compreensão; entretanto, de acordo com a tradição primitiva, foi o primeiro livro a ser ensinado para as crianças na educação judaica. Ele lida com o caráter e a vontade de Deus, especialmente em assuntos de santidade, que os sábios judeus consideravam de importância primária. Esses sábios sentiram que, antes de procederem a outros textos bíblicos, as crianças deveriam ser educadas sobre a santidade de Deus e a responsabilidade de cada indivíduo para viver uma vida santa. O termo *santidade* é uma palavra-chave em Levítico, descrevendo a santidade da presença divina; a santidade está sendo separada do profano, e santo é oposto ao comum ou secular.

1.6.3 Aspectos tipológicos[9]

A tipologia de Jesus no livro de Levítico está relacionada às Cinco Ofertas no Dia da Expiação e às festas do capítulo 23. Especialmente no capítulo 23, a parte mais interessante é a “oferta das primícias”.

As Cinco Ofertas são descritas nos capítulos 1 a 7 de Levítico e explicam o que foi realizado no calvário. Elas formam um todo, mas podem ser estudadas separadamente.

- **Fatos a respeito das Cinco Ofertas:**
  a) Foram ordenadas ainda que fossem voluntárias.
  b) Todas, exceto a de manjares, tinham sangue.
  c) Todas, exceto a de manjares, eram expiatórias.
  d) O sangue derramado era um sacrifício, a entrega de uma vida.

9 As informações indicadas nesta seção são de Catedral Assembleia..., 2014.

∞ **As Cinco Ofertas na ordem em que constam no livro de Levítico:**

a) O holocausto (com sangue) – (1,1-17 e 6,8-13).
b) A oferta de manjares (sem sangue) – (2,1-16; 6,14-23).
c) A oferta pacífica (com sangue) – (3,1-17; 7,11-34; 19,5-8; 22,21-25).
d) A oferta pelo pecado (com sangue) – (4,1-35; 6,24-30).
e) A oferta pela culpa (com sangue) – (5,14-19; 7,1-17).

∞ **O significado das ofertas:**

a) Holocausto – consagração pessoal.
b) Manjares – consagração dos bens.
c) Pacífica – comunhão com Deus.
d) De Pecado – perdão.
e) De Culpa – restituição.

Nos trechos a seguir apresentamos mais detalhes das Cinco Ofertas.

1. **Oferta de holocausto**

A oferta de holocausto era diferente das outras quatro, porque nela a carne da vítima era toda queimada. De forma **tipológica**, esta oferta representa a consagração pessoal.

Um exemplo se acha nas Igrejas da Macedônia: "Não somente fizeram como nós esperávamos, mas a si mesmos se deram primeiramente ao Senhor, e depois a nós, pela vontade de Deus" (II Coríntios 8,5). A oferta de holocausto representa a consagração completa do próprio "ser", para a obra de Deus.

Esse tipo de oferta tipifica a obediência perfeita de Cristo, pois Jesus fez tudo conforme a vontade do Pai (Lucas 22,42; João 4,34; 5,30; 6,38; Hebreus 10,7).

2. ***Oferta de manjares***

A oferta de manjares é diferente das outras quatro nos seguintes pontos:

a) Não era uma vida.
b) Não tinha sangue.
c) Não recebia imposição de mãos.
d) Não havia substituição.
e) Não era pelo pecado.

3. **A oferta pacífica**

A oferta pacífica era diferente de todas as outras, porque nela o ofertante comia uma parte da oferta. Na oferta de holocausto tudo era queimado para Deus, porém nesta o sacerdote tirava uma parte para si e seus filhos. Assim, essa oferta representa a oferta pacífica – a comunhão com Deus. Nessa oferta, poderia ser levado para o sacrifício:

a) um novilho ou novilha (Levítico 3,1-5);
b) um cordeiro (Levítico 3,6-11);
c) uma cabra (Levítico 3,12-16).

Jesus Cristo cumpriu o sentido da oferta pacífica, "Porque Ele é a nossa paz [...]" (Efésios 2,14). "realizando a paz pelo sangue da sua cruz" (Colossenses 1,20).

4. **Oferta pelo pecado** (Levítico 4,1-35; 5,1-13; 6,24-30; Salmo 22; 2 Coríntios 5,21)

As ofertas de sangue têm duas classes: **cheiro suave** e **restituição**. Holocausto e oferta pacífica são tipos de ofertas que exalam cheiro suave para Deus. As ofertas pelo pecado e de culpa não são do tipo cheiro suave, porque são oferecidas quando há alguma ofensa contra a santidade de Deus.

A **oferta pacífica** lembra a comunhão com Deus e, ao mesmo tempo, de uns com os outros, porém, quanto à alma, esta só terá paz quando Cristo tomar o lugar do pecador.

O pecado significa impureza. A culpa é um ato, uma dívida. Desse modo, o pecado torna o pecador rejeitado por Deus pelo que é. A culpa é devida ao que o pecador faz. Por meio do profeta Isaías, Deus diz: "[...] sois menos do que nada e a vossa obra é menos do que nada [...]" (Isaías 41,24). Menos do que nada é quantidade negativa, como o exemplo de quem tem dívidas e não tem cobertura para tais dívidas e suas finanças são menos do que nada. Portanto, a culpa diante de Deus precisa ser paga, resolvida de forma definitiva.

5. **Oferta de culpa**

A oferta de culpa apresenta o primeiro aspecto da obra de Cristo na cruz. Vem ao encontro do medo do pecador que diz, ansioso: "Como me salvarei das consequências de meu pecado?".

Cada pecado é uma ofensa à majestade do céu, uma falta contra o governo santo de Deus. Mesmo que o pecado seja contra o homem, é primeiro contra Deus. Davi pecou contra Urias, mas diz: "contra ti somente pequei" (Salmo 51,4a).

1.6.4 Aspectos apologéticos

A Igreja Católica instituiu o Jubileu, tirando o exemplo do texto bíblico. No Jubileu, se proclamam as indulgências, que podem ser **plenárias** ou **parciais**. A indulgência segue o modelo de intervenção da Igreja medieval sobre o perdão divino dos pecados dos devotos, que já havia sido inaugurada pela criação do purgatório como instância média entre o Céu e o Inferno. As indulgências e o purgatório serviriam para que os devotos melhorassem sua situação diante de Deus, pelo cancelamento (perdão) de seus pecados. Pela indulgência, se fazia o cancelamento dos pecados dos vivos, enquanto que no purgatório, há a purgação dos pecados dos mortos, por meio dos sufrágios das missas. Tanto um quanto outro expediente serviram durante muito tempo também para arrecadação de dinheiro por membros da Igreja. Esses cometiam o chamado *pecado de simonia*, denominação tirada de Simão, o mago, que ofereceu dinheiro a Pedro para conseguir o dom da imposição das mãos por meio do batismo com o Espírito Santo. Simão ofereceu dinheiro para essa aquisição e foi repelido por Pedro (Atos 8,18-23).

1.6.5 Aspectos históricos

O Levítico, por seu caráter de manual didático, destinado a orientar o trabalho sacerdotal dos descendentes de Levi, apresenta poucas narrativas de acontecimentos. Podemos considerá-lo como um "livro parado", no sentido de que foi escrito para definir ações e não para contar história. Levítico foi escrito por Moisés durante o período no Sinai ou pouco depois. De qualquer forma, as informações históricas são insuficientes para fornecer qualquer data precisa.

1.7 Números

O título do livro de Números, em português, remonta à designação *arithmoi* dada a ele nas antigas traduções gregas. Essa palavra, que, em grego, significa "**números**", foi aparentemente escolhida em referência aos censos, indicados nos capítulos 1 e 26 de Números, antes de Israel entrar em Canaã. Seu nome na Bíblia hebraica é tomado das palavras do primeiro versículo, *bêmidbar*, ou "**no deserto**", que se harmoniza com o ambiente descrito no livro.

A maior parte de Números relata os anos da peregrinação, desde o momento em que Israel partiu do Sinai até que, com uma nova geração, chegou ao rio Jordão. Salvos do Egito, possuidores da lei, conduzidos por Moisés, olhando diariamente para o tabernáculo, e sobrenaturalmente guiados pela "nuvem" e pela "coluna de fogo"[10], os israelitas deveriam ter marchado triunfantemente na perfeita vontade de Deus, mas, em vez disso, falharam repetidamente, como o livro de Números registra.

Assim como em Israel cada pessoa tinha seu lugar e sua tarefa definitivamente designados para o bem-estar de toda a nação, também na Igreja cada membro do corpo de Cristo tem seu lugar particular e sua função definida "para a edificação do corpo de Cristo" (I Coríntios 12; Efésios 4,1-16).

O livro de Números mostra a convicção sacerdotal de que a grande benção que Deus derrama sobre seu povo é o próprio fato de que, mesmo sendo Santo, Ele habita entre seu povo.

1.7.1 Esboço de Números

I. Preparação para a viagem do Sinai (1,1-10)
   a) Censo do exército e distribuição das posições da marcha (1,1-2)

10 Símbolos judaicos – durante a peregrinação no deserto, durante o dia o povo era guiado por uma nuvem e, à noite, por uma coluna de fogo.

b) A enumeração dos levitas, e a descrição dos seus deveres (3,1-4)
c) A impureza é excluída do acampamento: leis da lepra; restituição por danos causados; julgamentos de mulheres acusadas de adultério (5,1-31)
d) Nazireu (tipificando a vida dedicada); a bênção (6,1-27)
e) Tesouros dedicados ao tabernáculo pelas doze tribos (7,1-89)
f) Os levitas santificados e instalados no seu ofício (8,1-26)
g) Observância da primeira Páscoa anual (9,1-14)
h) Seguindo a coluna de nuvens; os sinais das trombetas (9,15-10)

II. De Sinai até Cades-Barneia (10,11-14)
a) Primeira etapa da viagem: começa a marcha (10,11-36)
b) Primeira e segunda queixa em Taberá e Quibrote-Hataavá (as codornizes); setenta anciãos profetizam (11,1-35)
c) Julgamento contra Arão e Miriã por causa de terem se rebelado contra Moisés; a lepra de Miriã é curada (12,1-16)
d) A grande rebelião em Cades depois do relatório dos dez espias (13,1-14)

III. De Cades-Barneia até as Planícies de Moabe (15,1-21)
a) Leis de ofertas de manjares e ofertas pelo pecado; a morte é castigo pela blasfêmia e pela violação do sábado; as orlas das vestes (15,1-41)
b) A rebelião de Coré e a validez do sacerdócio arônico (16,1-17)
c) O relacionamento entre sacerdotes e levitas; sua única propriedade em Canaã serão as ofertas e os dízimos (18,1-32)

d) A água de purificação pela impureza (19,1-22)
e) A morte de Miriã; a rocha ferida pela segunda vez; Edom proíbe a passagem; a morte de Arão (20,1-29)
f) A sétima murmuração do povo e a serpente de bronze; a chegada em Moabe (21,1-20)
g) As primeiras conquistas permanentes: a derrota de Siom e de Ogue (21,21-35)

IV. O encontro com os moabitas e Balaão (22,1-25)
a) Balaque contrata os serviços de Balaão (22,1-25)
b) A tríplice bênção de Balaão, predizendo o triunfo de Israel (23,1-24)
c) O pecado de Baal-peor (25,1-18)

V. Preparativos para a entrada em Canaã (26,1-36)
a) Planos para a conquista e a divisão da terra (26,1-27)
b) Leis sobre sacrifícios e votos (28,1-30)
c) A vingança contra os midianitas (31,1-54)
d) A Transjordânia é distribuída a Rúben, Gade e Manasses (32,1-42)
e) Resumo das viagens do Egito até Moabe (33,1-56)
f) Planos para a divisão de Canaã (34,1-36)

1.7.2 Aspectos teológicos

Números é uma demonstração histórica de como o Senhor lida com seu povo. E tal demonstração é feita de diversos modos:

a) O Senhor havia feito uma aliança com o povo e sempre se encontrava em seu meio, guiando-o, cuidando dele e protegendo-o. Apesar das queixas, da falta de fé e da ingratidão de Israel, Deus supria as necessidades do povo e o protegia de seus inimigos. O Senhor, em sua infinita misericórdia, proporcionou-lhes um grande líder e salvou-os de todas as suas aflições.

b) Deus utilizou as experiências do deserto para disciplinar seu povo e desenvolver-lhe o caráter. Apesar de todos os benefícios com que o Senhor cumulava o povo de Israel, eles se encontravam continuamente envoltos em desesperadas crises porque não queriam sujeitar-se a uma vida de jubilosa obediência à vontade de Deus, o qual os disciplinava com o propósito de livrá-los de um espírito insensato de rebelião e orgulho. Tratava-se da disciplina de um pai amoroso.
c) Deus demonstrou que nada podia frustrar seus propósitos nem anular a sua aliança com os patriarcas. Nem a infidelidade, nem os ataques das nações hostis, nem os estratagemas de um profeta assalariado puderam impedir a realização do plano de Deus. Israel entraria na terra prometida.
d) Para o crente, o livro de Números tem grande significado. À semelhança dos israelitas, em Números, o crente saiu do Egito, a terra de servidão e opressão, renasceu pelo sacrifício do Cordeiro e encaminha-se para o cumprimento das promessas de Deus. Mas tem de passar como peregrino pelo deserto deste mundo antes de entrar na terra prometida (I Pedro 2,11; Hebreus 11,8-16). O cristão pode aprender muito ao estudar os fracassos dos israelitas, as leis de santidade e a bondade de Deus narrados em Números.

Apesar de conter a promulgação de muitas leis e a aplicação de outras, o foco de Números recai muito mais nos acontecimentos do que em seu aspecto didático. Deus é revelado muito mais pelo que Ele faz do que pelo que Ele fala.

1.7.3 Aspectos tipológicos

A serpente de metal é um dos tipos encontrados em Números. O lugar no qual estavam os israelitas no deserto provavelmente era perto do golfo de *Aqaba*, onde ainda hoje há serpentes e escorpiões, que atacam quem passa por lá. Naquele tempo, como castigo da murmuração, Deus mesmo mandou serpentes em maior quantidade. Quando murmuravam, vieram serpentes atormentar e matar muita gente. Quando confessaram o pecado, Moisés orou por eles e Deus mandou o livramento, o remédio (21-7,9).

Sempre que o pecador confessa o seu pecado, recebe a graça de Deus, como está escrito: "Se confessarmos os nossos pecados, ele é fiel e justo, para nos perdoar os nossos pecados [...]" (I João 1,9).

Quando o filho pródigo disse: "Pai, pequei contra o céu e perante ti [...]" (Lucas 15,21), foi recebido com festa pelo pai. O publicano da parábola não tinha relatório bom para apresentar a Deus, só disse: "Ó Deus, tem misericórdia de mim, pecador" (Lucas 18,13). O filho voltou para casa justificado. O malfeitor, que morreu ao lado de Jesus, reconheceu que pelos seus feitos só merecia o castigo da cruz. Depois de fazer essa confissão, apelou para Jesus, dizendo: "Senhor, lembra-te de mim, quando entrares no teu reino" (Lucas 23,42). Ouviu a resposta: "[...] hoje estarás comigo no paraíso" (Lucas 23,43).

No momento em que o povo de Israel disse: "Havemos pecado [...] contra o Senhor e contra ti [...]" (Números 21,7), veio a providência de Deus; Moisés recebeu ordem de Deus para fazer uma serpente de metal e colocá-la numa haste. Quem olhasse para a serpente ficaria curado, seria livre do veneno fatal.

Colocada num mastro elevado, poderia ser vista de qualquer parte do acampamento. Seria livre da morte quem olhasse, em obediência ao Senhor, que tinha poder para curar.

Em seu encontro com Nicodemos, Jesus declarou: "E, como Moisés levantou a serpente no deserto, assim importa que o Filho do homem seja levantado; Para que todo aquele que nele crê não pereça, mas tenha a vida eterna" (João 3,14-15).

Toda humanidade foi atingida pela serpente que levou Adão e Eva a pecar contra Deus, porém todo aquele que olhar para Jesus, pela fé, recebe a vida. Aquele que foi levantado na cruz, fazendo-se pecado por nós, é o único que pode nos livrar da condenação do pecado. O profeta Isaías anteviu esse dia e proclamou: "Olhai para mim, e sereis salvos, vós, todos os termos da terra; porque eu sou Deus, e não há outro" (Isaías 45,22).

No tempo dos reis, Ezequias, fazendo reformas religiosas e corrigindo os costumes, mandou destruir aquela serpente de metal, porque o povo estava prestando culto a ela (II Reis 18,4). Não tinha valor espiritual, foi só sinal para uma época, um tipo do Filho de Deus crucificado.

Outro tipo se encontra em Números 17, que fala da ressurreição do Senhor Jesus: trata-se do florescimento da vara de Arão. As doze varas foram depositadas diante do Senhor. Todas estavam mortas, sem vida; e, quando o sol se levantou, acontecera um milagre maravilhoso: uma das varas, na qual estava escrito o nome de Arão, ficara cheia de vida. Brotos, flores e frutos tinham aparecido. A vara de Arão foi mostrada ao povo, o milagre foi atestado por muitas testemunhas. Da mesma forma, em Atos dos Apóstolos encontramos que o Senhor "depois de ter padecido, se apresentou vivo, com muitas provas incontestáveis, aparecendo-lhes durante quarenta dias e falando das coisas concernentes ao reino de Deus" (Atos 1,3). E mais, "[...] a este ressuscitou Deus no terceiro dia e concedeu que fosse manifesto, não a todo o povo, mas às testemunhas que foram anteriormente escolhidas por Deus, isto é, a nós que comemos e bebemos com ele, depois que ressurgiu dentre os mortos" (Atos 10,40-41).

Deus fez a vara de Arão brotar, para comprovar que este era o escolhido de Deus, e Jesus Cristo, nosso Senhor, "mediante o Espírito de santidade foi declarado Filho de Deus com poder, pela sua ressurreição dentre os mortos" (Romanos 1,4).

Depois de a vara de Arão ter sido mostrada ao povo, foi guardada na presença do Senhor; da mesma forma, Jesus "foi visto durante muitos dias por aqueles que subiram com ele da Galileia a Jerusalém", e depois "se assentou à direita da majestade nas alturas".

1.7.4 Aspectos apologéticos

Os católicos romanos se apoiam nesse livro para fundamentar sua doutrina de veneração a imagens de escultura. Justificam-se declarando que Deus mandou Moisés fazer uma serpente de metal para ser adorada. Entretanto, quando se analisa o que realmente as Escrituras dizem, o que se verifica é que a defesa católica não se sustenta. A Bíblia não declara que a imagem da serpente foi levantada para ser venerada. Eles apenas olhavam para a serpente sobre a haste: "E disse o Senhor a Moisés: Faze uma serpente ardente e põe-na sobre uma haste; e será que viverá todo mordido que olhar para ela. E Moisés fez uma serpente de metal e pô-la sobre uma haste; e era que, mordendo alguma serpente a alguém, olhava para a serpente de metal e ficava vivo" (Números 21,8-9). Não havia ali qualquer espécie de culto incluído.

Posteriormente, quando o povo fez da imagem da serpente objeto de adoração com o título de *Neustã* (deusa de metal), o ídolo foi destruído pelo rei Ezequias (II Reis 18,4), como uma prova de que o uso de imagens para o culto fora definitivamente proibido por Deus, mesmo que essa imagem em algum momento tivesse sido esculpida por orientação divina.

Jesus se referiu a esse fato dizendo: "E do modo por que Moisés levantou a serpente no deserto, assim importa que o Filho do Homem seja levantado, para que todo o que nele crê tenha a vida eterna" (João 3,14), demonstrando que aquele fato foi apenas um símbolo, para que o povo pudesse olhar e ser curado.

1.7.5 Aspectos históricos

O título de Números em hebraico é bastante sugestivo, *bedmidhbar* (no deserto), uma vez que aborda a história das peregrinações de Israel desde o Sinai até a chegada à margem esquerda do rio Jordão. O livro narra um espaço de quase trinta e nove anos e forma um elo histórico entre os livros de Êxodo e de Josué (Mergulhando..., 2010).

Números é uma mistura de vários acontecimentos: aspectos históricos da peregrinação de Israel no deserto; leis para Israel, de caráter permanente; e regras transitórias válidas para os hebreus até que chegassem a Canaã. A história e as leis são misturadas em partes aproximadamente iguais em extensão. As exigências das situações vividas davam origem a novas leis (Mergulhando..., 2010).

Considera-se que Números está enfocado para os aspectos de serviço e conduta. Pearlman (1996) observa: "Em Èxodo vimos Israel redimido; em Levítico vimos Israel em adoração; e agora em Números vemos Israel servindo".

Em outras palavras, nos livros de Êxodo e Levítico encontramos a teoria dada por Deus e em Números vemos Israel aprendendo tais teorias.

Diferente de Levítico, ou mesmo de Êxodo, ele é bastante dinâmico. De todos os livros que enfocam o período de Israel no deserto, este é sem dúvida o mais abrangente historicamente. Ele narra a extensa peregrinação e descreve os inúmeros incidentes ocorridos com o povo, as diversas manifestações de rebeldia, como no caso das codornizes no capítulo 11, a rebeldia de Miriã e Arão no capítulo 12 e a rebelião de Coré, Datã e Abirão no capítulo 16. Ao todo foram sete manifestações de murmuração encontradas entre o povo.

Além disso, temos a narrativa de Cades-Barneia, um marco divisor nessa fase. A investigação e relatório dos espias nos capítulos 13 e 14 vão mostrar como estava o coração do povo.

A história de Balaque e Balaão nos capítulos 22 a 25 é repleta de ensinos morais e espirituais, traduzindo a importância de Israel entre as nações de uma forma peculiar e revelando muitos aspectos do caráter de Deus.

Números aborda também a questão do sucessor de Moisés, um ponto de extrema importância para o empreendimento divino. Todo o plano poderia falhar, agora que Moisés chegava aos 120 anos e necessitava de alguém à altura que o substituísse naquela missão. Havia chegado para Moisés o momento de morrer. Quando feriu a penha duas vezes, em vez de falar, foi-lhe retirado o direito de entrar na terra prometida. Moisés submeteu-se ao juízo de Deus e escolheu seu substituto para fazer o povo herdar a promessa.

Moisés não procurou instalar um de seus filhos, Gérson ou Eliezer. Não confiava em seu próprio raciocínio para estudar a situação e escolher um homem, mas pediu a direção de Deus. Pediu que Deus pusesse "um homem que saia diante deles, e que entre diante deles", uma expressão hebraica que se aplicava a um homem **capaz de começar e terminar com êxito** as tarefas que empreendesse. Deus designou a Josué, "homem em quem há o espírito" (Números 27,18). Fazia muito tempo que Josué havia estado com Moisés ajudando-o como seu braço direito. Agora assumia sua responsabilidade.

Por que era necessário que Eleazar confirmasse a eleição do novo líder Josué? Isso foi ordenado para dissipar toda dúvida de que a eleição vinha de Deus. Moisés honrou a Josué e reconheceu em público que ele era o dirigente escolhido por Deus.

1.7.6 Aspectos arqueológicos

Segundo Benigno (2001),

> *Jericó (Tell al-Sultan) é uma das mais antigas cidades do mundo, (datando da Idade da Pedra), segundo a arqueóloga Kathleen Kenyon, que a estudou em 1953.*
>
> *Desde as primeiras pesquisas arqueológicas, no início do século XX, surgiram evidências conclusivas de muralhas derrubadas. Há um único ponto onde ainda existe uma ruína da imponente muralha dupla (datada da Idade do Bronze): uma torre de mais de oito metros de altura (a parte superior já não existe) que se encontra na parte noroeste (a mais alta) da muralha de Tell al-Sultan.*

Os arqueólogos Ernst Sellin e Carl Watzinger, que escavaram Jericó entre 1907 e 1909, encontraram os fundamentos da muralha dupla, a parte mais antiga (sólidos alicerces de dois metros de espessura) envolvendo a mais recente (aproximadamente quatro metros de espessura), ambas da Idade do Bronze. As duas partes da muralha eram separadas por um espaço de aproximadamente cinco metros. Como a cidade era pequena, casas foram construídas nesse espaço entre as partes da muralha. Eram visíveis na escavação grossas camadas de cinzas e os escombros das habitações da muralha. John Garstang, escavando Jericó (1929-1936), concluiu que a cidade foi destruída por volta de 1400 a.C. Durante a escavação, a evidência de que a muralha tinha caído de dentro para fora deixou Garstang tão impressionado que ele fez com que o relatório da pesquisa fosse assinado por dois outros membros da equipe, além dele mesmo. Garstang trouxe à luz grandes quantidades de madeira que não fora queimada sob toneladas de tijolos, depósitos de grãos que não foram saqueados, pedras esmiuçadas e evidências de que tetos de casas desabaram sobre os utensílios domésticos, mas também de tijolos enegrecidos, cinzas e madeiras carbonizadas, indicando que as casas ao longo da muralha dupla foram queimadas até o alicerce. Pode-se afirmar com certeza que após a queda da muralha a cidade foi incendiada pelos israelitas (Josué 6,24) e que estes não se apropriaram de despojos (Josué 6,18), o que se encontra em exata harmonia com o relato bíblico.

Essas são evidências históricas da existência e também do misterioso desaparecimento da cidade, possivelmente de acordo com o texto bíblico.

1.8 Deuteronômio

Deuteronômio é o quinto e último livro do Pentateuco ou a "quinta parte da Torá". Seu título, assim como os demais livros de autoria mosaica, chegou até nós por meio da versão latina da Septuaginta. Na tradição judaica, o título é simplesmente "**palavras**" (*debarim*) conforme aparece no primeiro verso de abertura.

O livro de Deuteronômio começa com uma revisão da história de Israel seguida por algumas das leis básicas dos livros precedentes e, por fim, apresenta uma série de profecias, estendendo-se pela história de Israel até seu retorno final à Palestina.

Deuteronômio consiste principalmente dos discursos de Moisés pouco antes de sua morte, nas planícies de Moabe, do lado oposto da Palestina. É mencionado muitas vezes no Novo Testamento e foi citado por Cristo mais do que qualquer outro livro do Antigo Testamento (Mateus 19,18; Marcos 10,3; João 1,17; 5,46; Atos 3,22; Romanos 10,5; I Coríntios 9,9). Deuteronômio pode ser sumarizado do seguinte modo: um Deus, um povo, um santuário.

Israel é o povo santo (7,6; 14,2) que expressa sua fidelidade ao Deus único. A proximidade de Deus se encontra intimamente relacionada com sua presença no acampamento, ou melhor, agora na terra, o que representava a Deus acessível em graça e misericórdia, apenas quando a nação obedecia a seus mandamentos.

O último capítulo sobre a morte de Moisés é um apêndice, escrito mais tarde por Josué, Eleazar ou Samuel.

1.8.1 Esboço de Deuteronômio

I. O primeiro discurso: revista histórica (1,1-4)

a) A orientação graciosa de Deus, de Horebe até Moabe (1,1-3)
b) A nova geração recebe a admoestação de guardar a lei (4,1-40)
c) A escolha das cidades de refúgio da Transjordânia (4,41-43)

II. O segundo discurso: leis pelas quais Israel deve viver (4,44-26)

a) Mandamentos básicos (4,44-11,32)
   - Prefácio: as circunstâncias históricas (4,44-49)
   - O Decálogo e o amor a Deus, que devem ser ensinados à posteridade (5,1-6,25)
   - A firme obediência e a lembrança constante e grata da maneira de Deus tratar com Seu povo (7.1-11)
b) Estatutos para o culto e para uma vida santificada (12,1-16)
   - O culto genuíno, e salvaguardas necessárias contra a idolatria (12,1-13)
   - Regras tratando de alimentos, dos sábados e dos dias de festa (14,1-16)
c) Julgamentos: o tratamento de ofensas específicas (17,1-26)
   - Morte pela idolatria; o procedimento do apelo; as responsabilidades de um rei (17,1-20)
   - As penalidades pela bruxaria e pela falsa profecia; o verdadeiro profeta (18,1-22)
   - Cidades de refúgio por homicídios acidentais; penalidades pela fraude e pelo perjúrio (19,1-21)
   - Regras para as batalhas e os cercos (20,1-20)

- Cuidado pelos mortos; esposas cativas; heranças e a disciplina da família; a remoção do cadáver da forca (21,1-23)
- Propriedades perdidas; proíbe-se o travesti; proibida a mistura de sementes ou de diversos animais (22,1-22)
- Leis do casamento, castidade, cuidados corporais, limpeza (22,13-24)
- Leis de justiça econômica e social (24,6-25)
- Leis de mordomia, de ofertas e de dízimos (26,1-19)

III. O terceiro discurso: advertência e predição (27,1-30)
  a) A lei deve ser lavrada em inscrições, e suas sanções devem ser citadas no Monte Ebal (27,1-26)
  b) Condições para a benção e para o castigo da nação (predição de futuros julgamentos contra Israel) – (28,1-68)
  c) Os benefícios recebidos de Deus passados em revista; exortações à fidelidade (29,1-30)

IV. A lei escrita entregue aos cuidados dos líderes de Israel (31,1-30)

V. O Cântico de Moisés: a responsabilidade de Israel perante a aliança (32,1-43)

VI. A última recomendação e a despedida (32,44-33)
  a) A última exortação de Moisés (32,44-47)
  b) Moisés advertido da morte que se aproxima (32,48-52)
  c) A bênção final de Moisés sobre Israel, tribo por tribo (33,1-29)

VII. A morte de Moisés e seu obituário (34,1-12)

1.8.2 Aspectos teológicos

Podemos resumir o conteúdo teológico desse livro focando os temas encontrados nos discursos proferidos por Moisés.

O primeiro discurso, iniciado em 1,6 e concluído em 4,43, foca principalmente, os atos de Deus. Era importante que a nova geração, que era infante quando ocorreu, tivesse uma compreensão das ações de Deus em seu favor. Relembrar os atos de Deus era crucial naquele momento.

O segundo discurso, de 4,44 a 26,19, está ligado ao próprio nome do livro. Deuteronômio significa "segunda lei", não no sentido de outra, mas de repetição de primeira. Também era importante não somente relembrar os atos de Deus, mas recordar também Suas leis. Elas precisavam ser guardadas com zelo. Também outros aspectos que haviam ficado fora dos textos legais anteriormente precisavam ser desenvolvidos.

Por fim, o último grupo de sermões estava ligado à ideia de aliança. Essa aliança ligava Israel a Deus de tal forma que todos os atos do primeiro teriam suas consequências. Não era um povo qualquer com um Deus qualquer que estava ali, e sim um povo peculiar escolhido pelo Deus verdadeiro. Essa relação implicava em bênçãos e maldições resultantes do comportamento da nação.

1.8.3 Aspectos tipológicos

Moisés foi o primeiro a profetizar a vinda do Messias, um profeta como o próprio Moisés (18,15). Notadamente, Moisés é a única pessoa com quem Jesus se comparou dizendo: "Porque, se vós crêsseis em Moisés, creríeis em mim, porque de mim escreveu ele. Mas, se não credes nos seus escritos, como crereis nas minhas palavras?" (João 5,46-47).

Os **tipos** e **sombras** do Antigo Testamento foram cumpridos no Novo Testamento. Hebreus consiste quase que inteiramente em referências ao Antigo Testamento: Cristo como a realidade revela ser melhor do que as sombras, melhor do que Moisés, do que Josué, do que Abraão, do que Arão, do que o primeiro tabernáculo, do que os sacrifícios levíticos, do que a totalidade de nuvem de testemunhas na galeria dos quadros da fé e, finalmente, seu sangue revela ser melhor do que o sangue de Abel.

1.8.4 Aspectos apologéticos

Os espíritas justificam a prática da mediunidade ou evocação de mortos dizendo que Moisés ordenou a proibição da prática porque não queria que o povo de Israel copiasse o exemplo de práticas dos cananeus por motivos patrióticos. Entretanto, Deus proibiu a consulta aos mortos e outras práticas esotéricas porque, realmente, a prática de mediunidade possibilitava a comunicação com espíritos demoníacos (Isaías 8,19-20; I Coríntios 10,20-21).

O islamismo interpreta algumas profecias desse livro com a pessoa de Maomé.

Todavia, o Novo Testamento deixa claro que as profecias desse livro se relacionam com a pessoa de Jesus, dado que o texto fala que esse profeta seria tirado dentre os filhos de Israel. Certa ocasião, durante seu ministério, Jesus afirmou aos judeus: "Se crêsseis em Moisés, creríeis em mim, porque de mim escreveu ele" (João 5,46).

1.8.5 Aspectos históricos

Poderíamos chamar o livro de Deuteronômio de "**Sermões da Fronteira**". Moisés contava 120 anos, e a terra prometida estava à sua frente. Ele tirou os israelitas da escravidão no Egito e guiou-os pelo deserto para receber a Lei de Deus no monte Sinai. Em razão da à desobediência de Israel em se recusar a entrar na terra de Canaã, os israelitas perambularam sem destino no deserto por muitos anos. E então se achavam acampados na fronteira oriental de Canaã, no vale defronte de Bete-Peor, na região montanhosa do Moabe, de vista para Jericó e a planície do Jordão. Quando os israelitas se preparavam para entrar na terra prometida, depararam-se com um momento crucial em sua história – novos inimigos, novas tentações e nova liderança. Moisés reuniu o grupo para lembrá-los da fidelidade do Senhor e para encorajá-los a serem fiéis e obedientes ao seu Deus quando possuíssem a terra prometida. Entre os propósitos desses sermões estavam os seguintes:

a) Preparar o povo para a conquista de Canaã. Deus havia sido fiel em dar a Israel vitória após vitória sobre seus inimigos. A presença e o poder de Deus eram a garantia de que Ele lhes entregaria a terra. Moisés anima-os repetindo inúmeras vezes a frase: "Entrai e possuí a terra". E adiciona outras tanto, dizendo: "A terra que o Senhor teu Deus te deu".
b) Apresentar os preceitos da Lei em termos práticos e espirituais para serem aplicados à nova vida em Canaã.
c) Dar a Israel instruções e advertências quanto aos detalhes da conquista, aos requisitos dos futuros reis, como distinguir

entre profetas verdadeiros e profetas falsos, as bênçãos que a obediência traz e os malefícios da desobediência.

d) Estimular lealdade ao Senhor e à Sua Lei. Pode-se dizer que o ensino de Deuteronômio é a exposição do grande mandamento;"Amarás, pois o Senhor teu Deus de todo o teu coração, e de toda a tua alma, e de todo o teu poder" (Deuteronômio 6,5).

1.8.6 Aspectos arqueológicos

Os primeiros gigantes são indicados na Biblia como *neflins*. Há aproximadamente 5.500 anos, os humanos tinham uma estatura significativamente maior. Há indícios de que, na Mesopotâmia, a altura de alguns homens ultrapassava quatro metros (Medrado, 2010).

De acordo com Medrado (2010), nos final dos anos 1950, durante a construção de uma estrada em Homs, no Vale do Eufrates, sudeste da Turquia, região próxima de onde viveu Noé após o dilúvio, foram encontradas várias tumbas de gigantes. Elas tinham 4 metros de comprimento, e dentro de duas estavam ossos da coxa (fêmur humano) medindo cerca de 120 centímetros de comprimento. Calcula-se que esse humano tinha uma altura de 4,5 metros e pés de 53 centímetros.

Segundo a Bíblia, havia ainda outros grupos de gigantes, chamados de *anaquins* e *refains* (ou *emins*), que se instalaram na Palestina entre o Mar Morto e a Faixa de Gaza. Todos eles teriam sido mortos pelos israelitas, restando apenas o rei Ogue (na região norte da atual Jordânia) e alguns que foram para a Faixa de Gaza (região entre o Mar Mediterrâneo e a cidade de Gaza) (Medrado, 2010).

Questionário

1. O termo *pentateuco* deriva de qual idioma?
2. Quem escreveu o Pentateuco?
3. Quais livros do Antigo Testamento citam a autoria mosaica do Pentateuco?
4. De acordo com alguns historiadores, onde foi o berço da primeira civilização?
5. O que significa o termo *Mesopotâmia*?
6. Em qual livro das Escrituras encontramos a primeira mensagem da redenção?
7. O que significa o nome *Êxodo* em grego?
8. O que significa o termo *teofania*?
9. De acordo com o simbolismo no livro de Êxodo, o que mostravam os objetos colocados no pátio do tabernáculo?
10. Como é chamado o livro de Levítico na Bíblia Hebraica?
11. O que relata o livro de Números?
12. O que tipifica o florescimento da vara de Arão no livro de Números?
13. O último capítulo sobre a morte de Moisés é um apêndice escrito por quem?

Referências

BENIGNO, L. **Arqueologia bíblica**. São Paulo: Candeia, 2001. 1 CD-ROM.

BÍBLIA. Português. **Bíblia de Jerusalém**. 4. ed. rev. e atual. São Paulo: Paulus, 2002.

BORGES, M. Nas pegadas de Moisés. **Criacionismo**, [S.l.], 9 maio 2008. Disponível em: <http://www.criacionismo.com.br/2008/05/nas-pegadas-de-moiss.html>. Acesso em: 8 dez. 2014.

CATEDRAL ASSEMBLEIA DE DEUS AREIA BRANCA. **As ofertas de Levítico**. Disponível em: <http://www.ebdareiabranca.com/1TRI2009CPDeus/Licao13CPDeus2009Aj1.htm>. Acesso em: 8 dez. 2014.

DAVID, B. **Eclesiastes**: rei Salomão. São Paulo: Maayanot, 1998.

DAVIDSON, F. (Org.). **O novo comentário da Bíblia**. 3. ed. Vida Nova, 1997.

DOCKERY, D. **Manual bíblico**. São Paulo: Vida Nova, 2001.

DOMINGUES, B. **Dicionário bíblico**. Disponível em: <http://brunodomingues.org/blog/?page_id=477>. Acesso em: 8 dez. 2014.

ELLISEN, S. A. **Conheça melhor o Antigo Testamento**. Tradução de Emma Anders de Souza Lima. São Paulo: Vida, 1999.

HALLEY, H. H. **Manual bíblico de Halley**. Tradução de Gordon Chown. 2. ed. rev. e ampl. São Paulo: Vida, 2001.

HILL, A. E.; WALTON, J. H. **Panorama do Antigo Testamento**. São Paulo: Vida, 2006.

HOFF, P. **O Pentateuco**. Tradução de Luiz Aparecido Caruso. São Paulo: Vida, 1993.

HOFF, P. **Os livros históricos**. São Paulo: Editora Vida, 1996.

HOUSE, P. **Teologia do Antigo Testamento**. São Paulo: Vida, 2005.

JOSEFO, F. **História dos hebreus**. Rio de Janeiro: Cpad, 1990.

LANSER, R. **Já foi encontrado o local de sepultamento de algum personagem da Bíblia?** Disponível em: <http://www.christiananswers.net/portuguese/q-abr/abr-a008.html>. Acesso em: 8 dez. 2014.

MALANGA, E. **A Bíblia Hebraica como obra aberta**: uma proposta interdisciplinar para uma semiologia bíblica. São Paulo: Humanitas, 2005.

MALTA, I. V. **Caminhando pela Bíblia**. São Paulo: Mensagem para Todos, [s.d].

MEDRADO, A. Como surgiram os gigantes bíblicos. **Primeira Igreja Virtual**, [S.l.], 4 set. 2010. Disponivel em: <http://primeiraigrejavirtual.com.br/2010/09/04/gigantes-biblicos-mais-informacoes>. Acesso em: 8 dez. 2014.

MERGULHANDO NA PALAVRA. **O livro de Números**. [S.l], 1 maio 2010. Disponível em: <http://mergulhandonapalavracampinagrande.blogspot.com.br/2011_05_01_archive.html>. Acesso em: 8 dez. 2010.

PEARLMAN, M. **Através da Bíblia**: Livro por Livro. 18. ed. São Paulo: Vida, 1996.

______. **Conhecendo as doutrinas da Bíblia**. São Paulo: Vida, 1999.

PEARLMAN, M. **Salmos**: orando com os filhos de Israel. São Paulo: Vida, 1996.

PFEIFFER, C. F.; HARRISON, E. F. **Comentário bíblico Moody**. São Paulo: IBR, 1995. v. 3.

PHILLIPS, J. **Explorando as Escrituras**: uma visão geral de todos os livros da Bíblia. 2. ed. Rio de Janeiro: Cpad, 2005.

SIEGFRIED, H. **Biblical Archaeology**: a Generation of Discovery. Berrien Springs: Andrews University, 1985.

SOARES, E. **Visão panorâmica do Antigo Testamento**: a formação, inspiração, cânon e conteúdo de seus livros. Rio de Janeiro: Cpad, 2003.

STÖRIG, H. J. **A aventura das línguas**: uma história dos idiomas do mundo. Tradução de Clória Paschoal de Camargo. São Paulo: Melhoramentos: 2003

THOMAS, W. **Documents from Old Testament Times**. New York: Harper & Row, 1961.

VALLEJO NETO, J. S. **Geografia e arqueologia bíblica**. Plano de curso 2007. Disponível em: <http://www.ebah.com.br/content/ABAAABnYYAH/neto-jose-sanches-vallejo-geografia-arqueologia-biblica>. Acesso em: 8 dez. 2014.

WALTON, J. **O Antigo Testamento em quadros**. São Paulo: Vida, 2001.

WOOD, B. **De que modo descobertas arqueológicas ajudaram a mostrar a confiabilidade da Bíblia?** Disponível em: <http://www.christiananswers.net/portuguese/q-abr/abr-a008.html>. Acesso em: 8 dez. 2014a.

______. **Existe confirmação de eventos bíblicos por fontes escritas externas à Bíblia?** Disponível em: <http://www.christiananswers.net/portuguese/q-abr/abr-a008.html>. Acesso em: 8 dez. 2014b.

Respostas

1. O termo *pentateuco*, derivado do grego *pentateuchos* (*penta* – cinco; *teuchos* – volumes ou livros), é aplicado aos cinco primeiros livros da Bíblia, utilizando os nomes greco-latinos: Gênesis, Êxodo, Levítico, Números e Deuteronômio.
2. Moisés.
3. Gênesis, Êxodo,Levítico, Números e Deuteronômio.
4. A maioria dos historiadores acha que a planície de Sinar, situada entre os rios Eufrates e Tigre, foi o berço da primeira civilização importante, chamada *Suméria*, no ano 2800 a.C.
5. Toda a região compreendida entre os rios Eufrates e Tigre chama-se *Mesopotâmia* (*meso* – entre; *potamos* – rio). No princípio, era denominada *Caldeia*, à planície de Sinar, desde a cidade de *Babilônia*, ao sul, até o Golfo Pérsico; mas posteriormente o termo *Caldeia* passou a designar toda a região da Mesopotâmia (a mesma área chamava-se também Babilônia). Abrangia muito do território do atual Iraque e era provavelmente o local do Jardim do Éden e da torre de Babel.
6. Gênesis tem sido chamado de "viveiro ou sementeiro da Bíblia", porque nele estão as sementes de todas as grandes doutrinas. Encontramos a origem do mundo, do planeta, do homem, do casamento, do pecado, do governo humano, de diversos povos, dos diferentes idiomas e principalmente do povo de Israel. Nele está registrada a primeira mensagem de redenção (3,15), depois de ter o homem pecado e caído nas trevas.

7. *Êxodo* é um título que não tem origem hebraica, mas grega. A Septuaginta o chama de *livro de Êxodos*, que significa "saída, partida" – um título apropriado para a descrição da saída do povo escolhido da terra onde sofreu a escravidão total durante gerações.

8. De grande relevância para a história da salvação é a **teofania** apresentada no capítulo 3 de Êxodo, em que o próprio Deus se manifesta a Moisés em uma sarça ardente. *Teofania* é uma palavra grega usada no meio teológico que significa "a manifestação da glória de Deus diante dos homens".

9. Para os israelitas, o tabernáculo era o lugar santíssimo e, em especial, o propiciatório que representava a imediata presença de Deus. Ali se manifestava a Shekina (em hebreu, "habitar"), a glória de Deus que representava sua própria presença. As figuras dos querubins, com as asas estendidas para cima, e o rosto de cada um voltado para o rosto do outro, representavam a reverência e o culto a Deus. A arca continha as duas tábuas da lei de Moisés, um vaso com maná, e mais tarde se incluiu a vara de Aarão. Todos esses objetos lembravam a Israel o concerto e o amor de Deus. As tábuas da lei simbolizavam a santidade de Deus e a pecaminosidade do homem. Também lembravam aos hebreus que não se pode adorar a Deus em verdade sem se dispor a cumprir sua vontade revelada. O véu que separava o lugar santíssimo do lugar santo e excluía todos os homens, com exceção do sumo sacerdote, acentuava que Deus é inacessível ao homem pecador. Somente por via do mediador nomeado por Deus e do sacrifício do inocente podia o homem aproximar-se de Deus (Hoff, 1993).

10. Na Bíblia Hebraica, o livro do Levítico é chamado pela primeira palavra que aparece no texto, *wayyiqra*, que significa "e Ele chamou". O título *Levítico* foi extraído da Septuaginta: *Levitikon*. O nome é apropriado, pois o livro servia como manual litúrgico do sacerdote levítico e, ao mesmo tempo, ensinava aos israelitas a necessidade de uma santidade inabalável em cada aspecto de sua vida. É um livro que contém em sua totalidade leis e instruções.

11. A maior parte de Números relata os anos da peregrinação, desde o momento em que Israel partiu do Sinai até que, com uma nova geração, chegou ao rio Jordão. Salvos do Egito, possuidores da lei, conduzidos por Moisés, olhando diariamente para o tabernáculo, e sobrenaturalmente guiados pela "nuvem" e pela "coluna de fogo", os israelitas deveriam ter marchado triunfantemente na perfeita vontade de Deus, mas, em vez disso, falharam repetidamente, como o livro de Números registra.

12. Deus fez a vara de Arão brotar, para comprovar que este era o escolhido de Deus, e Jesus Cristo, nosso Senhor, "mediante o Espírito de santidade foi declarado Filho de Deus com poder, pela sua ressurreição dentre os mortos" (Romanos 1,4). Depois de a vara de Arão ter sido mostrada ao povo, foi guardada na presença do Senhor; da mesma forma, Jesus "foi visto durante muitos dias por aqueles que subiram com ele da Galileia a Jerusalém", e depois "se assentou à direita da majestade nas alturas".

13. O último capítulo sobre a morte de Moisés é um apêndice escrito mais tarde por Josué, Eleazar ou Samuel.

Parte 3

Teologia da educação cristã

Sociologia da educação

Capítulo 1

Até o século XIX, as ciências da educação preocupavam-se com a formação do indivíduo. Ainda se acreditava em uma espécie de **indivíduo universal**, ou seja, acreditava-se que as pessoas tinham as mesmas características gerais, independentemente do contexto histórico e social. Assim, no campo da educação, a implicação dessa premissa era que seria possível pensar uma única maneira de se educar um único tipo de pessoa. Nesse sentido, a educação se valia principalmente da psicologia, ciência a serviço dos professores, para a construção de valores morais nos alunos.

Émile Durkheim (1978) ampliou essa compreensão, considerando que os contextos sociais formam um sistema de ideias que influenciam a maneira como cada indivíduo se desenvolve; cada indivíduo expressa, segundo o sociólogo, a sociedade da qual faz parte. Dessa forma, Durkheim é considerado por muitos o criador da **sociologia da educação**.

Para Durkheim (1978), a educação não deveria dar acentuada ênfase ao aprendizado do indivíduo; sem ignorar esse aspecto, uma vez tomada consciência das implicações do processo social, a educação se caracteriza também como a socialização de uma geração por outra que a precede. Nessa concepção, as consciências individuais são formadas pela sociedade.

Nos dizeres de Durkheim (1978, p. 35),

> *A construção do ser social, feita em boa parte pela educação, é a assimilação pelo indivíduo de uma série de normas e princípios – sejam morais, religiosos, éticos ou de comportamento – que baliza a conduta do indivíduo num grupo. O homem, mais do que formador da sociedade, é um produto dela.*

A influência de Durkheim também se fez notar pela caracterização da educação como um bem social, devendo estar relacionada às normas sociais e à cultura local, diminuindo o valor que as capacidades individuais têm na constituição de um desenvolvimento coletivo.

Outra contribuição importante de Durkheim e da sociologia da educação foi a compreensão de que a educação não está restrita aos espaços formais e institucionalizados de aprendizagem. Verificou-se que o que era compreendido como processo de socialização caracterizava-se de fato como processos educativos. Daí a diferenciação entre **pedagogia** e **educação**. Pedagogia é a ciência que pensa a educação formal. Educação diz respeito a todo processo educativo em qualquer lugar da sociedade.

Segundo Durkheim (1978, p. 57),

> *A educação é a ação exercida, junto às crianças, pelos pais e mestres. É permanente, de todos os instantes, geral. Não há período na vida social, não há mesmo, por assim dizer, momento no dia em que as*

> *novas gerações não estejam em contato com seus maiores e, em que, por conseguinte, não recebam deles influência educativa.*

Desse modo, a **sociologia da educação** estuda as relações dos **processos educativos** com os **processos sociais**, debruçando-se principalmente sobre os valores morais que formam uma sociedade, bem como as iniciativas de grupos sociais que interferem na dinâmica da sociedade. Neste texto, as Igrejas também ganham lugar de destaque nos estudos de sociologia da educação, pois nelas se verifica grande potencial educativo entre seus praticantes.

1.1 Conceito de educação

A apresentação da sociologia da educação já aponta direcionamentos importantes para a compreensão de *educação*. Em primeiro lugar, é importante enfatizar a ampliação do conceito que está sendo considerado aqui. Estamos nos referindo aos processos educativos que ocorrem nas salas de aula, a que chamamos de **educação formal**, mas, além desse ambiente, esses processos também se dão em um incontável número de ambientes e momentos de que, muitas vezes, nem nos damos conta.

O antropólogo e educador brasileiro Carlos Rodrigues Brandão (1992, p. 7) escreveu um livro clássico sobre o assunto, *O que é educação*, no qual esclarece:

> *Ninguém escapa da educação. Em casa, na rua, na igreja ou na escola, de um modo ou de muitos todos nós envolvemos pedaços da vida com ela: para aprender, para ensinar, para aprender-e-ensinar. Para saber, para fazer, para ser ou para conviver, todos os*

dias misturamos a vida com a educação. Com uma ou com várias: educação? Educações.

No mesmo livro, Brandão (1992) registra uma carta de indígenas que considera bastante oportuna para a compreensão da educação. A carta é o resultado das experiências de um tratado de paz assinado por dois estados dos Estados Unidos e algumas tribos de índios. Constava no tratado um acordo de cooperação no qual alguns jovens índios poderiam estudar nas escolas dos brancos. Em função disso, após considerarem as consequências dessa iniciativa, os chefes das tribos enviaram uma carta agradecendo e recusando o convite para a educação dos índios jovens. O presidente dos Estados Unidos Benjamin Franklin adotou o costume de divulgar essa carta, razão pela qual ela se tornou bastante conhecida. Vejamos um trecho destacado por Brandão (1992, p. 8):

> *Nós estamos convencidos, portanto, que os senhores desejam o bem para nós e agradecemos de todo o coração. Mas aqueles que são sábios reconhecem que diferentes nações têm concepções diferentes das coisas e, sendo assim, os senhores não ficarão ofendidos ao saber que a vossa ideia de educação não é a mesma que a nossa. [...] Muitos dos nossos bravos guerreiros foram formados nas escolas do Norte e aprenderam toda a vossa ciência. Mas, quando eles voltavam para nós, eles eram maus corredores, ignorantes da vida na floresta e incapazes de suportarem o frio e a fome. Não sabiam como caçar o veado, matar o inimigo e construir uma cabana, e falavam a nossa língua muito mal. Eles eram, portanto, totalmente inúteis. Não serviam como guerreiros, como caçadores ou como conselheiros. Ficamos extremamente agradecidos pela vossa oferta e, embora não possamos aceitá-la, para mostrar a nossa gratidão oferecemos aos nobres senhores de Virgínia que nos enviem alguns dos seus jovens, que lhes ensinaremos tudo o que sabemos e faremos deles, homens.*

Brandão (1992, p. 9) considera que essa carta contém todos os elementos discutidos pela **sociologia da educação**, pois ajuda a entender que "não há uma forma única nem um modelo único de educação; a escola não é o único lugar onde ela acontece e talvez nem seja o melhor; o ensino escolar não é a sua única prática e o professor profissional não é o seu único praticante".

Dessa forma, a compreensão da educação não pode estar dissociada dos processos sociais, ou seja, o modelo de sociedade que se almeja e o modelo de pessoa necessária para tal serão alcançados por meio, dentre outros, da educação. Há aqui uma compreensão da força e da importância que a educação tem em uma sociedade. As discussões sobre as transformações necessárias e os novos rumos que se pretendem para uma sociedade passam inevitavelmente pela educação. Reconhece-se, então, que a educação participa dos processos de construção das sociedades.

Entretanto, é muito importante considerar que em si mesma a educação não é nem boa, nem ruim. O uso que se faz dela vai depender dos interesses a que serve e das dinâmicas de poder nas quais está inserida. Uma das preocupações da sociologia da educação é justamente analisar e criticar os interesses por trás dos processos educativos, nos lugares onde estes acontecem.

Além disso, não podemos ignorar o fato de que muitas vezes os interesses por trás da educação não estão explícitos, e as relações nas quais estão envolvidos são tão complexas e estão tão emaranhadas a outras discussões que são necessárias análises e estudos que iluminem essas questões. Disso resulta que, em diversas ocasiões, nós mesmos não nos damos conta dos usos e das finalidades dos processos educativos com os quais estamos envolvidos. Também na família e na Igreja poderemos estar disseminando valores e ideias estranhas ao Evangelho sem nem mesmo nos darmos conta disso.

Retomaremos essa discussão mais adiante. Por enquanto nos deteremos mais em compreender o que é educação. As ideias atuais sobre educação sofreram influências de muitos lugares e muitas épocas. As raízes do pensamento sistematizado sobre a educação, todavia, remontam à Grécia Antiga, como você verá na próxima seção.

1.1.1 A educação na Grécia Antiga

Na Grécia Antiga, o sentido de vida que se buscava por meio da educação[1] era o de levar as pessoas a um ato contínuo de elaboração e reelaboração do conhecimento; significava dar capacidade para que a pessoa continuasse a elaborar sua própria educação. Esse esforço era guiado pela ideia de que a educação poderia proporcionar ao ser humano a liberdade e a felicidade. Havia a noção fixa de que a ignorância era a raiz de todos os males. Com base nesse pressuposto, principalmente por influência do filósofo Sócrates, acreditava-se que a educação seria capaz, por si só, de resolver todos os males dos indivíduos e da sociedade.

Platão, discípulo de Sócrates, se ocupou com a educação, dentre outras coisas, desenvolvendo uma visão crítica de sua função, de maneira que, de acordo com Monroe (1979, p. 66), o "traço que unia o interesse individual e o bem-estar social constituía desse modo, a finalidade da educação".

1 Destacamos, porém, que nem todos tinham acesso à educação ou mesmo à cidadania na democracia grega. Da educação eram privados os escravos, os pobres e as mulheres.

Platão (1987) era motivado pela ideia da perfeição, que deveria ser buscada pelos homens e alcançada por meio da **educação** e da **filosofia**. Para isso, ele considerava importante o estudo de certas disciplinas: a aritmética, a geometria, a astronomia, a estereometria, a harmonia, a dialética etc. Devemos acrescentar a importância que Platão atribuía à **educação física**. Mente e corpo saudáveis se complementam no pensamento do filósofo. Esses estudos resultariam em uma formação que tornaria possível, finalmente, o estudo da filosofia.

Assim, é possível perceber que a hipótese do mundo perfeito das ideias abre um caminho para a educação na Grécia Antiga.

Para Aristóteles, discípulo de Platão, um dos maiores deveres, e o primeiro do legislador, é cuidar da educação. Desde a infância até a juventude, a educação é importante. Para as crianças pequenas, de acordo com Aristóteles (2001, p. 129) "a idade que segue até os cinco anos não deve ainda ser aplicada ao estudo nem aos trabalhos pesados, a fim de não interromper o crescimento".

Se para as crianças com menos de cinco anos o ideal é não desperdiçar tempo com a educação e o trabalho de esforço, o adolescente, conforme Aristóteles (2001, p. 204), deve se entregar à tarefa educativa: "Mas, a partir da puberdade, os jovens se entregarão, durante três anos, a outros estudos, e então convirá consagrar a época seguinte a trabalhos pesados e a um regime regular de vida".

De modo semelhante a Platão, Aristóteles (2001, p. 504) pensa que as "instituições da polis[2] – suas leis e suas estruturas políticas, seus costumes e suas práticas – constituem os

2 *Polis* é a palavra grega para *cidade*. Daí vem a palavra *política*, que significa, originalmente, a arte de se administrar a cidade. (Aristóteles, 2001).

principais meios de que ela dispõe para assegurar a educação e formar a mentalidade, as motivações e os hábitos dos cidadãos".

O sentido de educação descrito deve levar os participantes da vida citadina à felicidade. O primeiro passo apontado por esse filósofo é a definição de que a felicidade para o Estado e para o legislador não está ligada à conquista, como se considerava entre muitos povos. Conforme Aristóteles (2001, p. 67), "não é, sobretudo, nem uma felicidade para o estado, nem um sinal de sabedoria para o legislador treinar seu povo para vencer seus vizinhos". Assim, a felicidade, para Aristóteles (2001), depende da educação. Ele afirmou: "é preciso, pois, que o melhor governo seja aquele que possua uma constituição tal que todo o cidadão possa ser virtuoso e viver feliz" (p. 649). Portanto, na concepção de Aristóteles, o bom legislador é aquele que procura fazer boas leis e cuida da educação, pois o Estado dela depende.

As raízes gregas do conceito de educação nos ajudam a compreender melhor o que é educação e, mais precisamente, a **sociologia da educação**. Importante também será dedicarmos um espaço para estudarmos a **ideia cristã de educação**, a qual também teve bastante influência sobre o mundo ocidental, além de merecer nossa atenção especial neste livro.

1.1.2 A educação cristã

Ao estudarmos a história da educação, percebemos que o papel da família na formação das crianças não era levado a sério nas sociedades de um modo geral. Mas, ao contrário, ao abordarmos a história da **educação cristã**, percebemos que a família sempre desempenhou um papel fundamental.

Ao tratarmos da **educação cristã**, devemos abordar, necessariamente, o Antigo Testamento, pois o cristianismo herda importantes elementos da tradição judaica.

Já no Antigo Testamento, podemos notar que Deus preserva, com muito carinho, a integridade de seu povo e também da família. O estudo de **ética cristã** permite observar que um dos principais objetivos da lei de Deus é, justamente, preservar a família como uma forma de preservar o Seu povo. Com relação ao tratamento oferecido às crianças, o povo de Deus deveria distinguir-se dos outros povos, provando a superioridade do Deus de Israel em relação à idolatria praticada em outros lugares.

Um dos povos pagãos com quem Israel teve contato adorava o deus Moloque, que exigia o sacrifício de crianças. Por isso a lei de Deus é bastante clara com relação a isso: "E da tua descendência não darás nenhum para dedicar-se a Moloque, nem profanarás o nome de teu Deus. Eu sou o Senhor" (Levítico 18,21[3]). A lei de Deus também previa uma séria punição para quem transgredisse esse mandamento: "Também dirás aos filhos de Israel: Qualquer dos filhos de Israel, ou dos estrangeiros que peregrinarem em Israel, que der de seus filhos a Moloque será morto; o povo da terra o apedrejará" (Levítico 20,2).

Deus já havia mostrado, por intermédio de Abraão, que não exigiria o sacrifício de crianças (Gênesis 22) e que, ao contrário do que outros povos faziam, em Israel, a criança deveria ser tratada com amor e respeito.

A máxima da educação infantil a ser observada pelo povo de Deus se encontra em Provérbios (22,6): "Ensina a criança no caminho em que deve andar, e, ainda quando for velho, não se

3 Todas as passagens bíblicas indicadas neste capítulo são citações de Bíblia (2002).

desviará dele". Esse versículo deixa claro que a educação das crianças é fundamental, entre outras coisas, para preservar a integridade do povo de Deus. A criança, educada nos caminhos de Deus, caminhará com Deus, fazendo com que esse mesmo caminho seja percorrido por outras crianças, e assim sucessivamente.

É por isso que Deus dá a Lei para o Seu povo, com a exortação de que essa lei seja preservada de geração em geração.

> *Estes, pois, são os mandamentos, os estatutos e os juízos que mandou o Senhor, teu Deus, se te ensinassem, para que os cumprisses na terra a que passas para a possuir; para que temas ao Senhor, teu Deus, e guardes todos os seus estatutos e mandamentos que eu te ordeno, tu, e teu filho, e o filho de teu filho, todos os dias da tua vida; e que teus dias sejam prolongados.* (Deuteronômio 6,1-2)

Fica muito claro que os pais não devem ensinar a palavra de Deus de qualquer forma aos seus filhos. Pelo contrário, isso deve ser feito com muito zelo: "Estas palavras que, hoje, te ordeno estarão no teu coração; tu as inculcarás a teus filhos, assentado em tua casa, e andando pelo caminho, e ao deitar-se, e ao levantar-te" (Deuteronômio 6,6-7). Inculcar as palavras nos filhos é muito mais do que simplesmente contar as histórias dos feitos de Deus; é viver essas palavras de tal forma que elas fiquem gravadas no coração e na mente deles. Os pais devem viver a palavra de Deus, desde quando se levantam até quando vão deitar-se, de tal forma que os filhos percebam isso e se motivem a perguntar sobre as coisas de Deus: "Quando o teu filho, no futuro, te perguntar, dizendo: 'Que significam os testemunhos, e estatutos, e juízos que o Senhor, nosso Deus, vos ordenou?' Então dirás a teu filho: 'Éramos servos de Faraó, no Egito, porém o Senhor de lá nos tirou com poderosa mão'" (Deuteronômio 6.20-21).

Assim, é possível perceber que ensinar a lei de Deus se faz por meio da educação, num sentido integral; bem diferente da ideia de educação a que estamos acostumados. Para o povo de Deus, ensinar e aprender Sua palavra consiste em vivê-la integralmente. Não são conceitos passados em salas de aula, mas princípios aplicados a cada situação do dia a dia.

O salmista expressa o sentimento que deve existir entre o povo de Deus com relação aos seus filhos: "Herança do Senhor são os filhos; o fruto do ventre, seu galardão" (Salmo 127,3). Essa consciência de que os filhos são verdadeiros presentes de Deus possibilitava a compreensão da sublime tarefa de educá-los como uma verdadeira missão. As crianças, tanto meninos quanto meninas, recebiam as primeiras lições em casa. Assim que as crianças começavam a falar, **cânticos** e **orações** eram ensinados, repetidamente, de modo que elas pudessem decorá-los.

É importante enfatizar que as orações e os cânticos deveriam ser entoados com devoção, em verdadeiros cultos nos lares, e não simplesmente repetidos como palavras vazias. Os pais dividiam entre si suas obrigações: ao pai cabia contar a história do povo de Deus aos filhos e às filhas, ensinar a lei de Deus somente aos meninos e também ensiná-los uma profissão. As mães, que também conheciam a história do povo, podiam ensiná-las eventualmente, porém ocupavam-se mais com a educação das meninas, ensinando os afazeres domésticos, as boas maneiras e a moral; as mães ainda preparavam as meninas para o casamento. Nas famílias mais ricas, as crianças tinham acesso a tutores em casa.

Aos 13 anos, os meninos já deveriam ter um bom conhecimento da lei de Deus e era-lhes permitido frequentar as sinagogas para que fossem instruídos com mais profundidade, junto aos doutores da lei. Para se familiarizarem com as Escrituras, os meninos aprendiam a ler e a escrever, a partir de exercícios que consistiam em fazer cópias dos textos sagrados. Para facilitar a memorização das Escrituras, os alunos deveriam fazer leituras dos textos em voz alta. A leitura seguia sempre um mesmo padrão, sendo praticamente "cantada". O texto hebraico parece uma verdadeira partitura, indicando as **pausas de respiração** e a **cadência da leitura**. Os alunos também aprendiam **noções de matemática**, e alguns poderiam aprender **noções de canto** e **música**.

Mas ainda havia alguns problemas, como o tratamento diferenciado entre meninos e meninas e o cuidado que o povo deveria ter com os órfãos. Em relação ao cuidado que deveria ser dado aos órfãos, a palavra de Deus exorta que todas as pessoas em situação de necessidade devem receber cuidados. O direito do órfão e da viúva deve ser observado, pois "Pai dos órfãos e juiz das viúvas é Deus em sua santa morada" (Salmo 68,5). O profeta Isaías também deixa claro que não se pode agradar a Deus sem a prática da justiça: "Aprendei a fazer o bem; atendei à justiça, repreendei ao opressor; defendei o direito do órfão, pleiteai a causa das viúvas" (Isaías 1,17). Essa exortação, além de tantas outras, deixa claro que se tratava de um direito que não estava sendo observado, de forma que algumas crianças do povo de Deus não estavam sendo cuidadas como deveriam. E repare bem que a palavra de Deus está se dirigindo aos responsáveis pelo culto, que fora considerado por Ele como um culto hipócrita, pois a justiça não estava sendo observada (Isaías 1,10-17).

Nos dias de Jesus, o tratamento dado às crianças mantinha as principais características dos tempos do Antigo Testamento, tanto no que tinha de melhor quanto em relação a algumas falhas. Podemos observar que algumas dessas falhas permaneceram até os dias de Jesus, quando as mulheres e as crianças ainda não eram contadas (Mateus 14,21; 15,38) e as meninas ainda não podiam aprender as Escrituras (Lucas 10,38-42). A vontade que Maria demonstra em aprender os ensinamentos de Jesus e a reação de sua irmã Marta mostram que, provavelmente, elas nunca tinham tido a oportunidade de aprender a palavra de Deus; e as crianças não podiam se aproximar do Salvador (Mateus 19,13-15). Mas Jesus dá grande importância às crianças e as coloca num lugar central na vivência da fé:

> *Naquela hora, aproximaram-se de Jesus os discípulos, perguntando: "Quem é, porventura, o maior no reino dos céus?" E Jesus, chamando uma criança, colocou-a no meio deles. E disse: "Em verdade vos digo que, se não vos converterdes e não vos tornardes como crianças, de modo algum entrareis no reino dos céus. Portanto, aquele que se humilhar como esta criança, esse é o maior no reino dos céus. E quem receber uma criança, tal como esta, em meu nome, a mim me recebe".* (Mateus 18,1-5)

Essas palavras de Jesus são muito profundas e muito ricas de significados; entretanto, vamos destacar apenas dois pontos: 1) Jesus estabelece as crianças como critério para entrar no reino dos céus, o que se deve a muitos motivos, mas enfatiza a importância que Deus dá para as crianças em seu reino; 2) Jesus disse que, se recebermos uma criança em seu Nome, a Ele estaremos recebendo.

1.2 Conceitos e divisões da sociologia

Partindo do fato de que a sociologia é uma ciência – no sentido em que o conceito de ciência é compreendido como um conjunto de conhecimentos sistematizados, generalizados, metodizados, explicados somente pela experimentação e pela observação, buscando as razões próximas de seu objeto –, coube a Auguste Comte estabelecer a primeira divisão dessa ciência. A doutrina de Comte surge fortemente influenciada por três correntes de pensamento: 1) o **darwinismo social**, baseado no evolucionismo de Darwin, que defendia a evolução das espécies; 2) o **organicismo de Spencer**, para quem a sociedade poderia ser estudada por analogia ao corpo humano; 3) o **cientificismo**, a crença de que a ciência teria a capacidade de estudar e desvendar o funcionamento da natureza e da sociedade (Scott, 2010).

Comte, formado pela Escola Politécnica de Paris, fundada após a Revolução Francesa e voltada para o desenvolvimento da ciência e da técnica decorrentes da Revolução Industrial, procurou aplicar o **conhecimento** e o **discurso das ciências** no estudo da sociedade da mesma forma que se estudava a natureza. Para isso, propôs um conjunto de novas ideias chamadas de *positivismo* (Scott, 2010).

O **positivismo** está calcado, sobretudo, em uma **visão evolucionista da história**, segundo a qual o homem, vivendo em sociedade, convive com algo mais além das leis teológicas ou metafísicas, ou seja, convive com condições históricas que impelem essa sociedade para a frente. Tal movimento pode ser inserido em uma escala evolutiva, na qual o estágio posterior é sempre mais avançado que o anterior, pois aquele incorpora os ensinamentos deste, levando, assim, o homem ao progresso da raça humana e da vida em sociedade. As sociedades poderiam ser, portanto, "cientificamente" consideradas atrasadas ou evoluídas. Dessa forma, o **positivismo**, entre outras consequências, foi utilizado, nos países europeus, para justificar o **colonialismo** (Scott, 2010).

Em busca de uma ciência positiva para o estudo da sociedade, e coerentemente com a ideia da escala evolutiva, Comte estruturou uma hierarquia das ciências, a partir de seu menor ou maior grau de relacionamento com o homem. Essa hierarquia iniciaria com as ciências naturais (astronomia, física, química e biologia) e culminaria com as ciências sociais, sendo que a sociologia recebia um lugar de destaque.

Comte concebia o termo *positivo* com vários significados. Para ele, a expressão *positivismo* seria o real, ou seja, aquilo que é observável, em contraposição ao irreal. O temo *positivo* também designaria aquilo que é útil, ou seja, não se estudaria por causas fúteis, mas porque haveria a necessidade social daquele estudo. O *positivo* expressaria a certeza, substituindo as dúvidas metafísicas; também estaria relacionado com a certeza científica proveniente das observações e da tradução dos fenômenos observados em leis cientificamente comprováveis, em contraposição às discussões vagas dos antigos filósofos (Scott, 2010).

Inspirado na física, Comte dividiu a sociologia em **estática social** e **dinâmica social**. A primeira estuda a sociedade em sua estrutura, determinando as **leis de coexistência**; a segunda investiga as **leis da sucessão**.

Com uma visão mais abrangente e intuitiva do problema, Pinto Ferreira (1960, p. 87) sugeriu a seguinte divisão:

a) **Sociologia geral** – É a parte que trata do exame dos fenômenos sociais acentuando suas regularidades e leis.
b) **Sociologia aplicada** – É a utilização dos conhecimentos teóricos e sua aplicação na solução dos problemas inter-humanos.
c) **Sociologia especial** – É o ramo que estuda os fatos sociais fisiológicos ou parcelas da vida coletiva.
d) **Sociologia experimental** – É a parte que estuda o fenómeno social no seu próprio ambiente.

1.3 A educação na perspectiva atual

Na visão da filosofia, a educação parte de alguns questionamentos que consideramos importantes. O primeiro deles é uma questão que se encontra no *Dicionário de ética e filosofia moral*, organizado por Canto-Sperber (2003, p. 503): "Qual é o objetivo último da educação?". Para a sociedade brasileira, qual seria esse objetivo? Na Grécia Antiga, Platão e Aristóteles consideravam como objetivo último da educação a formação dos governantes, pois estes deveriam administrar a cidade. Canto-Sperber (2003, p. 505) afirma ainda:

> *Cada um a sua maneira, Loyola (1492-1556), Lutero (1483-1546) e Erasmo (1466-1536) formularam novas formas da integridade, novos critérios da unidade do homem tanto em relação a si mesmo quanto em relação aos outros. Em vez de redigir em um guia que permitisse adquirir a virtuosidade na expressão virtù, eles traçaram um programa destinado a retificar e a reorientar a alma ou o espírito. Mas suas concepções da salvação e da educação disciplinar que ela requer diferiam completamente.*

A citação nos revela que numa mesma época podem existir formas diferentes de se pensar a educação. É necessário perceber que na história da educação o fim último tem sido entendido de maneiras diferentes. A título de exemplo, verificaremos o caminho trilhado por Inácio de Loyola, Martinho Lutero e Erasmo de Roterdã.

De acordo com Canto-Sperber (2003, p. 505), para Loyola havia a necessidade de "'reconstruir' os espíritos dos fiéis". Esse modelo de educação serviu principalmente para a ordem religiosa Companhia de Jesus, a qual determinou um modelo de evangelização para as terras conquistadas. Lutero, conforme indica Canto-Sperber (2003, p. 505), muda o rumo da educação ao escrever a *Carta aos prefeitos* e *Sobre o dever de enviar as crianças à escola*. Há um avanço no entendimento sobre educação, pois o documento determinava que as crianças frequentassem a escola[4], porque, para ler a Bíblia, havia necessidade de tal procedimento.

Erasmo, segundo Canto-Sperber (2003, p. 505), propõe algo diferente: "As virtudes do príncipe não são os vícios praticados em vista de fins nobres: são as virtudes simples dos primeiros cristãos, e devem ser praticadas por todos os indivíduos, quaisquer que sejam. São harmonia e a paz civis que proporcionam a melhor segurança para o Estado [...]".

A educação, apesar de suas diferentes formas e aplicações, sempre será fundamental para a formação dos indivíduos e também da sociedade em que vivem. Os reformadores tiveram um papel importantíssimo em relação a esse aspecto.

A compreensão bíblica é fundamental para o bom equilíbrio do ser humano; por sua vez, sem educação não é possível

4 Lutero foi uma das primeiras vozes em favor de uma educação pública e de qualidade para todas as crianças (Canto-Sperber, 2003).

a compreensão do texto bíblico. Dessa forma, a herança educacional dos reformadores foi marcante para sua época e repercute até hoje.

1.3.1 As contribuições de Paulo Freire

Paulo Freire, um dos grandes educadores brasileiros, expressou como poucos o entendimento de educação, compreendendo-a como ato político. Freire seguiu suas convicções político-sociais, dialogando com a **sociedade** e com a **teologia**. Porém, é inegável o modelo filosófico de sua pedagogia[5]. A inovação de Freire é saber que pedagogias importadas não conseguiam chegar ao âmago do povo brasileiro, pois, de acordo com Canto-Sperber (2003, p. 26), "não correspondem aos desafios da realidade latino-americana".

Freire, ao se referir à educação, fala de relações do ser humano com sua realidade. Esse processo de relacionamento com a realidade é que nos permite o ato contínuo de elaboração e reelaboração do conhecimento. Freire (1969, p. 43) afirma: "A partir das relações do homem com a realidade, resultantes de estar com ela e de estar nela, pelos atos da criação, recriação e decisão, vai dinamizando o seu mundo. Vai dominando a realidade. Vai humanizando-a. Vai acrescendo a ela algo de que ele mesmo é fazedor".

Essa citação de Freire insere dados que definem outro pressuposto para a educação: a relação humana com a realidade e a dinamização do mundo pelo próprio ser humano. Não se trata

5 Não é raro encontrarmos estudiosos que classificam Paulo Freire como filósofo da educação, e não somente como educador.

mais de ter um mundo que é dado por outros, mas de um no qual todos participem de sua construção.

Nesse sentido, Brandão (1992, p. 73) define educação como prática social, afirmando o seguinte:

> *Educação é uma prática social, cujo fim é o desenvolvimento do que, na pessoa humana, pode ser aprendido entre os tipos de saber existentes em uma cultura, para a formação de tipos de sujeitos, de acordo com as necessidades e exigências de sua sociedade, em um momento da história de seu próprio desenvolvimento.*

O pensamento de Brandão recebe influência da pedagogia de Freire e mostra que educação não apenas é o ato de sair de si mesmo, mas também tem um conteúdo social que torna o ser humano capaz de interferir para mudar e transformar a sociedade. Portanto, ela deve preparar o educando para exercer papéis no grupo ao qual pertence (Brandão, 1992).

Essas ideias estão baseadas na ontologia[6] do ser humano, filosofia desenvolvida por Freire. Ele considera que o ser humano é um ser incompleto e consciente de sua inconclusão. Em outras palavras, o ser humano não nasce pronto, precisa fazer-se, tornar-se ser humano em sua própria vida. Dessa forma, as pessoas têm a possibilidade de se tornarem humanas. Todavia, têm também a possibilidade de não conseguirem, permanecendo, assim, num estado de desumanização[7]. Dessa maneira, a educação deve ser uma prática de humanização. Porém, ela pode ser também, dependendo dos interesses a que serve direta ou indiretamente, uma prática de desumanização (Brandão, 1992).

---

6 Ramo da filosofia que estuda a essência das coisas (Conceito.de, 2014).

7 Surgem expressões no cotidiano que expressam em parte essa ideia. É comum ouvirmos ou dizermos que são desumanas as pessoas que cometem determinadas ações, como a mãe que mata o próprio filho. Também falamos de desumanidade em relação àquelas pessoas que vivem em absoluta miséria.

Em função disso, a educação passa a ter ainda outro pressuposto, que antes não era discutido: a **solidariedade**. O entendimento de educação para os dias atuais deve levar em consideração o valor intrínseco da solidariedade como princípio educativo, o sentido de que educação é o processo que faz o ser humano a se tornar solidário. No mundo de alta competitividade sobra pouco espaço para tais ações. Entendemos, então, a solidariedade como o esforço pessoal e coletivo para a promoção do bem comum, dando-se especial atenção às pessoas que mais sofrem.

Freire é um dos precursores da questão a respeito da solidariedade. E um dos primeiros caminhos a serem trilhados numa educação solidária e para a solidariedade é a inserção das pessoas na vida social por intermédio da educação. Diz Freire (1983, p. 52): "Será na sua convivência com os oprimidos, sabendo-se também um deles – somente a um nível diferente de percepção da realidade – que poderão compreender as formas de ser e comportar-se dos oprimidos, que refletem, em momentos diversos, as estruturas da dominação".

Esse educador faz referência à educação no Brasil com aquilo que ele chama de *educação bancária*. Trata-se de prática na qual o educador "deposita" na mente dos educandos as informações verdadeiras. Freire (1983, p. 66) afirma:

> *Em lugar de comunicar-se, o educador faz "comunicados" e depósitos que os educandos, meras incidências, recebem pacientemente, memorizam e repetem. Eis aí a concepção "bancária" da educação, em que a única margem de ação que se oferece aos educandos é a de receberem os depósitos, guardá-los e arquivá-los.*

Segundo Freire (1969), a educação bancária se constitui em uma prática que não educa e não forma, mas domestica, de modo que as pessoas são privadas de características essenciais a sua humanidade, como a capacidade de discernir, de refletir sobre suas próprias ideias e de criar a sua própria vida.

1.4 As práticas pedagógicas na Igreja

A prática da **educação cristã** deve ultrapassar o senso comum. Não se pode fazer algo porque outra Igreja está fazendo, porque é moda ou por achar que é certo. A **escola dominical**[8] deve ter **pedagogia definida** e **teologia própria**. É preciso vencer a paranoia, existente nos dias atuais, de que o que os outros estão fazendo é sempre muito bom. É pertinente perguntar: "Será que é bom mesmo?". Os professores da escola dominical, porventura, não têm capacidade para desenvolver conceitos educativos, pedagógicos, metodológicos, bíblicos e teológicos que sejam bons? Os que ainda não conseguem, efetivamente, desenvolver tais ações precisam se preparar. Isso requer formação específica e continuada.

A Bíblia mostra a educação, sem, no entanto, se ocupar em definir conceitos de educação. O Decálogo (Dez Mandamentos) indicava ao povo de Deus regras de conduta moral que serviam ao caminho individual e coletivo, de forma tal que os conceitos que estavam presentes ajudavam o entendimento do desejo de Deus. Em outras palavras, era um **conjunto de medidas** e **ações educativas**. Nosso tempo é marcado por um grande avanço no processo do pensamento e por outras exigências, e só o Decálogo

8 Terminologia que se aplica à prática educacional nas igrejas; geralmente as atividades acontecem aos domingos. Mas, na sua essência, a expressão se aplica às questões de ensino nas igrejas protestantes.

já não consegue dar suporte para o desenvolvimento da vida no que tange à **educação cristã**. São necessários outros conceitos de educação capazes de ajudar na tarefa de educar o povo cristão.

Quais são os novos caminhos? Para saber quais são os melhores caminhos, há a necessidade de o educador cristão se preparar melhor: frequentar cursos, encontros e congressos que desenvolvam capacidades e qualidades educativas. Entretanto, quais são as qualidades que se consideram importantes para o educador cristão? Entre outras, podemos citar as seguintes:

a) **A compreensão da realidade com a qual trabalha** – Professores, educadores devem conhecer a realidade das pessoas com as quais trabalham. Esse processo de conhecimento demanda tempo e vontade, mas é possível de ser trilhado.
b) **O comprometimento com as pessoas com as quais trabalha** – É impossível desenvolver ações educativas sem o comprometimento com a vida de cada pessoa que está "sob o cuidado" do professor.
c) **A competência no campo teórico e conhecimento em que atua** – O educador deve ter capacidade para orientar e coordenar o aprendizado de seus alunos. As competências necessárias para um educador estão relacionadas aos seguintes aspectos: formação acadêmica, formação social, formação religiosa e habilidades de relacionamento com seus alunos. O professor deve saber o que está ensinando e com atitude adequada, deve ajudar seus alunos a realizar as descobertas pertinentes aos assuntos estudados.
d) **O desejo de educar e ensinar** – A educação deve ser vista como todas as ações que o educador pratica para que consiga chegar ao ato seguinte, que é o processo ensino-aprendizagem. Não se pode tomar a atitude de educar ou ensinar sem

que se tenha o desejo de querer fazê-lo. Isso significa que se deve ter relação afetiva com aquilo que se faz. Quem não consegue estar "sintonizado" com a tarefa a ser desempenhada não conseguirá cumpri-la com êxito.

Questionário

1. Quem foi o criador da sociologia da educação?
2. Qual é a diferença entre educação e pedagogia?
3. Segundo o sociólogo Durkheim, o que é educação?
4. Qual é a função da sociologia da educação para a sociedade?
5. O que significa *educação formal?*
6. Qual era o objetivo da educação na Grécia Antiga?
7. Por que é necessário o Antigo Testamento na educação cristã?
8. Que pensador afirmou que a sociedade poderia ser estudada por analogia ao corpo humano?
9. Como se chama a parte da sociologia que trata do exame dos fenômenos sociais, acentuando suas regularidades e leis?
10. O que Platão e Aristóteles consideravam como o objetivo principal da educação?
11. Qual foi o educador brasileiro que traduziu como poucos o entendimento de educação, percebendo no povo o sentido e o fim da educação, pois ela seria capaz de libertá-lo das amarras sociais e políticas?

12. Quais são os dois pré-requisitos que uma escola dominical deve ter?
13. Qual foi o meio que Deus usou para educar Seu povo?
14. Quais são as qualidades consideradas importantes para o educador cristão?

Introdução à pedagogia de Jesus

Capítulo 2

O ser humano é imitado e por consequência imita alguém. Nesse processo aprendemos e ensinamos e, dessa forma, ocorre o desenvolvimento humano. Com base nesse conceito, devemos seguir os exemplos de Jesus. O mestre é o nosso referencial; quando o imitamos, estamos servindo de exemplo para outros. Os mestres ensinam por meio de conceitos e também do exemplo.

Já ouvimos falar de muitos mestres, pedagogos, luminares da arte do ensino. Já ouvimos falar de Sócrates, que ensinou durante quarenta anos, de Platão, que ensinou durante cinquenta anos, de Aristóteles, que encheu bibliotecas com a sua erudição. Poderíamos ainda falar de Piaget e Emilia Ferreiro. Mas não iremos falar desses mestres, e sim do mestre por excelência, o mestre incomparável, o mestre insuperável: o Senhor Jesus Cristo.

Os profetas do Antigo Testamento haviam proclamado: "assim diz o Senhor", entretanto Jesus, o Mestre por excelência, proclamou: "Eu vos digo". O Senhor Jesus era muito diferente dos rabinos contemporâneos. Ele não só fazia o que ensinava, como também seus ensinamentos tinham autoridade divina.

Jesus preocupava-se mais com a recepção da mensagem, como ela chegava aos discípulos, do que com a transmissão em si mesma. Suas histórias conquistavam a mente e o coração de seus ouvintes porque iam ao encontro de suas próprias frustrações e desapontamentos.

Jesus ensinava a complexidade utilizando-se da linguagem simples das coisas do dia a dia. Sua linguagem sempre era tangível à experiência das pessoas. Seus instrumentos pedagógicos eram os **campos**, as **montanhas**, os **pássaros**, as **tempestades**, as **ovelhas**. Em resumo, qualquer coisa que estivesse ao seu alcance, Jesus utilizava como ferramenta de ensino.

Portanto, nesta introdução à pedagogia, não procuraremos falar dos grandes mestres da pedagogia que o mundo teve, mas buscaremos no mestre por excelência das lições mais nobres para tão privilegiada posição de educador.

2.1 O mestre por excelência

Ninguém se mostrou mais idôneo para ensinar do que Jesus. Ele foi o mestre ideal. Muitas pessoas que não aceitam a fé cristã e que põem de lado os credos religiosos se declaram dispostos a ouvir os ensinamentos de Jesus.

Numa época como a nossa, em que se põe em dúvida tanta coisa, é imprescindível o rigor na investigação. É admitido por todos os homens de reconhecida autoridade que Jesus é o maior mestre da religião e da moral que o mundo já vivenciou. Até mesmo em países pagãos, como a Índia, se encontram muitas pessoas que, sem se unirem à Igreja cristã, chegam, no entanto, a venerar Jesus como o grande mestre.

Jesus não apenas ensinou a verdade, Ele foi a encarnação viva da verdade. Ele disse: "Eu sou... a verdade" (João 14,6[1]); Ele foi inerente àquilo que ensinou. Em qualquer assunto, Jesus dissertava de forma sublime. Sua vida e seus ensinamentos eram inseparáveis. Sua alma tinha plena comunhão com o Espírito Santo, para que fosse ungida inteira e completamente. Todo aquele que foi alvo do Seu olhar podia ver a luz que fluía de seus olhos. Ele tinha ilimitadas reservas de verdade, majestade, beneficência, entusiasmo, paciência, persistência, longanimidade. Mostrou aos que dependiam de **outros** como deveriam confiar; aos **servos** como servir; aos **governadores** como dirigir; aos **vizinhos** como serem amigos; aos **necessitados** como orar; aos **sofredores** como suportar; e a **todos os homens** como morrer. Jesus foi e é o modelo para todas as épocas. A mais valiosa lição que os discípulos de Jesus aprenderam dos ensinamentos d'Ele não foi a sua doutrina, mas sua influência.

No caráter de Jesus, decisivamente, sempre houve um profundo interesse pelo bem-estar de todos. Ele se interessava mais por pessoas do que por credos, cerimônias, equipamentos ou organizações. Via o povo "como ovelhas sem pastor" (Marcos 6,34). Seu coração se encheu de afeição pelos desprezados e odiados publicanos, pelos pecadores malquistes, pelo cego, pelo surdo, pelo coxo etc. Jesus até mesmo se consternava pelos ciumentos fariseus e pelos escribas que viviam a criticá-lo.

---

1 Todas as passagens bíblicas indicadas neste capítulo são citações de Bíblia (2002).

O Senhor Jesus sempre amou a todos e interessava-se vivamente por seus problemas. Ele foi a personificação do amor de Deus, e compadeceu-se dos homens por todos os seus males e padecimentos. O mestre não só se interessou pelos problemas humanos, como sempre ofereceu a solução. Revelou o verdadeiro e genuíno espírito missionário e afirmava repetidamente que viera para servir, e não para ser servido (Mateus 20,28).

O Senhor Jesus mostrou no ensino a gloriosa oportunidade de formar os ideais, as atitudes e a conduta do povo em geral. Ele não se distinguiu primeiramente como orador, como reformador, nem como chefe, mas como mestre. A principal ocupação do Senhor Jesus, conforme se encontra registrado nos Evangelhos, foi o ensino.

A **autoridade** era a grande marca espiritual na maneira de Jesus ensinar. Foi isso que primeiro abalou os seus ouvintes galileus, a ponto de eles dizerem: "Ele fala como quem tem autoridade, e não como os escribas do povo" (Marcos 1,22).

De acordo com as Escrituras, fica evidente que Ele não pertenceu à classe dos escribas e rabinos que interpretavam minuciosamente a lei. Os escribas não ensinavam nada sem justificarem seus ensinamentos por citações de famosos rabinos. Jesus não apelava para ninguém; raramente argumentava. A sua certeza de conhecer a verdade era absoluta.

Podemos então indicar um grande contraste entre o Senhor Jesus e Socrátes, o único mestre do mundo ocidental com quem o Senhor Jesus pode ser comparado. Socrátes não pretendia conhecer, mas procurar a verdade. Jesus nunca fala como se estivesse em dúvida, pois Ele sempre teve plena certeza de todos os assuntos de que tratava. Ele sempre falou como sendo importantes as suas palavras: "Eu vos digo"; "Na verdade, eu vos digo"; "outra vez vos digo".

No Sermão da Montanha, Jesus cita a lei e os mandamentos das Escrituras e, em seguida, amolda-os em seus princípios, baseado em sua própria autoridade, como está escrito em Mateus (5,21-22):

> *Ouvistes que foi dito aos antigos: "Não matarás; mas qualquer que matar será réu de juízo". Eu, porém, vos digo que qualquer que, sem motivo, se encolerizar contra seu irmão, será réu de juízo; e qualquer que disser a seu irmão: Raca*[2]*, será réu do sinédrio; e qualquer que lhe disser: Louco, será réu do fogo do inferno.*

Podemos ainda unir dois elementos que, aparentemente opostos, entretanto coexistem impressionantemente na maneira do ensino de Jesus: a **graciosidade** e a **severidade**. Ele ensinava em qualquer lugar e a toda hora – no templo, nas sinagogas, no monte, nas praias, na estrada, junto ao poço, nas casas, em reuniões sociais, em público e em particular. Notemos a amabilidade das expressões: "Tem ânimo, filha, a tua fé te salvou. E imediatamente a mulher ficou sã" (Mateus 9,22); "Não se turbe o vosso coração; credes em Deus, crede também em mim. Na casa de meu Pai há muitas moradas; se não fosse assim, eu vo-lo teria dito. Vou preparar-vos lugar" (João 14,1-2); "Não temais, ó pequeno rebanho, porque a vosso Pai agradou dar-vos o reino" (Lucas 12,32).

---

2 "O termo 'raca' aparece no NT grego grafado como ῥακά (rhaká), porém é de origem semita. Tal palavra foi apenas transliterada do hebraico para o grego, sem apresentar seu real significado. Segundo a explicação de alguns teólogos, entende-se que a palavra 'raca' tenha o significado de tolo, insensato, cabeça oca e congêneres, porém, esses adjetivos estão relacionados à segunda parte do versículo, na qual lemos que aqueles que chamam o irmão de 'louco' serão dignos do fogo do inferno, isto é, o escritor não utilizaria uma mesma palavra para dois tipos distintos de penalidades." (Torah Web, 2014)

É sempre com terna graciosidade que Ele se dirige com suas palavras aos sofredores e nos seus atos de cura. Contudo, também o Senhor exercia sua severidade quando necessário. Quão repreensíveis foram suas palavras aos fariseus hipócritas, cujo refrão era o seguinte: "Ai de vós, escribas e fariseus hipócritas" (Mateus 23,13-29).

Nenhum homem, semelhante aos outros homens, poderia dizer com propriedade, num mundo atormentado pelo pecado: "Vinde a mim, todos os que estais cansados e oprimidos, e eu vos aliviarei" (Mateus 11,28); ou neste mundo de corações insatisfeitos dizer: "E no último dia, o grande dia da festa, Jesus pôs-se em pé, e clamou, dizendo: Se alguém tem sede, venha a mim, e beba" (João 7,37).

2.2 O método do ensino de Jesus[3]

É de se esperar que um grande mestre tenha igualmente um grande método. O método é tão importante e útil para a elucidação da verdade que, geralmente, atribuímos o sucesso de um mestre ao que costumamos chamar de "o modo de apresentar as coisas".

Certamente aquele método lhe era natural, não o fruto de deliberados estudos e planificações, pois brotava da ocasião e da necessidade. Não obstante, os resultados eram essencialmente os mesmos. Jesus é incomparável no uso de métodos e ensinou como nenhum outro. Praticamente tudo aquilo que hoje é muito comum nas atividades educacionais foi usado por

3 O conteúdo desta seção é baseado em Price (1980).

Jesus, ao menos como embrião. O método de Jesus, portanto, deve merecer a nossa atenção.

Devemos notar que o Senhor Jesus, o maior mestre entre todos, não escreveu as suas lições. Não deixou nenhum livro. Usou a linguagem falada como meio de comunicação. Não há a menor dúvida de que Ele confiava plenamente na permanência de seu ensino, pois Ele disse: "Passarão os céus e a terra, mas as minhas palavras não hão de passar" (Mateus 24,35).

O ensino de Jesus, quanto ao método, não era nem científico nem sistemático. Esse fato é fácil de ser verificado, comparando-se o seu modo de ensinar com uma confissão de fé, ou com os artigos de uma religião.

Um dos exemplos mais fortes do uso de **lições objetivas** pelo mestre é quando Ele tomou um menino e o pôs no meio dos discípulos, para ensinar qual é a atitude que devemos tomar em relação ao Reino de Deus (Mateus 18,1-4).

Segundo Price (1980),

> *Os discípulos pensavam que o Reino de Deus era algo com escalas e ordens hierárquicas, e, portanto, com promoções e distinções especiais. Assim, ambições e egoísmos ocupavam seus corações, e desde então já discutiam qual deles seria o maior. Porém, Cristo perguntou: "Quem é, por ventura, o maior no reino dos céus?" (Mateus 18,1). Ao que parece, sem qualquer palavra ou explicação, chamou uma criança e a pôs no meio deles. Observando eles a inocência, o desinteresse e a simplicidade exemplificados na criança, Jesus lhes disse que essas eram as atitudes que eles deveriam ter para que pudessem entrar no Reino. E, então, acrescentou: "Quem, pois, se tornar humilde como este menino, esse será o maior no reino dos céus" (Mateus 18,4). Era a maior lição que a humanidade recebia naquela hora sobre a humildade, que se contrapõe a todo o mal do orgulho.*

Além disso, há o exemplo de Jesus lavando os pés dos discípulos em João (13,1-15). No Oriente, era comum o uso de sandálias e o caminhar pelas estradas fazia com que os pés ficassem constantemente empoeirados. Ao chegar em uma casa para uma visita, era comum encontrar uma bacia de água e uma toalha para que os pés dos visitantes fossem lavados. Como parecia aparentemente nenhum dos donos da casa estava presente, Jesus prontamente assumiu a função de criado, lavando e enxugando os pés dos discípulos (Price, 1980).

O Mestre mostrou a dignidade e grandeza da humildade. Ao terminar, teria dito: "Se eu, pois, sendo Senhor e Mestre, vos lavei os pés, também vós deveis lavar os pés uns aos outros. Porque vos dei exemplo, a fim de que, como eu fiz, assim façais vós também" (João 13,14-15) (Price, 1980).

Em outra circunstância, ao ser questionado pelos fariseus e herodianos se era lícito ou não pagar o tributo a César, sem demora Jesus pediu que lhe trouxessem uma moeda (denário). Ao tê-lo em mãos, o Mestre perguntou de quem era a efígie. E lhe responderam: "De César". Então o Mestre lhes disse: "Dai, pois, a César o que é de César, e a Deus o que é de Deus" (Mateus 22,15-21) (Price, 1980).

Portanto, não há como negar que temos diversas provas de que Jesus usou lições objetivas para tornar seu ensino mais atraente, mais claro e mais impressionante.

2.2.1 Histórias ou parábolas

Conforme indica Price (1980),

> *Parábola é uma comparação de fatos familiares com verdades espirituais. Como método de ensino é praticamente idêntico à história, embora seja bem mais curta, para ter mais a natureza da comparação que da história. As comparações têm sido caracterizadas como parábolas em embrião.*
>
> *O método de histórias é de grande valor no ensino. É algo concreto, apela à imaginação, tem estilo fácil e livre, assaz eficiente e interessante. Os que detestam fatos e argumentos, de bom grado ouvem histórias. E, não só isso: lembram-nas facilmente e são por elas influenciados. Acadêmicos de teologia que fogem de ouvir uma série de preleções de grandes eruditos correm apressados a ouvi-los contar histórias por horas seguidas. As histórias são aplicáveis e apropriadas tanto para crianças como para adultos.*

As histórias servem para ilustrar um principio a ser ensinado. Existem três eixos fundamentais para o uso das histórias nos ensinos bíblicos: 1) chamar e reter a atenção dos alunos, – esse é um recurso muito usado atualmente por repórteres e comunicadores de forma geral, cabe aos professores seguirem o exemplo; 2) usar uma história para explicar um determinado conceito, ou uma verdade a ser aplicada na vida dos alunos ou ouvintes de forma geral – uma boa história deixa uma marca inesquecível para os alunos; 3) a história tem a capacidade de sintetizar os ensinamentos, levando o aluno a relacionar os princípios ao seu cotidiano.

É interessante notar que o Mestre dos Mestres usou bastantes histórias ou parábolas em seu ensino. Cerca de um quarto das palavras de Jesus registradas por Marcos e cerca da metade registradas por Lucas têm a forma de parábolas. O vocábulo *parábola* aparece cinquenta vezes no Novo Testamento. Se colocarmos sob esse título as máximas ou parábolas em embrião, as alegorias e outras mais ilustrações, teremos, por certo, um cento. Elas se referem a pessoas, animais, plantas e à vida inanimada. Encontramos no Novo Testamento uma lista com sessenta e uma delas: trinta e quatro tratam de **pessoas**, como a do 'bom samaritano", quatro, de **animais**, como da "ovelha perdida"; sete, de **plantas**, como a da "semente de mostarda"; e dezesseis de **coisas**, como as quatro qualidades de terra (Price, 1980).

Se tirássemos as parábolas dos ensinamentos de Jesus, com certeza, muito se perderia. Provavelmente, se não houvesse lançado mão desse método, desconheceríamos algo tão eficiente como as parábolas.

Um exemplo de uma lição iniciada com uma história ou parábola é aquele em que Ele nos fala de quatro qualidades de solo e de como este reagia em resposta ao semeador (Mateus 13,1-9). Ele nos descreve o semeador que lançou a semente na terra, tendo uma parte caído à beira da estrada, em solo duro e impenetrável, os pássaros a comeram. Outra parte caiu entre pedras, onde o solo era raso; rapidamente aquecida, logo a semente brotou, mas sem raízes para sustentar o caule. Outra parte caiu entre espinhos e foi sufocada pelo rápido crescimento deles. A quarta parte, porém, caiu em terra boa e fértil, criou raízes fortes e produziu trinta, sessenta e cem por um. Isso foi tudo quanto Jesus disse, além de estender aos ouvintes um aviso com este remate: "Quem tem ouvidos para ouvir, ouça" (Price, 1980).

Mais tarde, quando os discípulos indagaram, o Mestre passou a esclarecer a lição baseada na parábola. A terra à **beira da estrada** representa o ouvinte preocupado ou desatento, do qual a verdade saltita como saraiva no telhado. A terra cheia de **pedras** representa a pessoa superficial e emotiva que responde prontamente, mas sem convicções firmes e que, por isso, abandona a verdade, quando esta o leva para caminhos difíceis. A terra de **espinhos** representa o indivíduo preocupado que deixa que o serviço e as diversões o empolguem por completo, deixando-o sem frutos espirituais. A terra boa representa aqueles que ouvem a verdade, e a recebem de todo o coração, e a praticam sempre. Ninguém por certo esquecerá essa parábola, nem o seu profundo significado (Price, 1980).

Adequada ilustração do uso de histórias para aclarar a verdade, já previamente discutida, é a "Parábola do Bom Samaritano" (Lucas 10,25-37). Um atormentado doutor da lei perguntou ao Mestre o que devia fazer para alcançar a vida eterna, e respondeu à sua própria pergunta, citando o mandamento do amor a Deus com todas as forças do coração e do espírito e ao próximo como a si mesmo. A seguir, em defesa própria, perguntou: "Quem é o meu próximo?" (Lucas 10,29). Jesus não apresentou nenhum argumento teórico ou ideológico. Passou logo a ilustrar a verdade contando a história dum homem que viajava de Jerusalém para Jericó e que foi assaltado, espancado, roubado e deixado meio morto na estrada. Passaram junto dele um sacerdote e um levita (devendo estes dois por força de suas profissões ter socorrido o assaltado), mas não o socorreram. Depois passou um samaritano (de raça desprezada pelos judeus e que, por isso, podia bem escusar-se de atender ao assaltado) que prontamente o socorreu, cuidando de seus ferimentos, levando-o à estalagem mais próxima e deixando dinheiro para se tratar e cuidar bem do estranho que encontrara semimorto na estrada. Jeitosamente o Salvador perguntou, então: "Qual destes três... mostrou ter sido o próximo daquele que caiu nas mãos dos salteadores?" (Lucas 10,36). O doutor da lei só podia dizer que foi o homem que o ajudara. Era esse, pois, um argumento irrefutável contra a falta de misericórdia do doutor da lei (Price, 1980).

Exemplo extraordinário de um ensino completo – do início ao fim, dada por meio de histórias – encontra-se no capítulo 15 do Evangelho segundo Lucas. Quando os fariseus e os escribas lamentaram o fato de Jesus viver na companhia de **publicanos** (coletores de impostos) e pecadores, o Mestre respondeu a tais críticas não com argumentos ou censura, e, sim, com três histórias – "A dracma perdida", "A ovelha perdida" e "O filho perdido". Todos (dracma, ovelha e filho) eram de algum valor, mas perdidos, davam, assim, ocasião a uma grande tristeza. No mesmo caso estavam aqueles publicanos e pecadores, que tinham valor, embora perdidos, e que ainda assim mereciam atenção e interesse por parte dos escribas e dos fariseus. Afinal, um dia todos foram diligentemente procurados e encontrados; e tornaram-se objeto de grande regozijo. Igualmente aqueles párias e desviados deviam ser buscados, recebidos e reintegrados com grande regozijo, em vez de serem desprezados, como de fato o eram por aqueles mestres da religião no tempo de Jesus (Price, 1980).

Que quadro lindo e inspirador o Mestre nos proporciona, dando-nos uma lição, como exemplo do regozijo pelo pecador que se arrepende, em contraste com a atitude desdenhosa daqueles supostos chefes de religião! Já não se fazia necessário mais nenhum argumento ou explicação. Simplesmente com a arte do Mestre por excelência, bastou colocar-Se diante daqueles desalmados críticos com sua atitude pecaminosa, o espelho da verdade divina (Price, 1980).

2.3 O grande tema do ensino de Jesus

Sendo Jesus o maior de todos os mestres, poderíamos perguntar: Qual era o assunto ou tema do seu ensino? Alguém poderia dizer a **salvação dos pecadores**.

Por certo, o Senhor Jesus não se esqueceu desse problema nem o deixou fora de sua cogitação. Entretanto, na realidade, o seu grande tema foi o **Reino de Deus**. Os Evangelhos conhecidos como *sinóticos* (Mateus, Marcos e Lucas), se ocupam constantemente com as **novas do Reino**, como também o apóstolo João em seus escritos.

O Senhor Jesus deu início ao seu ministério com a pregação da chegada do Reino dizendo: "Desde então começou Jesus a pregar, e a dizer: arrependei-vos, porque é chegado o reino dos céus... E percorria Jesus toda a Galileia, ensinando nas suas sinagogas e pregando o evangelho do reino, e curando todas as enfermidades e moléstias entre o povo" (Mateus 4,17,23).

Jesus não só pregou e ensinou, como também curou. Nenhuma enfermidade lhe foi demasiadamente difícil de curar, nenhuma aflição foi tão complicada que não pudesse aliviar.

Os milagres de cura que Cristo realizou tinham um significado tríplice:

1. confirmavam sua mensagem (João 14,11);
2. revelavam que de fato Ele era o messias das profecias (Isaías 35,5; 53,4; 61,1; Mateus 11,2-6);
3. comprovaram que, em certo sentido, o Reino já havia chegado, porque, como recomendou, o conceito de Reino inclui bênçãos tanto para o corpo como para a alma.

Muitas bênçãos estavam reservadas para todos aqueles que confessassem e abandonassem seus pecados e começassem a viver para a glória de Deus. Por outro lado, a condenação estava prestes a cair sobre os impenitentes. Como soberano Senhor, Deus estava prestes a manifestar-se de forma mais ativa, tanto para a **salvação** como para a **condenação**.

No chamado "Sermão da Montanha", o tema que permeia todo o discurso é o *Reino de Deus*. O sermão começa deste modo: "Bem-aventurados os pobres de espírito, porque deles é o reino dos céus" (Mateus 5,3). Ao longo de todo o discurso, esse Reino é mencionado repetidas vezes (Mateus 5,10; 5,19-20; 6,10-33;7,21).

O sermão tem suas divisões bem definidas. Primeiro, Jesus fala dos cidadãos do Reino (Mateus 5,12-16), descrevendo seu caráter – bem aventuranças (Mateus 3-12) e sua relação com o mundo (Mateus 13-16). Eles são o sal da Terra e a luz do mundo. Segundo, o Senhor apresenta a justiça do Reino, o alto padrão de vida exigido pelo Rei (Mateus 5,17-48; 6,1-34; 7,1-12). Terceiro, Jesus conclui seu sermão com uma ardente exortação para que se entre no Reino (Mateus 7,13-27). Ele descreve o início do caminho (Mateus 7,13-14) o avanço do caminho (Mateus 7,15-20) e aponta para o fim do caminho (Mateus 7,21-23).

Quando Jesus mais tarde começou seu notável método de ensino por parábolas, o seu exórdio era geralmente este: "o Reino dos céus é semelhante" (Mateus 13) ou "a que assemelharei o reino de Deus?" (Lucas 13,18).

Quando enviou os doze apóstolos, a ordem que lhes deu foi esta: "E, indo, pregai, dizendo: É chegado o reino dos céus" (Mateus 10,7). Quando enviou outros setenta, impôs-lhes a mesma norma: "E depois disto designou o Senhor ainda outros setenta, e mandou-os adiante da sua face, de dois em dois, a todas as cidades e lugares aonde ele havia de ir... E curai os enfermos que nela houver, e dizei-lhes: É chegado a vós o reino de Deus" (Lucas 10,1-9).

Há muitas outras passagens em sustentação do que se tem dito, como, as seguintes: "Mas, se eu expulso os demônios pelo Espírito de Deus, logo é chegado a vós o reino de Deus" (Mateus 12,28); "Jesus, porém, vendo isto, indignou-se, e disse-lhes: Deixai vir os meninos a mim, e não os impeçais; porque dos tais é o reino de Deus" (Marcos 10,14); "E disse: Em verdade vos digo que, se não vos converterdes e não vos fizerdes como meninos, de modo algum entrareis no reino dos céus" (Mateus 18,3); "Qual dos dois fez a vontade do pai? Disseram-lhe eles: o primeiro. Disse-lhes Jesus: Em verdade vos digo que os publicanos e as meretrizes entram adiante de vós no reino de Deus" (Mateus 21,31).

Observamos, agora, em referência a esse vasto assunto, que os pecadores e os mais fracos, como as crianças, de fato, muito adequavam aos ouvintes de Jesus. Por ser exatamente nisso que eles estavam pensando e em que estavam mais interessados, logo prendia a atenção de todos.

Os judeus esperavam "o bom tempo" que iria raiar, e o seu nome era o "reino de Deus". Uma idade áurea, uma era feliz. Era esta a esperança acalentadada por muitos descendentes de Abraão. Tal esperança, enraizada no coração do povo, tinha sido acendida, pouco antes de o Senhor Jesus começar o seu ensino, pelo aparecimento súbito e pela vigorosa pregação de João Batista, que anunciava as multidões que o buscavam: "o Reino dos céus está próximo".

Chegamos, agora, ao ponto de poder apresentar uma definição do Reino de Deus, pois o Senhor Jesus não o declara explicitamente, e é difícil resumir todos os aspectos a que Ele se refere. Às vezes, Ele fala do Reino como consistindo de pessoas, como nas palavras: "Deixai vir os meninos a mim, e não os impeçais; porque dos tais é o reino de Deus" (Marcos 10,14). Noutras ocasiões, fala dele como de uma coisa – o supremo bem – da vida humana, como neste texto: "Mas, buscai primeiro o reino de Deus, e a sua justiça, e todas estas coisas vos serão acrescentadas" (Mateus 6,33). Doutra feita, fala dele como de uma esfera ou reino, dentro ou fora da qual os homens podem estar: "Então Jesus, olhando em redor, disse aos seus discípulos: Quão dificilmente entrarão no reino de Deus os que têm riquezas!" (Marcos 10,23).

Não obstante a dificuldade, necessário é que procuremos responder à pergunta: O que vem a ser o Reino de Deus, do qual falam os Evangelhos? Digamos, pois, que é:

a) o nome que Jesus deu àquele "bom tempo" que surgirá entre os homens – uma idade áurea – ao qual Ele veio dar início, que será continuado pelo Espírito Santo e virá ainda em glória perfeita, no futuro;
b) um modo de vida superior à vida natural, em que os homens poderão nascer de novo (João 3,3) e em que o Espírito Santo opera, dando vida eterna;
c) uma nova sociedade ou comunidade que o Senhor Jesus veio formar, constituída de homens redimidos do pecado, tendo comunhão com Deus como filhos, em que Ele é para com todos e todos são para Ele, e uns para com os outros, perfeitos em todas as suas obras.

Refletindo sobre esse grande assunto da pregação de Jesus, chegamos à conclusão de que ele é maravilhosamente elevado, nobre e inspirador. É assim porque trata das maiores esperanças para o futuro dos homens, ocupa-se com a regeneração (Mateus 19,28), uma nova criação da humanidade, da sociedade e, afinal, de todas as coisas.

2.4 A base do ensino de Jesus

Depois de examinarmos o tema, passaremos a considerar a verdade essencial contida no ensino de Jesus e sobre a qual esse ensino se baseia.

O ensino de Jesus versa sobre uma grande variedade de assuntos. Mas, indubitavelmente, verificamos, nas Escrituras, que a ideia principal do seu ensino é a sua doutrina acerca de Deus. Uma breve reflexão será suficiente para vermos que as respostas às grandes questões a respeito de nós mesmos e do nosso destino dependem, em última análise, do conceito que temos em relação a Deus. De onde viemos? Por que estamos aqui? Para onde vamos? As respostas a essas indagações terão como ponto de partida a doutrina que formulamos acerca de Deus.

Assim, o homem vive de acordo com sua crença sobre Deus. Alguns vivem como se Ele não existisse, outros, como se não fosse possível conhecê-lo, e ainda há aqueles que vivem em comunhão pessoal com Ele. Mas qualquer que seja a fé, esta será sempre a raiz de onde brotará a nossa crença em todos os grandes fatos que nos dizem respeito.

Examinando a doutrina de Jesus a respeito de Deus, encontramos uma palavra que expressa de tal modo o seu sentido que ela se torna imediatamente reconhecível e facilmente distinguida de todas as outras religiões: *Pai*. No ensino de Jesus, essa palavra foi pronunciada, pela primeira vez, junto ao poço de Samaria, quando Ele diz: "Mas a hora vem, e agora é, em que os verdadeiros adoradores adorarão o Pai em espírito e em verdade; porque o Pai procura a tais que assim o adorem. Deus é Espírito, e importa que os que o adoram o adorem em espírito e em verdade" (João 4,23-24).

Essa doutrina é distintiva de Jesus e peculiarmente deste. Confúcio, na China, e Buda, na Índia, muito antes de Jesus, ensinaram, de fato, algumas excelentes regras de conduta e vida, mas não ensinaram nenhuma doutrina sobre Deus. Ambos parecem ter pensado que qualquer conhecimento a respeito de Deus estava fora do alcance do homem. Pode-se admitir que o antigo povo do Indostão, de crença védica, olhava para o céu, de onde esperava receber as mais ricas bênçãos, e adorava o "pai celestial", mas jamais se aproximou do ensino de Jesus sobre Deus como um Pai pessoal. Esses povos antigos falavam somente no sentido em que nós também falamos, poeticamente, da "mãe terra". Entre os gregos, igualmente encontramos nos mitos de Platão os títulos *pai* e *construtor do universo*, mas a doutrina sobre Deus é vaga, colocando-o muito distante dos homens.

Aos judeus foi dada a graça do conhecimento de Deus. Os povos antigos tinham muitos deuses, porém o povo hebreu tinha um único Deus, criador dos céus e da terra. Esse povo tem o conceito de Deus como um rei que exerce um governo sobre todos os povos.

Encontramos expressões como estas no antigo Testamento: "Assim diz o Senhor: Israel é meu filho, meu primogênito" (Êxodo 4,22). "Quando Israel era menino, eu o amei; e do Egito chamei a meu filho" (Oseias 11,1). "Também o farei meu primogênito mais elevado do que os reis da terra" (Salmo 89,27). Mas a sublimada fé, num Deus Pai dos homens, individualmente, ou de todos os homens, nunca foi atingida em todo o Antigo Testamento.

A prova suficiente dessa imensa diferença entre os ensinamentos de Jesus e o mais alto nível de devoção no Antigo Testamento é o simples fato de que, só no Evangelho de Mateus, Jesus fala de Deus como Pai mais de quarenta vezes, enquanto no livro de Salmos, mesmo sendo um devocionário tão íntimo e pessoal, Deus nem uma única vez foi assim chamado.

O débito que temos para com Jesus pela doutrina de Deus é imenso, sendo justo que nos detenhamos um pouco em sua apreciação, para formarmos dela uma ideia exata. Não somente os judeus e os homens daquela geração são devedores a Jesus, pelo que ensinou sobre Deus, mas todas as gerações, desde aquelas até as nossas. Devemos duas coisas a Ele, ambas de grande preço: a primeira é a forte certeza de que Deus existe, e a segunda, a certeza de que Ele é nosso Pai.

Muitos povos, em todos os tempos e lugares, têm tido vagas e incertas ideias a respeito de Deus. Mesmo os homens eruditos, os mais instruídos e sábios, têm tido grandes dúvidas sobre a existência, equívocos sobre o caráter e difundido lamentáveis erros e estranhas doutrinas acerca de Deus.

Em que se fundamenta, pois, **a certeza que temos de Deus e do seu caráter**? A resposta só pode ser esta: **em Jesus e em seu ensino**. Atualmente, assim como no passado, ainda são válidas as palavras do apóstolo João, que disse: "Deus nunca foi visto por alguém. O Filho unigênito, que está no seio do Pai, esse o revelou" (João 1,18).

Por essa revelação podemos dizer que é extraordinário o ensino do senhor Jesus. Porque somente Ele possuía em seu íntimo o perfeito conhecimento de Deus e, sobretudo, o conhecimento único de Deus como Pai. Portanto, em Jesus estava a autoridade não só de comunicar, mas também de conferir esse **dom** aos homens.

O conhecimento de Deus como Pai foi essencial no ensino de Jesus, e que nobre superestrutura de verdade ele suporta. Os Salmos expressam a fé e a devoção do Antigo Testamento e, neles, *rei* é o título característico de Deus: "Meu Rei e Deus meu" (Salmo 5,2); "o Rei da glória" (Salmo 24,10); "o Senhor se assenta como Rei para sempre" (Salmo 29,10). Por ser Deus considerado rei, a mais alta condição prestada ao homem é a de servo de Deus.

Essa doutrina da paternidade de Deus é especialmente o fundamento de todo o ensino de Jesus sobre a graça e a redenção dos pecados. Se Deus é rei, concluímos que Ele nos julgará. Se é um rei justo, concluímos que Ele nos julgará e recompensará com justiça. Mas, se é pai, então sabemos que procurará o seu filho perdido até achá-lo e que, quando o filho vier ao seu encontro, clamando "Pai, pequei contra ti...", será por Ele recebido o filho carinhosamente, conforme a linda mensagem da "Parábola do filho pródigo", sobre a qual se tem dito, com razão, que tem exercido mais influência sobre a humanidade do que todas as filosofias.

2.5 O objetivo do ensino de Jesus

Jesus nunca ensinava unicamente pelo prazer de ensinar. Ele sempre tinha elevados propósitos a atingir. Sabia muito bem o que queria e posicionava-se nesse sentido. Sabia para onde ia e de maneira firme se direcionava para a consecução do seu objetivo sem olhar para oposições.

Ele se apresentou como um dilema perante seus compatriotas. Depois de haver se manifestado a eles durante um período razoável, dirigiu esta decisiva pergunta aos seus discípulos: "Quem dizem os homens ser o Filho do Homem?" (Mateus 16,13). Outra vez, disse: "E vós, quem dizeis que eu sou?" (Mateus 16,15). Ainda hoje essa pergunta ressoa aos nossos ouvidos.

O que ensina Jesus a respeito de si mesmo? Qual era o seu conceito íntimo a respeito de sua própria pessoa? No início de seu ministério havia muita restrição no que diz respeito ao seu ensino sobre si mesmo. Por muito tempo, Ele ocultou o pleno anúncio de que era o messias, porque esse título estava tão deturpado e materializado pelos judeus que eles o teriam tomado em sentido absolutamente diferente. Tivesse Ele dito aos judeus com a mesma clareza com que disse à mulher samaritana: "Eu o sou, eu que falo contigo" (João 4,26), as suas palavras seriam tomadas como significando um rei terreno, tal como eles esperavam.

Ele era o messias há tempos predito e esperado; aceitava o título em caráter privado (Mateus 16,16-17), e também publicamente para o fim de sua carreira (Mateus 26,63-64), mas não o usou frequentemente ou desde o início.

Jesus utilizava dois títulos messiânicos: um, com certa liberdade, tanto na Judeia como na Galileia: *Filho do Homem*; o outro, principalmente nos debates com os religiosos judeus: *Filho de Deus*. O título *Filho do Homem* encerra duas verdades principais: 1) a realidade da natureza humana de Jesus (o Filho do Homem); 2) a singularidade da verdade (Filho do Homem). A expressão "Filho do Homem" é um hebraísmo que expressa a posse da verdadeira natureza humana, com suas fraquezas e limitações.

Tomando o título *Filho do Homem*, Jesus demonstrava sua comunhão de sentimentos com os homens, sua participação nas afeições e interesses humanos, sua verdadeira experiência da vida humana, sua contingência à tentação e sua exposição, como os outros homens, aos riscos da fome, da sede, do sofrimento e da morte. Mas, além de tudo isso, chamando-se de *Filho do Homem*, Jesus se descreve como o homem ideal, no qual a "plenitude da raça é tornada visível". Jesus é o líder e representante não só de judeus, mas de todas as nações, no qual ambos os sexos, todas as classes, letrados e iletrados, homens de pensamentos e homens de ação encontram exemplo e simpatia. E desde que a raça humana é resumida e representada nele, Ele é, na linguagem do apóstolo Paulo, "o segundo Adão" (Romanos 5).

Outro título que Jesus utilizava para designar-se a si mesmo era *Filho de Deus*. Percebemos que aqui também se destacam dois elementos: 1) a realidade de sua filiação; 2) a singularidade de sua filiação.

Nos discursos ou nos debates em que Jesus se empenha com os judeus de Jerusalém, o que Ele mais frequentemente acentua é a realidade de sua filiação divina e o caráter íntimo dessa filiação. Jesus se apresenta como um verdadeiro Filho atento ao exemplo e às palavras do Pai, ao passo que o Pai, por sua vez, no seu extremado amor para com o Filho, não tem restrições para com Este, nem o priva de seu poder, como está escrito: "o Pai ama o Filho, e mostra-lhe tudo o que faz; e ele lhe mostrará maiores obras do que estas, para que vos maravilheis" (João 5,20).

Qual seria a intenção de Jesus com essa absoluta franqueza para com homens tão hostis? Seu propósito não poderia ser outro senão o de imprimir nestes as suas próprias convicções, a fim de que pudessem ser salvos. Seria o de provar que Ele era o Filho de Deus, mediante a mais direta e convincente de todas as provas, isto é, mostrando a eles o seu intercurso filial com Deus, constante e atual, com a bela e perfeita naturalidade que exclui toda a hipocrisia. A filiação de Jesus é real, e também única, exclusiva e singular.

2.6 O material de ensino utilizado por Jesus[4]

Conforme aponta Price (1980), Jesus fazia uso de diversos materiais de ensino, sendo essa utilização uma das mais interessantes formas do aprendizado. Tais materiais variam quanto a **fontes**, **qualidades** e **usos**. Jesus nunca se tornou dependente de nenhum desses materiais para seu ensino. Ao contrário, à medida que passavam pela experimentação do seu intelecto, Ele lhes adicionava o Seu pensamento criador, reformava-os e passava-os adiante.

2.6.1 As fontes do ensino de Jesus

O Mestre retirava o seu ensino de diversas fontes gerais, as quais podemos ainda separar em outras tantas divisões. Aqui faremos referências breves e de caráter geral, para não estendermos demasiadamente o texto.

4 As informações desta seção foram retiradas de Price (1980).

As Escrituras Sagradas

De acordo com Price (1980),

> *Não há qualquer dúvida de que o Senhor Jesus usou livremente as Escrituras do antigo Testamento. Ele fez uso do Antigo Testamento citando-o trinta e oito vezes diretamente, quatro vezes aludiu a acontecimentos nele registrados e cinquenta vezes empregou linguagem paralela a certas palavras do Antigo Testamento. Ele se referiu a vinte e um livros do Antigo Testamento. Fez maior uso dos Salmos e do livro de Deuteronômio. Os pensamentos do Mestre mostravam-se impregnados das ideias do antigo Testamento e eram expressos na linguagem do mesmo.*
>
> *Às vezes fazia citações diretas, como esta: "Não só de pão viverá o homem, mas de toda palavra que sai da boca de Deus" (Mateus 4,4; Deuteronômio 8,3). Há muitas outras, muitas delas referem-se de maneira definitiva a Jesus e a suas atividades, e, por isso, são duplamente positivas. Trazem o peso do Mestre e também o do Antigo Testamento.*
>
> *Em certos casos Jesus fez afirmativas praticamente idênticas às das Escrituras do Antigo Testamento, sem indicar que eram citações. Em (Mateus 5,5) encontramos isto: "Bem-aventurados os mansos, porque herdarão a terra", e, no Salmo 37,11, lemos: "os mansos herdarão a terra". Encontramos cerca de quarenta passagens, assim paralelas, no Antigo Testamento e no Novo Testamento. Evidentemente Jesus as assimilou e depois nos revelou a substância delas.*
>
> *Noutros casos, o Mestre fez alusão às Escrituras, sem as citar de modo claro ou definido. Há um número considerável desses casos, como Sua afirmativa de que no dia do Juízo haverá mais tolerância para Sodoma e Gomorra do que para os homens de seus dias (Mateus 10,15). Outro é a breve menção ao exemplo da mulher de Ló que olhou para trás (Lucas 17,32), a isso se referindo, como um aviso a seus seguidores para que não façam o mesmo. Tais referências valem por citações definidas e exatas.*

> *Os professores de nossos dias ganharão bastante em seguir, neste particular, o exemplo de Jesus, e devem assim familiarizar-se com a história, com o ensino, e até mesmo com as palavras da Bíblia, e usar constantemente esse material. A Bíblia é a Palavra de Deus; o povo crê nela e gosta de ouvi-la; e não há outro material de maior peso e valor. Urge que o professor da Escola Bíblica Dominical conheça bem toda a Bíblia e saiba usá-la para o bem de seus alunos. Um dos pontos fracos de nosso professorado eclesiástico é justamente este: o de ensinar apenas certos trechos da Bíblia, em vez de ensinar a Bíblia toda.*

Como vimos, Jesus fazia uso corrente de citações a livros sagrados antigos, que vieram a fazer parte da Bíblia. Porém, ele difundia também outros conhecimentos, também profundos e ligados a grupos de sua época e movimentos que se davam em seu país naquele momento. Comentaremos alguns nos tópicos que seguem.

O mundo natural

De acordo com Price (1980), outra particularidade do Senhor era sua atenção às forças da natureza, usando isso como material de ensino, de modo que fazia constantes referências a elas. Eram-lhe familiares todos os aspectos da natureza. Por várias vezes em seu ensino, fez uso desse conhecimento que lhe estava sempre à mão; sua fala comum e habitual era de vivo colorido, pintalgada e saturada dessa beleza da terra que nos rodeia e que se revela no firmamento por sobre nós. Jesus viveu junto à natureza e absorveu muito dela, trazendo-a sempre em seus exemplos dos últimos anos.

Nos elevados céus, observou os ventos "soprando onde querem", o sol brilhando sobre "bons e maus", as chuvas descendo para "justos e injustos", e a tempestade "combatendo casas". No reino vegetal, descreveu a relação vital da "videira e suas varas", o horror da "figueira sem frutos", o crescimento da "semente desde a erva até o grão graúdo na espiga", a presença do "joio no meio do trigo". No mundo dos pássaros, acompanhou com olhos arguciosos tanto a inofensiva pomba como o corvo em busca de alimento, tanto o pardal que cai ao chão como a águia em seus círculos, espreitando sua presa. Na vida dos animais, observou a mortífera serpente, o boi na vala, a raposa espreitando a caça, o cão lambendo feridas. Jesus estava atento a todos esses detalhes da natureza, e as usava com o propósito de ilustrar e colorir seus ensinamentos (Price, 1980).

Entraram particularmente em suas parábolas: quatro delas que nos falam de animais – bodes, ovelhas, cães e águias; sete que nos falam de plantas, inclusive o fermento, o joio, a figueira, a semente de mostarda; e dezesseis que nos falam de coisas como a luz, o solo, redes e tesouro escondido. Muitas outras referências e ilustrações provêm dessas fontes e animaram muito suas lições. Qualquer ensino se torna mais eficiente por meio de ilustrações extraídas da natureza que nos rodeia, particularmente se estas forem familiares aos ouvintes e sabiamente escolhidas. É difícil pensar o que Jesus teria feito sem esse material, ou o que conseguiremos sem ele, especialmente quando queremos ensinar crianças e outras pessoas que vivem em contato direto com a naturez (Price, 1980).

Afazeres comuns e correntes

O Mestre dos Mestres estava igualmente sempre de olhos abertos para as situações que surgiam na vida daqueles com quem convivia. Ele conhecia bem as "medidas do alqueire", das "talhas de água", dos "odres de vinho"; o lidar com "lâmpadas de óleo", o "remendar vestidos", a "lida nos moinhos de trigo"; conhecia o "valor de uma dracma para uma viúva", os atritos de irmãos, os brinquedos e passatempos das crianças. Embora Jesus não fizesse citações diretas da história secular, da filosofia ou dos poetas do tempo, usou consideravelmente os acontecimentos correntes. Noutras palavras, Jesus nunca deixou passar uma oportunidade sem que a usasse para ensinar algo a seus ouvintes. Ele encontrou, nos fatos comuns da vida de cada dia, inspiração para os temas mais profundos e inspiradores que já empolgaram o coração humano (Price, 1980).

Ele tirou lições da galinha a defender debaixo de suas asas os seus pintainhos, da mulher preparando a massa de pão, do lavrador a semear, do viticultor a podar suas videiras, do pescador a tirar peixes da água, do construtor a edificar, do alfaiate a remendar roupas velhas, do rei preparando-se para ir à guerra. Parece que nada escapava a seus olhos inteligentes e vigilantes. E dessas experiências tirava ensinamentos e avisos para seus ouvintes. Falou sempre com autoridade – a autoridade da experiência própria e real e não como os escribas, que se estribavam em livros e regulamentos (Price, 1980).

Poderíamos dar muitos outros exemplos que provam como Cristo se aproveitava de ocasiões e acontecimentos do dia para ensinar aos homens. Quando entrou no Templo e o encontrou maculado pelos mercadores, não só ensinou uma lição expulsando-os de lá, como aproveitou o incidente para salientar a natureza sagrada da Casa de Deus. Quando os fariseus lamentaram que seus discípulos houvessem violado o sábado, colhendo espigas para comer, ao passarem por uma roça, Jesus aproveitou a oportunidade para enfatizar ainda mais o propósito do sábado. Quando os escribas e os fariseus o criticaram por comer com publicanos e pecadores, contou as histórias da ansiosa busca da moeda, da ovelha e do filho perdidos, para ajudá-los a compreender qual a atitude própria para com os necessitados (Price, 1980).

Não poucas vezes Jesus saía do seu círculo próprio usando os acontecimentos do dia e revelando, assim, familiaridade com os afazeres temporais dos homens. Frisando a necessidade de arrependimento, falou dos galileus cujo sangue Pilatos misturara com o dos sacrifícios que eles ofereciam e da queda da torre de Siloé, que matou dezoito pessoas. Em cada caso, Jesus asseverou que em nada eram aquelas pessoas piores que os habitantes de Jerusalém e que, caso eles não mudassem seu modo de ver e agir, pereceriam igualmente (Lucas 13,1-5). Evidentemente Jesus acompanhara e notara os feitos de Herodes, e o fizera tão bem que podia chamá-lo de "*raposa*". Empregar as experiências do dia, contribuiu imensamente para fazer do ensino de Jesus um método mais interessante e eficaz, o qual tinha como tema a própria vida (Price, 1980).

O pedagogo inteligente busca encontrar inúmeras fontes para enriquecer e abrilhantar seu ensino. Quanto mais conhecer os afazeres, profissões e atividades de seus dias, melhor lhe será. De grande valor lhe serão livros contando biografias ligeiras, boa ficção e história. Se puder obter ilustrações nessas fontes, estará o professor preparado para tornar a verdade mais clara, mais convincente e mais atraente (Price, 1980).

Figuras de linguagem

Para tornar a verdade mais impressionante, o Senhor Jesus empregou constantemente inúmeras figuras de linguagem. O mestre comum talvez não esteja preparado para usar muitas delas, mas, podendo fazê-lo, certamente tornará mais eficaz o seu ensino, pois que as figuras de linguagem são como "maçãs de ouro em salvas de prata" (Provérbios 25,11). Elas sempre impressionam favoravelmente (Price, 1980).

Por isso as **parábolas** são as principais figuras de linguagem empregadas por Jesus. Não obstante, o Mestre usou bom número de outras figuras, como **comparações** *e* **analogias**. Disse ele: "Quantas vezes quis eu ajuntar teus filhos, como uma galinha ajunta os seus pintos debaixo das suas asas, e não o quiseste!" (Mateus 23,37). A **alegoria** ou **comparação sistemática** é em parte usada quando ele diz: "Eu sou a videira, vós sois as varas" (João 15,5-10). A beatitude ou bem-aventurança, **espécie de exclamação**, é empregada quando diz: "Bem-aventurados os limpos de coração, porque eles verão a Deus" (Mateus 5,8). Empregou também a **hipérbole**, quando falou no camelo a passar pelo fundo duma agulha (Mateus 19,24) (Price, 1980).

Também lançou mão de **contrastes** ao dizer: "Não ajunteis tesouros na terra, mas no céu" (Mateus 6,19-20). Também usou de modo eficiente o **paradoxo** ou a **contradição aparente**: "Quem quiser salvar a sua vida, perdê-la-á" (Mateus 16,25). O domínio e o uso das várias figuras de linguagem serão valioso auxílio para qualquer professor (Price, 1980).

2.7 A atualidade dos métodos de Jesus

Não resta a menor dúvida de que Jesus Cristo foi o maior pedagogo de todos os tempos. Como vimos, Ele fez uso de todas as técnicas de ensino conhecidas atualmente. Ele não deixou nenhum livro escrito, não lecionou em nenhuma universidade; entretanto, foi o maior de todos os mestres. Ele revolucionou o mundo com seus ensinamentos; Ele insculpiu no coração de homens e mulheres as lições mais importantes da vida, transformando essas pessoas, outrora rudes, em luminares da história da humanidade.

A vida ganhou um novo sentido e um novo colorido na medida em que Jesus Cristo ensinava as pessoas. Foi chamado de *Mestre*, o título com que frequentemente as pessoas se referiam a Ele. Seus discípulos o chamaram de *Mestre*, até mesmo os inquiridores, a exemplo de Zaqueu, o jovem rico, entre muitos outros. Ele era o Mestre Supremo!

Como Mestre, Jesus nos deixou algumas lições:

- **Ele é o mestre por excelência pela pedagogia de seu ensino.** Ele tinha uma capacidade sobrenatural de extrair das coisas simples e pequenas lições tão ricas. Como mestre, Ele usa todos os recursos da pedagogia: **perguntas, preleções, histórias, conversas, parábolas, discussões, dramatizações, lições objetivas, planejamentos** e **demonstrações**. Ele ensinou a grupos, a multidões, a uma só pessoa; Ele não perdia o entusiasmo. Ensinou numa casa, num barco, na sinagoga, no deserto, numa praia, dentro de um templo. Ele não tinha um local definido para ensinar; onde houvesse uma pessoa disposta a aprender, lá estava Ele ensinando.

Para cada pessoa Ele tinha um método diferente. Quando falava com um doutor em teologia, ia direto ao assunto: "necessário é nascer de novo"; quando estava falando com uma mulher rejeitada pela sociedade, pedia um favor a ela e iniciava uma conversa: "Dá-me de beber"; quando foi falar com um homem caído, prostrado em uma maca há trinta e oito anos, a pergunta que fez a ele é: "Você quer ser curado?". Temos de verdadeiramente aprender com Jesus, porque, para ensinar, não exigiu lugares sofisticados, recursos pedagógicos modernos, bastava um barco e a multidão afluía, ou às vezes numa montanha; em todo lugar e em qualquer circunstância, esse mestre por excelência estava pronto a ensinar.

- **Ele é o mestre por excelência pela natureza de seu ensino.** Ele não se prendeu a coisas fúteis, não foi um mestre de trivialidades. Jesus ensinava coisas excelentes, que transcendem. Tratava da alma, da vida, de modo que sua qualidade de vida era transformada no tempo e na eternidade. Ele não estava preocupado apenas em transmitir informações, mas em transformar vidas, pois tinha um profundo interesse pela vida humana, a ponto de oferecer Sua vida por nós.
- **Ele é o mestre por excelência pelo exemplo de vida que confirmava o seu ensino.** Há pessoas que conseguem captar muita informação, têm em seu cérebro uma imensa gama de dados. São capazes de despejar diante de uma classe todo o seu conhecimento. O conhecimento é belo, é maravilhoso, mas se não for exemplificado pela vida torna-se inócuo. O verdadeiro mestre confirma o que fala com sua própria vida. Há dois tipos de autoridade: a imposta e a adquirida. A autoridade adquirida é aquela que se conquista pelo exemplo,

pelo cárater, pela conduta, pela doçura, pela firmeza, pela nobreza. Por isso, Emerson[5] chegou a dizer que o mais importante não é o que aprendemos, mas com quem aprendemos. Jesus Cristo é o Mestre por excelência porque pode dizer assim: "aprendei de mim porque sou manso, humilde de coração" (Mateus 11,6); quando tinha de ensinar sobre humildade, Ele tinha autoridade para ensinar, porque foi exemplo de humildade.

Diante do exposto, desafiamos você a imitar Jesus. É certo que surgirão alunos difíceis, dos quais até os pais desistiram, que a sociedade discriminou, mas o verdadeiro mestre é aquele que não desiste jamais. Jesus fez de João "filho do trovão" e também seu discípulo amado.

Questionário

1. Quem foi o mestre por excelência?
2. Quais foram os dois elementos, aparentemente opostos, que coexistem na maneira de ensinar de Jesus?
3. Qual era a grande marca espiritual na maneira de ensinar de Jesus?
4. Qual foi o método de ensino mais utilizado por Jesus?
5. O que é uma parábola?

5 "Ralph Waldo Emerson (25 de maio de 1803, Boston, Massachusetts, EUA – 27 de abril de 1882, Concord, Massachusettes) foi um famoso escritor, filósofo e poeta dos Estados Unidos da América" (Pensador, 2014).

6. Há três coisas que podemos alcançar por meio de histórias no ensino. Quais são?
7. Qual foi o tema da pregação de Jesus?
8. O sermão de Jesus tem suas divisões bem definidas. De quem Jesus fala primeiro?
9. Quantas vezes, no Evangelho de Mateus, Jesus fala de Deus como Pai?
10. Que doutrina é especialmente o fundamento de todo o ensino de Jesus sobre a graça e a redenção dos pecados?
11. O que significa o título *Filho do Homem*?
12. Quais eram as fontes gerais das quais o mestre retirava o seu ensino?
13. Qual foi o título que as pessoas frequentemente utilizavam para se referir a Jesus?

Referências

ALMEIDA, D. Di M. de. Subjetividade e discurso da qualidade educacional: contra a difamação docente. **Revista da Educação do Cogeime**, Piracicaba, ano 14, n. 26, p. 95-105, jun. 2005. Disponível em: <http://www.cogeime.org.br/revista/26Artigo6.pdf>. Acesso em: 29 ago. 2014.

ALVES, R. **Conversas com quem gosta de ensinar**. 3. ed. Campinas: Papirus, 2001.

ANDERS, R. **A escola dominical**: organização e administração. 2. ed. Rio de Janeiro: Confederação Evangélica do Brasil, 1949.

ANDERSON, P. M. **Viver e aprender na escola dominical**. Tradução de Marianna Allan Peterson. São Bernardo do Campo: Imprensa Metodista, 1986.

ANDRADE, C. de. **Teologia da educação cristã**. Rio de Janeiro: Cpad, 2002.

ARANHA, M. L. de A.; MARTINS, M. H. P. **Filosofando**: introdução à filosofia. 2. ed. São Paulo: Moderna, 1998.

ARISTÓTELES. **A política**. 5. ed. São Paulo: M. Claret, 2001.

______. ______. 7. ed. São Paulo: Atenas, 1963.

______. **Ética a Nicômaco**. Tradução de Leonel Vallandro e Gerd Bornheim. 4. ed. São Paulo: Nova Cultural, 1991. v. 2.

ASSMANN, H. **Metáforas novas para reencantar a educação**: epistemologia e didática. Piracicaba: Unimep, 2001.

ASSMANN, H.; SUNG, J. M. **Competência e sensibilidade solidária**: educar para a esperança. 3. ed. Petrópolis: Vozes, 2003.

BABIN, P. **Opções para uma educação da fé dos jovens**. Petrópolis: Vozes. 1968.

BAEZ-CAMARGO, G. **Princípios e métodos da educação cristã**. Rio de Janeiro: Confederação Evangélica do Brasil, 1945.

BARNES, J. **Aristóteles**. São Paulo: Loyola, 2001.

BAUMAN, Z. **O mal-estar da pós-modernidade**. Tradução de Mauro Gama e Cláudia Martinelli Gama. Rio de Janeiro: J. Zahar, 1998.

BECKER, D. **O que é adolescência**. 10. ed. São Paulo: Brasiliense, 1993. (Coleção Primeiros Passos).

BÍBLIA. Português. **Bíblia de Jerusalém**. 4. ed. rev. e atual. São Paulo: Paulus, 2002.

BLOS, P. **Adolescência**: uma interpretação psicanalítica. São Paulo: M. Fontes, 1985.

BONHOEFFER, D. **Vida en Comunidad**. Buenos Aires: Metho Press, 1966.

BORAN, J. **Juventude**: o grande desafio. São Paulo: Paulinas, 1982.

BRANDÃO, C. R. **O que é educação**. 27 ed. São Paulo: Brasiliense, 1992. (Coleção Primeiros Passos).

BUCKLAND, A. R. **Dicionário bíblico universal**. São Paulo: Vida, 1994.

BUENO, F. da S. **Dicionário escolar da língua portuguesa**. 11. ed. Rio de Janeiro: FAE, 1994.

CAJADO, O. M. **Dinâmica da adolescência**. São Paulo: Cultrix, 1968.

CANTO-SPERBER, M. (Org.). **Dicionário de ética e filosofia moral**. São Leopoldo, Unisinos, 2003. v. 1.

CARNEIRO, M. A. **Educação comunitária**: faces e formas. Petrópolis: Vozes, 1987.

CASSIRER, E. **Ensaio sobre o homem**: introdução a uma filosofia da cultura humana. São Paulo: M. Fontes, 1994.

CASTRO, C. P. de.; CUNHA, M. do N. **Forjando uma nova Igreja**: dons e ministérios em debate. São Bernardo do Campo: Editeo, 2001.

CEDRO EM REVISTA, São Paulo: **Cedro**, ano 1, n. 1, 2005.

CHAMPLIN, R. N. **O Novo Testamento interpretado versículo por versículo**. São Paulo: Milenium, 1987. v. 9.

CHAPMAN, G. **As cinco linguagens do amor dos adolescentes**. Tradução de Jarbas Aragão. São Paulo: Mundo Cristão, 2001.

CLINEBELL, Howard J. **Aconselhamento pastoral**: modelo centrado em libertação e crescimento. São Paulo: Paulinas; São Leopoldo: Sinodal, 1987.

COENEN, L.; BROWN, C. **Dicionário internacional de teologia do Novo Testamento**. 2. ed. São Paulo: Vida Nova, 2000.

CONCEITO.DE. **Conceito de ontologia**. Disponível em: < http://conceito.de/ontologia>. Acesso em: 8 dez. 2014.

DORNAS, L. **Socorro**: sou professor de escola dominical. 2. ed. São Paulo: Hagnos, 2002.

______. **Vencendo os inimigos da escola dominical**. 5. ed. São Paulo: Hagnos, 2002.

DURKHEIM, É. **Educação e sociologia**. São Paulo: Melhoramentos, 1978.

FERREIRA, P. **Sociologia**. São Paulo: Companhia Editora Nacional, 1960.

FREIRE, P. **Educação como prática da liberdade**. 2. ed., Rio de Janeiro: Paz e Terra, 1969.

______. **Educação e mudança**. 13. ed. Rio de Janeiro: Paz e Terra, 1982.

______. **Pedagogia do oprimido**. 12. ed. Rio de Janeiro: Paz e Terra, 1983.

FREUD, S. **Cinco lições de psicanálise**. São Paulo: Abril Cultural, 1978.

FRIES, H. (Org.). Dicionário de teologia: conceitos fundamentais da teologia atual. São Paulo: Loyola, 1970. v. 2.

FROMM, E. Análise do homem. São Paulo: Círculo do Livro, [S.d.].

GADOTTI, M. A educação contra a educação: o esquecimento da educação e a educação permanente. 2. ed. Rio de Janeiro: Paz e Terra. 1982.

GADOTTI, M. História das ideias pedagógicas. São Paulo: Ática, 2004.

GARCIA, R. M. Educação cristã, escola dominical e revista Cruz de Malta: um tríplice desafio à fé integral. 143 F. Dissertação (Mestrado) – Universidade Metodista de São Paulo, São Bernardo do Campo, 2005.

GERSILD, A. T. Psicologia da adolescência. 5. ed. São Paulo: Companhia Editora Nacional,1973.

GHIRALDELLI JUNIOR, P. Didáticas e teorias educacionais. Rio de Janeiro: DP&A, 2002.

GILLIGAN, C. Uma voz diferente. São Paulo: Rosa dos Tempos, 1982.

GOODE, W. Métodos em pesquisa social. São Paulo: Companhia Editora Nacional, 1972.

GREGGERSEN, G. Pedagogia cristã na obra de C. S. Lewis. São Paulo: Vida, 2006.

GREGORY, J. M. As sete leis do ensino. 3. ed. Rio de Janeiro: Juerp, 1977.

GROOME, T. H. Educação religiosa cristã: compartilhando nosso caso e visão. São Paulo: Paulinas, 1985.

GRÜNDEL, J. **Os dez mandamentos na educação**: para pais e educadores. Petrópolis: Vozes, 1977.

HEITZENRATER, R. P. **Wesley e o povo chamado metodista**. São Bernardo do Campo: Editeo; Rio de Janeiro: Pastoral Bennett, 1996.

HENDRICKS, Howard. **Ensinando para transformar vidas**. Belo Horizonte: Betânia, 1991.

HOVRE, F. de. **Ensaio de filosofia pedagógica**. São Paulo: Companhia Editora Nacional, 1969.

IDÍGORAS, J. L., **Vocabulário teológico para a América Latina**. São Paulo: Paulinas, 1983.

IGREJA METODISTA. **A Igreja Metodista e sua organização no trabalho com juvenis**: em nível local, distrital, regional e geral. São Paulo: Imprensa Metodista, 2000.

______. **Cânones**. São Paulo, Cedro, 2002.

______. **Doutrina social da Igreja Metodista do Brasil**: junta geral de ação social. São Paulo: Imprensa Metodista, 1968.

______. **Ministérios**: os juvenis – descobrindo um grupo de jovens. São Paulo: Imprensa Metodista, 1995. (Coleção Biblioteca Vida e Missão).

INSTITUTO TEOLÓGICO JOÃO WESLEY. **Cadernos de religião**: escola dominical – na dinâmica da missão. Porto Alegre: Instituto Teológico João Wesley, [S.d.].

JAPIASSÚ, H.; MARCONDES, D. **Dicionário básico de filosofia**. 3. ed. Rio de Janeiro: 1996.

KIVITZ, E. R. **Quebrando paradigmas**. São Paulo: Abba Press, 1995.

MOISÉS, L. **O desafio de saber ensinar**. 8. ed. Campinas: Papirus, 1994.

MONROE, P. **História da educação**. São Paulo: Companhia Editora Nacional, 1979.

PEARLMAN, M. **Ensinando com êxito na escola dominical**. São Paulo: Vida, 1995.

PENSADOR. **Ralph Waldo Emerson**. Disponível em: <http://pensador.uol.com.br/autor/ralph_waldo_emerson>. Acesso em: 8 dez. 2014.

PLATÃO. **A República**. Lisboa: Fundação Calouste Gulbenkian, 1987.

PRICE, J. M. **A pedagogia de Jesus**: o mestre por excelência. 3. ed. Rio de Janeiro: Juerp, 1980.

SANDER, B. Educação na América Latina. **Educação e Linguagem**, São Bernardo do Campo, p. 95-109, jan./dez. 2001.

SCOTT, J. **Sociologia**: conceitos-chave. Rio de Janeiro: J.Zahar, 2010.

TORAH WEB. **Qual o significado da palavra "raca"?** Disponível em: <http://www.torahweb.net/t1273-qual-o-significado-da-palavra-raca>. Acesso em: 8 dez. 2014.

TULER, M. **Abordagens e práticas da pedagogia cristã**. Rio de Janeiro: Cpad, 2006.

______. **Ensino participativo na escola dominical**. Rio de Janeiro: Cpad, 2005.

WILKINSON, B. **As sete leis do aprendizado**. Belo Horizonte: Betânia, 1998.

Respostas

Capítulo 1

1. Émile Durkheim (1978) ampliou essa compreensão, considerando que os contextos sociais formam um sistema de ideias que influenciam a maneira como cada indivíduo se desenvolve; cada indivíduo expressa, segundo o sociólogo, a sociedade da qual faz parte. Dessa forma, Durkheim é considerado por muitos o criador da sociologia da educação.
2. Pedagogia é a ciência que pensa a educação formal. Educação diz respeito a todo processo educativo em qualquer lugar da sociedade.
3. A construção do ser social, feita em boa parte pela educação, é a assimilação pelo indivíduo de uma série de normas e princípios – morais, religiosos, éticos ou de comportamento – que balizam a conduta do indivíduo num grupo. O homem, mais do que formador da sociedade, é um produto dela.
4. Para Durkheim (1978), a educação não deveria dar acentuada ênfase ao aprendizado do indivíduo; sem ignorar esse aspecto, uma vez tomada consciência das implicações do processo social, a educação se caracteriza também como a socialização de uma geração por outra que a precede. Nessa concepção, as consciências individuais são formadas pela sociedade.
5. A apresentação da sociologia da educação já aponta direcionamentos importantes para a compreensão de educação. Em primeiro lugar, é importante enfatizar a ampliação do conceito que está sendo considerado aqui. Estamos nos referindo aos processos educativos que ocorrem nas salas de aula, a que chamamos de educação formal, mas, além desse ambiente, esses processos também se dão em um incontável número de ambientes e momentos de que, muitas vezes, nem nos damos conta.
6. Na Grécia Antiga, o sentido de vida que se buscava por meio da educação era o de levar as pessoas a um ato contínuo de elaboração e reelaboração

do conhecimento; significava dar capacidade para que a pessoa continuasse a elaborar sua própria educação.

7. A máxima da educação infantil a ser observada pelo povo de Deus se encontra em Provérbios (22,6): "Ensina a criança no caminho em que deve andar, e, ainda quando for velho, não se desviará dele". Esse versículo deixa claro que a educação das crianças é fundamental, entre outras coisas, para preservar a integridade do povo de Deus. A criança, educada nos caminhos de Deus, caminhará com Deus, fazendo com que esse mesmo caminho seja percorrido por outras crianças, e assim sucessivamente.
8. A doutrina de Comte surge fortemente influenciada por três correntes de pensamento: 1) o darwinismo social, baseado no evolucionismo de Darwin, que defendia a evolução das espécies; 2) o organicismo de Spencer, para quem a sociedade poderia ser estudada por analogia ao corpo humano; 3) o cientificismo, a crença de que a ciência teria a capacidade de estudar e desvendar o funcionamento da natureza e da sociedade.
9. Sociologia geral.
10. Na Grécia Antiga, Platão e Aristóteles consideravam como objetivo último da educação a formação dos governantes, pois estes deveriam administrar a cidade.
11. Paulo Freire, um dos grandes educadores brasileiros, expressou como poucos o entendimento de educação, compreendendo-a como ato político. Freire seguiu suas convicções político-sociais, dialogando com a sociedade e com a teologia. Porém, é inegável o modelo filosófico de sua pedagogia. A inovação de Freire é saber que pedagogias importadas não conseguiam chegar ao âmago do povo brasileiro, pois, de acordo com Canto-Sperber (2003, p. 26), "não correspondem aos desafios da realidade latino-americana".
12. A escola dominical deve ter pedagogia definida e teologia própria.
13. O Decálogo (Dez Mandamentos) indicava ao povo de Deus regras de conduta moral que serviam ao caminho individual e coletivo, de forma tal que os conceitos que estavam presentes ajudavam o entendimento do desejo de Deus.

14. A compreensão da realidade com a qual trabalha; o comprometimento com as pessoas com as quais trabalha; a competência no campo teórico e conhecimento em que atua; o desejo de educar e ensinar.

Capítulo 2

1. Jesus.
2. Jesus ensinava a complexidade utilizando-se da linguagem simples das coisas do dia a dia. Sua linguagem sempre era tangível à experiência das pessoas. Seus instrumentos pedagógicos eram os campos, as montanhas, os pássaros, as tempestades, as ovelhas. Em resumo, qualquer coisa que estivesse ao seu alcance, Jesus utilizava como ferramenta de ensino.
3. A autoridade era a grande marca espiritual na maneira de Jesus ensinar. Foi isso que primeiro abalou os seus ouvintes galileus, a ponto de eles dizerem: "Ele fala como quem tem autoridade, e não como os escribas do povo" (Marcos 1,22).
4. Jesus usou a linguagem falada como meio de comunicação.
5. Parábola é uma comparação de fatos familiares com verdades espirituais. Como método de ensino é praticamente idêntico à história, embora seja bem mais curta, para ter mais a natureza da comparação que da história. As comparações têm sido caracterizadas como parábolas em embrião (Price, 1980).
6. As histórias servem para ilustrar um princípio a ser ensinado. Existem três eixos fundamentais para o uso das histórias nos ensinos bíblicos. 1) chamar e reter a atenção dos alunos – esse é um recurso muito usado atualmente por repórteres e comunicadores de forma geral, cabe aos professores seguirem o exemplo; 2) usar uma história para explicar um determinado conceito, ou uma verdade a ser aplicada na vida dos alunos ou ouvintes de forma geral – uma boa história deixa uma marca inesquecível para os alunos; 3) a história tem a capacidade de sintetizar os ensinamentos, levando ao aluno a relacionar os princípios ao seu cotidiano.
7. O Reino de Deus. Os Evangelhos, conhecidos como sinóticos (Mateus, Marcos e Lucas) se ocupam constantemente com as novas do Reino, como também o apóstolo João em seus escritos.

8. Primeiro Jesus fala dos cidadãos do Reino (Mateus 5,12-16), descrevendo seu caráter – bem aventuranças (Mateus 5,3-12) e sua relação com o mundo (Mateus 5,13-16). Eles são o sal da terra e a luz do mundo. Segundo, o Senhor apresenta a justiça do Reino, o alto padrão de vida exigido pelo Rei (Mateus 5,17-48; 6,1-34; 7,1-12). Terceiro, Jesus conclui seu sermão com uma ardente exortação para que se entre no Reino (Mateus 7,13-27). Ele descreve o início do caminho (Mateus 7,13-14), o avanço do caminho (Mateus 7,15-20) e aponta para o fim do caminho (Mateus 7,21-23).
9. No Evangelho de Mateus, Jesus fala de Deus como Pai mais de quarenta vezes.
10. A doutrina da paternidade de Deus é especialmente o fundamento de todo o ensino de Jesus sobre a graça e a redenção dos pecados.
11. O título Filho do Homem encerra duas verdades principais: 1) a realidade da natureza humana de Jesus (o Filho do Homem); 2) a singularidade da verdade (Filho do Homem).
12. As Escrituras Sagradas, o mundo natural, afazeres comuns e correntes, figuras de linguagem.
13. Mestre é o título com que frequentemente as pessoas se referiam a Ele.

Parte 4

Metodologia da pesquisa teológica

* Para a elaboração deste texto, além da ABNT (2014), foram consultados alguns títulos que constam ao final da Parte 4, na seção Referências.

Metodologia da pesquisa científica*

Capítulo 1

Esta parte do livro é uma adaptação do estilo normalizador da Associação Brasileira de Normas Técnicas (ABNT, 2014a), órgão responsável pela normalização técnica brasileira e que regulamenta a elaboração de trabalhos acadêmicos. Por se tratar de um órgão que apresenta **normas regulamentadoras**, é importante que as regras indicadas pela ABNT sejam seguidas com precisão.

As informações aqui reunidas são de dois tipos: **normas**, ou seja, regras específicas e detalhadas fornecidas pela ABNT e que deverão ser estritamente seguidas, como no caso de citações bibliográficas, tanto no que diz respeito às chamadas no texto quanto em relação às formas de listagens nas referências bibliográficas; 2) **sugestões** quanto à organização do documento final de qualquer área do conhecimento (graduação, pós-graduação, mestrado, doutorado).

Muito nos satisfaz sabermos que, ultimamente, a disciplina Metodologia Científica já faz parte da grade curricular dos cursos de Teologia. Se antes só era abordada em algumas áreas do conhecimento, em razão do seu rigor técnico, agora é essa disciplina é fundamental para a elaboração de um trabalho acadêmico conceituado e de elevado nível.

Neste texto, buscamos agregar em um único lugar as instruções e as normas referentes à organização e confecção dos documentos finais de graduação e pós-graduação, publicadas nas diversas fontes. Desse modo, as informações aqui sistematizadas servirão para teses de livre-docência, memoriais, trabalhos de formatura, relatórios internos, trabalhos escolares e qualquer outro documento que vier a ser requisitado em instituições de ensino.

Nosso desejo é que você se esforce em aplicar as normas da ABNT, pois, dessa forma, você se familiarizará com elas e, quando chegar o momento de elaborar as suas monografias, já dominará por completo o uso das regras. Convém ressaltar que este estudo tomou por base as normas brasileiras (NBR) confeccionadas pela ABNT, que são periodicamente revisadas. Entretanto, é importante que você acesse frequentemente o *site* da ABNT (2014a) para verificar se consta alguma atualização das normas.

1.1 Objetivos da normalização

Conforme apresentado no *site* da ABNT (2014c, grifo do original), os objetivos da normalização são o seguintes:

- **Economia**: *Proporcionar a redução da crescente variedade de produtos e procedimentos.*
- **Comunicação**: *Proporcionar meios mais eficientes na troca de informação entre o fabricante e o cliente, melhorando a confiabilidade das relações comerciais e de serviços.*
- **Segurança**: *Proteger a vida humana e a saúde.*
- **Proteção do consumidor**: *Prover a sociedade de meios eficazes para aferir a qualidade dos produtos.*
- **Eliminação de barreiras técnicas e comerciais**: *Evitar a existência de regulamentos conflitantes sobre produtos e serviços em diferentes países, facilitando assim, o intercâmbio comercial.*

Esses objetivos apresentados pela ABNT são gerais, podendo ser aplicados em diversas áreas. Para a metodologia científica, a normalização permite que os trabalhos elaborados com base no mesmo padrão apresentem, além dos objetivos citados, uma uniformidade na apresentação, fazendo com que o leitor se atente principalmente ao conteúdo e não à forma do texto.

1.2 Elaboração de um projeto de pesquisa

O projeto de pesquisa é iniciado pela escolha de um problema, ou seja, o tema a ser pesquisado. Esse momento é de fundamental relevância, pois objetiva fornecer as diretrizes para a continuidade do trabalho. Primeiramente, o tema deve estar relacionado com a área de interesse do pesquisador e, em segundo lugar, a um problema que pode consistir da necessidade de conhecer algum aspecto do tema, preenchendo lacunas do conhecimento e fornecendo informações novas sobre algo já estabelecido, ou seja, produzindo um avanço no conhecimento.

Depois desse passo, o assunto será pesquisado em livros, revistas científicas especializadas, teses, dissertações, bibliotecas virtuais, internet etc. Essa busca de publicações serve para que o autor do projeto conheça melhor o problema que emerge da pesquisa. A partir de então, o objeto de estudo vai se delineando com mais clareza e o estudo já poderá ter um título, mesmo que provisório.

Uma vez que já se tenha adquirido alguma informação sobre o tema escolhido, inicia-se efetivamente a elaboração do projeto de pesquisa.

De forma geral, um projeto de pesquisa deve conter algumas partes, conforme você pode observar nos itens a seguir.

∞ **Capa** – Na capa, que é regulamentada pela NBR 14724 (ABNT, 2014b), devem constar, obrigatoriamente, o nome do autor do projeto, o título do projeto, a cidade e o ano de entrega do documento. O nome da instituição é opcional.

Figura 1.1 – Modelo de capa

∞ **Folha de rosto** – É igual à capa, devendo-se acrescentar uma caixa de texto explicando de que se trata (tese, dissertação, trabalho de conclusão de curso etc.), o objetivo (grau pretendido, aprovação em disciplina ou outros); o nome da instituição a que o trabalho é submetido; a área de concentração; o nome do orientador e, se houver, do coorientador, conforme indica a NBR 14724 (ABNT, 2014b).

Figura 1.2 – Modelo de folha de rosto

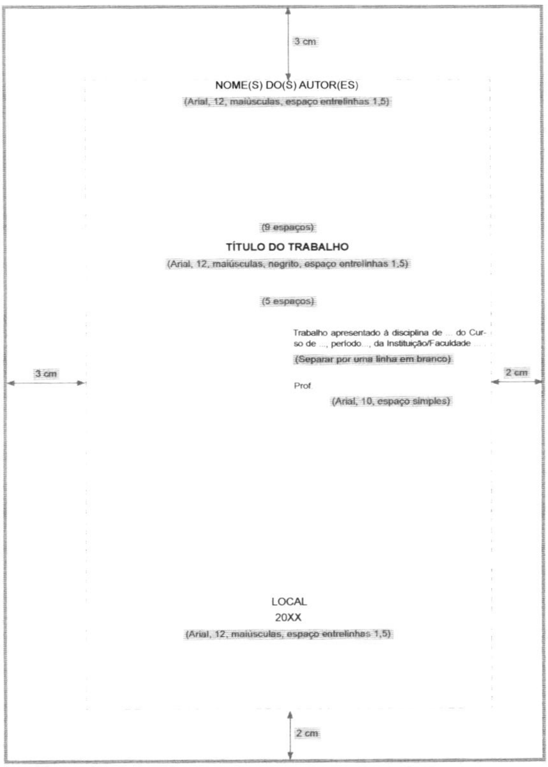

∞ **Problemática e justificativa** – Trata-se do porquê do projeto, o assunto que irá ser levantado e quais os motivos que levaram o autor a escrever sobre tal tema, esclarecendo sobre a necessidade de estudos na área, que vão possibilitar um avanço do conhecimento e, caso haja aplicabilidade, mostrar os desdobramentos possíveis.

- **Objetivo** (geral e específicos) – O objetivo geral é abrangente, de longa duração e diretamente ligado ao objeto de estudo, e os objetivos específicos se referem a aspectos mais delimitados e pontuais que, reunidos, permitem alcançar o objetivo geral.
- **Resultados esperados** – O autor deve mostrar o que se espera alcançar por meio da pesquisa.
- **Revisão** – Essa seção é chamada de *revisão bibliográfica*, *revisão de literatura*, ou ainda *referencial teórico*, mas, atualmente, é indicada apenas como *revisão*. É elaborada a partir da leitura de livros, teses, dissertações, monografias, artigos científicos, leis, decretos, filmes, internet, entre outros materiais, que tenham relação com o tema de estudo especificado no projeto.
- **Metodologia** – É a parte do projeto em que é feito um esclarecimento sobre a(s) forma(s) pela(s) qual(is) os objetivos propostos serão alcançados. É nesse ponto que são estabelecidos os passos que serão dados para a execução da pesquisa.
- **Cronograma de execução** – No cronograma de execução é indicado o tempo previsto necessário para a coleta de dados ou de execução de experimentos. Segue um roteiro para ser observado.
- **Orçamento** – O orçamento é a parte do projeto que prevê todos os gastos necessários para a execução da pesquisa.
- **Referências** (bibliográficas e/ou outras) – As referências devem ser elaboradas conforme a NBR 6023 (ABNT, 2014b).

∞ **Anexos** – Os anexos são textos, documentos não elaborados pelo autor, que servem de fundamentação, comprovação e ilustração.

1.3 Trabalhos científicos

A exposição científica pode ser realizada de forma escrita ou oral. No entanto, mesmo que a apresentação seja oral, deverá estar baseada em documento escrito. Um trabalho será considerado científico se constar dos seguintes itens:

a) **Trabalhos acadêmicos** – Podem ser trabalho de conclusão de curso (TCC); trabalho de graduação interdisciplinar (TGI); trabalho de conclusão de estágio (TCE); trabalho de conclusão de especialização, como consta na NBR 14724. Algumas vezes, esses trabalhos são denominados *monografias*.
b) **Dissertação** – É o discurso de caráter predominantemente reflexivo, em que se discute um assunto, desenvolvido num programa de mestrado. Consiste na ordenação de ideias sobre um tema determinado, é feito sob a coordenação de um orientador (doutor), visando à obtenção de título de mestre, conforme NBR 14724 (ABNT, 2014b).
c) **Tese** – Etimologicamente, o termo remonta ao grego *thésis*: "ação de pôr, de colocar". Assim, **tema** e **tese** assentam-se no verbo grego *títemi*. Na práxis universitária, **tese** é obra composta para se alcançar o grau de doutor, com o objetivo de demonstrá-la e defendê-la. É elaborada sob a coordenação de um orientador (doutor), de acordo com

a NBR 14724 (ABNT, 2014b). Em algumas universidades de outros países, o título de doutor equivale ao de pós-doutor, abreviado por *PhD*.

d) **Artigos científicos**: São materiais publicados em revistas científicas ou anais de congressos.

A pesquisa científica, cuja finalidade principal é contribuir para o progresso da ciência, divide-se em **pura** e **aplicada**. A classificação das ciências, utilizada também para a classificação da pesquisa, divide-as em **formais** e **factuais**. A ciência formal ocupa-se da lógica e da matemática, enquanto a ciência factual cuida dos objetos factuais, que se subdividem em **naturais** e **culturais**. As **ciências naturais** são classificadas em: físicas, químicas, biologia, psicologia individual; já as **ciências culturais** são as seguintes: psicologia social, sociologia, economia, política, história (Medeiros, 2003).

Outra classificação da pesquisa considera seus objetivos, dividindo-os em **exploratória** (estabelece critérios, métodos e técnicas para a elaboração de uma pesquisa; pesquisa que objetiva oferecer informações sobre o objeto da pesquisa e orientar a formulação de hipóteses; a monografia de final do curso de Teologia é típica pesquisa exploratória); **descritiva** (estudo, análise, registro e interpretação dos fatos do mundo físico sem a interferência do pesquisador são exemplos de pesquisas mercadológicas e de opinião); **explicativa** (pesquisa que registra fatos, analisa-os, interpreta-os e identifica as causas) (Medeiros, 2003).

Quanto ao objeto, a pesquisa pode ser de **campo** (ciências sociais), de **laboratório** (quase sempre experimental) e **bibliográfica** (utilização de textos para a pesquisa).

De acordo com Medeiros (2003), a realização da pesquisa científica exige a utilização de métodos que são classificados em **dedutivo** e **indutivo**. O raciocínio dedutivo parte de enunciados gerais dispostos em ordem, como premissas de um raciocínio para chegar a uma conclusão particular. Por exemplo:

Todo homem é mortal. – premissa geral
Jacó é um homem. – premissa particular
Logo, Jacó é mortal. – conclusão particular

A matemática, bem como a filosofia, utiliza-se do **método dedutivo**. A função básica desse método é demonstrar o que, implicitamente, já se encontra no texto antecedente. Já o **método indutivo**, segundo Medeiros (2003), "é um raciocínio em que, de fatos particulares, se tira uma conclusão genérica. Indução é levar para dentro. É um processo inverso ao dedutivo".

A indução caminha de fatos singulares para chegar a uma conclusão ampla. Por exemplo:

Cobre conduz calor. – premissa particular
Alumínio conduz calor. – premissa particular
Logo, todo metal conduz calor. – conclusão geral

Além dos métodos, é importante que o autor do projeto estude **técnicas de pesquisas**, que são conjuntos de normas utilizadas especificamente pelas mais diversas ciências. A técnica de pesquisa está relacionada com a parte prática da pesquisa. Divide-se em documentação **direta** e **indireta**. A primeira inclui a observação direta e sistemática da realidade (a entrevista, os questionários, os testes, as histórias de vida). A segunda inclui a pesquisa bibliográfica e a documental.

1.4 Normas regulamentadoras para trabalhos acadêmicos

Para a elaboração de um trabalho acadêmico, existem normas que regulam sua formatação. De acordo com o estilo normalizador da ABNT (2014a), as seguintes normas foram consideradas para a elaboração deste manual:

- NBR 6023 – Estabelece os elementos a serem incluídos nas referências. Fixa a ordem dos elementos das referências e estabelece convenções para a transcrição e a apresentação da informação originada do documento ou outras fontes de informação. Destina-se a orientar a preparação e a compilação de referências de material utilizado para a produção de documentos e para inclusão em bibliografias, resumos, resenhas, recensões e outros.
- NBR 6024 – Estabelece um sistema de numeração progressiva das seções de documentos escritos, de modo a expor numa sequência lógica o inter-relacionamento da matéria e a permitir sua localização. Aplica-se à redação de todos os tipos de documentos escritos, independentemente do seu suporte, com exceção daqueles que apresentam sistematização própria (dicionários, vocabulários etc.) ou que não necessitam de sistematização (obras literárias em geral).

- NBR 6027 – Estabelece os requisitos para apresentação de sumário de documentos que exijam a visão de conjunto e a facilidade de localização das seções e de outras partes.
- NBR 6028 – Estabelece os requisitos para a redação e a apresentação de resumos.
- NBR 14724 – Estabelece os princípios gerais para a elaboração de trabalhos acadêmicos (teses, dissertações e outros), visando à apresentação à instituição (banca, comissão examinadora de professores, especialistas designados ou outros).
- NBR 10520 – Especifica as características exigíveis para a apresentação de citações em documentos.

1.5 Apresentação gráfica de trabalhos acadêmicos

A apresentação gráfica de um trabalho acadêmico, assim como o conteúdo e a estruturação do texto, é um requisito que contribui para a elaboração de um trabalho capaz de atingir o objetivo proposto. O rigor científico aliado à preocupação gráfica, em geral, acaba dando mais qualidade ao texto. Portanto, todo esforço em seguir as orientações da ABNT (2014a) auxiliará o autor do trabalho para que o resultado seja positivo.

Considerando-se que atualmente o computador é o meio mais usual para a elaboração de documentos impressos, o trabalho acadêmico poderá atender às seguintes orientações:

- **Identificação**

  O título (e o subtítulo, se for o caso) deve ser conciso e indicar claramente o conteúdo do texto.

∞ **Margens e espaços**

As margens devem ter tamanhos padronizados: a margem superior, 3 cm; a margem inferior, 2 cm; a margem esquerda, 3 cm; e a margem direita 2 cm.

∞ **Títulos e seções**

O título da obra aparecerá na primeira página do texto, em caracteres maiúsculos (caixa-alta). Se houver subtítulo, este aparecerá sob o título, em caracteres minúsculos, exceto as primeiras letras das palavras (caixa-alta e caixa-baixa). Não se utilizam parênteses para os subtítulos. O **título** e o **subtítulo** de uma monografia admitem o uso do negrito (*bold*).

∞ **Texto**

O texto deve ter uma **introdução**, um **desenvolvimento** e uma **conclusão**. Cabe ao autor criar os entretítulos para o trabalho.

O texto é a parte do trabalho em que o assunto é apresentado e desenvolvido. O tempo do verbo a ser usado é o futuro, uma vez que o projeto é a intenção de fazer uma pesquisa. Deve ser elaborado em papel branco, formato A4 (21 cm por 29,7 cm), digitados no tipo de fonte *Arial* ou *Times New Roman* ou datilografados na cor preta. Pela NBR 14724, recomenda-se, para a digitação, fonte tamanho 12 e tamanho menor para as citações de mais de três linhas, notas de rodapé, paginação e legenda de ilustrações e tabelas. O alinhamento do texto deve ser justificado.

O espaçamento entre as linhas deve ser duplo, com exceção das citações com mais de três linhas, das notas de rodapé, das referências, das legendas, das lustrações, das tabelas, da ficha catalográfica, da natureza do trabalho, do objetivo, do nome da instituição a que é submetida e da área de concentração, que devem ser digitados com espaço simples. As referências, indicadas no final do trabalho, devem ser separadas entre si por espaços duplos.

∞ **Paginação**

A numeração progressiva das seções de um documento deve seguir a NBR 6024. Monografias, dissertações e teses devem ter suas páginas contadas, mas nem todas são numeradas. A numeração das páginas é inserida na primeira página de cada seção, no canto superior direito, em algarismos arábicos, a partir da primeira página da parte textual, ficando o último algarismo a 2 cm da borda direita da folha. Todas as folhas são contadas, iniciando-se a contagem pela **folha de rosto**, porém a numeração só passará a ser indicada a partir da primeira folha da parte textual, em algarismos arábicos. Nas páginas anteriores os números não aparecem, embora elas também sejam contadas.

Se houver anexos ou apêndices, as páginas dessas seções deverão ser igualmente numeradas de maneira que deem sequência à numeração do trabalho. Só não serão numeradas se possuírem uma estrutura física diferente das páginas do trabalho, como cópias de páginas de outras publicações, formulários, mapas, *folders* e folhetos etc.

∞ **Impressão**

Para a impressão do documento, recomenda-se que seja utilizado somente um lado da folha.

1.6 Estruturação de monografias, dissertações e teses

De acordo com a NBR 14724, **monografias**, **dissertações** e **teses** são compostas de elementos pré-textuais, textuais e pós-textuais, caracterizados conforme indicado no Quadro 1.1.

Quadro 1.1 – Estruturação de trabalhos acadêmicos[1]

Parte	Estrutura	Elementos integrantes
Externa	Materiais	Sobrecapa*
		Capa
		Primeira capa
		Segunda capa
		Terceira capa
		Quarta capa (contracapa)
		Lombada*
Interna	Pré-textuais	Falsa folha de rosto
		Folha de rosto
		Errata*
		Folha de aprovação Dedicatória*
		Agradecimentos*
		Epígrafe ou inscrição*
		Sumário
		Lista de ilustrações*
		Lista de tabelas e quadros*
		Lista de abreviaturas e siglas*
		Lista de símbolos*
		Resumo em língua vernácula*
		Resumo em língua estrangeira
	Textuais	Introdução
		Desenvolvimento
		Conclusão
	Pós-textuais	Referência bibliográfica
		Glossário*
		Apêndice(s)*
		Anexo(s)*
		Índice(s)*

Fonte: ABNT, 2014a.

1 A indicação dos elementos marcados com asterisco é opcional.

1.6.1 Elementos materiais

Os elementos materiais se referem à estrutura física de um trabalho científico, sendo compostos de: **sobrecapa, capa e lombada**.

∞ **Sobrecapa**

É uma cobertura solta, em geral de papel, que protege a capa. Por incluir as mesmas informações da capa, pode ser complementar ou opcional.

∞ **Capa**

A capa é o elemento externo do trabalho, geralmente confeccionada com material mais resistente, como papelão ou couro. É parte obrigatória, devendo constar o nome da instituição, que é opcional, nome do autor, título, subtítulo (se houver), número de volumes (se houver), local (cidade) da instituição onde deve ser apresentado o trabalho e ano de entrega, conforme NBR 14724.

∞ **Lombada**

A lombada é a parte lateral externa da encadernação que reúne as folhas. Contém o nome do autor, o título e o volume (se houver), sempre que possível grafados longitudinalmente e legíveis da parte superior para a parte inferior da lombada.

Em trabalhos encadernados, por exemplo, há a primeira, a segunda, a terceira e a quarta capas. A primeira e a quarta capas (contracapa) são as faces externas. A segunda e a terceira capa são as faces internas ou os versos da primeira e da quarta capa.

1.6.2 Elementos pré-textuais

Os elementos pré-textuais antecedem o texto com informações que auxiliam sua identificação e utilização. São considerados elementos pré-textuais: falsa folha de rosto; folha de rosto; errata; folha de aprovação; dedicatória; agradecimentos; epígrafe ou inscrição; sumário.

∞ Falsa folha de rosto

A falsa folha de rosto antecede a folha de rosto e deve conter somente o título principal do trabalho.

∞ Folha de rosto

A folha de rosto (ver Figura 1.2) é um dos elementos obrigatórios e deve conter os elementos básicos para a identificação do trabalho, tais como:

a) nome do autor;
b) título principal do trabalho;
c) subtítulo (se houver), no qual deve ser evidenciada a sua subordinação ao título principal, precedido de dois-pontos;
d) número de volumes (se houver mais de um, deve constar em cada folha de rosto a especificação do respectivo volume);
e) natureza acadêmica (tese, dissertação, trabalho de conclusão de curso e outros, objetivo pretendido, nome da instituição a que o trabalho é submetido, área de concentração);
f) nome do orientador e, se houver, do coorientador;
g) cidade da instituição na qual será apresentado o trabalho;
h) ano da entrega do trabalho.

No verso da folha de rosto deve constar a ficha catalográfica.

∞ Errata

A errata nada mais é do que a indicação de alguns erros encontrados no trabalho após este ter sido impresso, demonstrando as páginas e as linhas de ocorrência e as devidas correções. É impressa em papel avulso, com referência à publicação (trabalho) e inserida como encarte após a folha de rosto.

Quadro 1.2 – *Modelo de errata*

Página	Linha	Onde se Lê	Lê-se
23	3	adolecente	adolescente
35	12	capueira	capoeira
127	14	fexa	fecha

∞ Folha de aprovação

A folha de aprovação é obrigatória nos trabalhos acadêmicos e se destina à avaliação individual (ou do grupo) pelos membros da banca examinadora. É inserida após a folha de rosto e deve conter o nome completo do aluno, o título e, se houver, o subtítulo, a natureza e objetivo do trabalho, o nome da instituição à qual o trabalho é submetido, a área de concentração, o local e a data de aprovação, o nome e a titulação dos membros da banca examinadora.

Figura 1.3 – Modelo de folha de aprovação

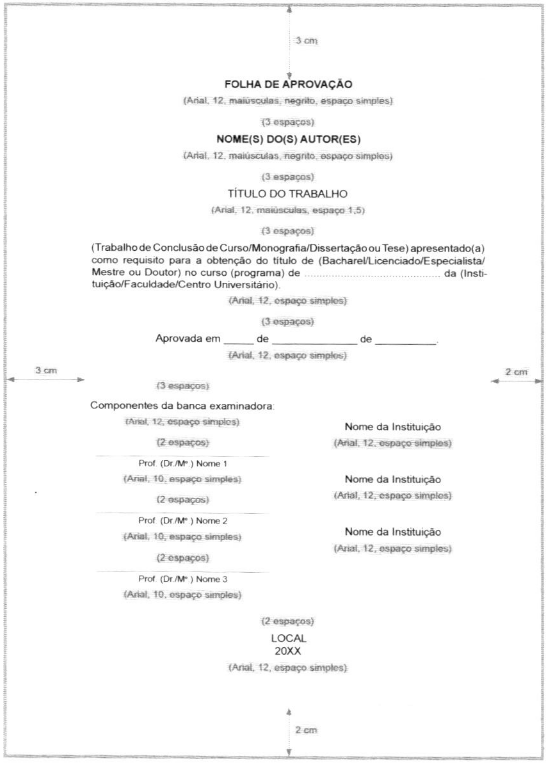

∞ Dedicatória

A dedicatória é um elemento opcional colocado após o termo de aprovação, assim como os agradecimentos, que vêm após a dedicatória. Essa página não segue uma regra explícita de normalização, mas é comum utilizar a parte inferior à direita da folha para constar o texto.

Figura 1.4 – Modelo de dedicatória

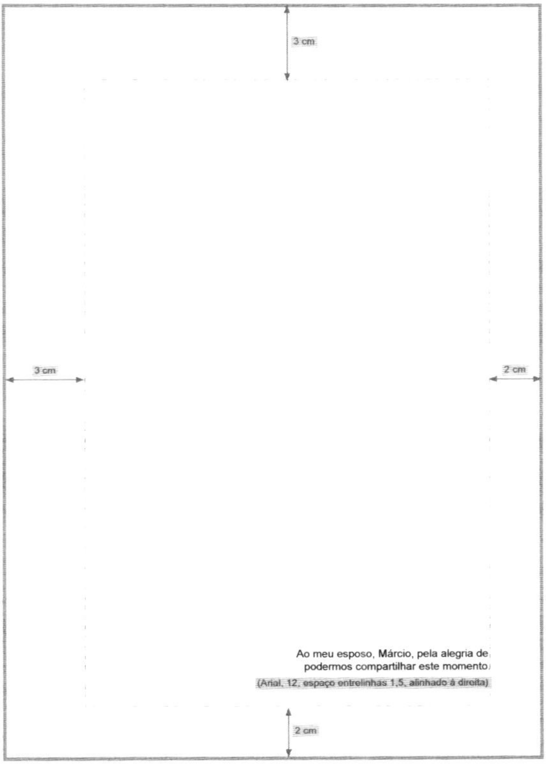

∞ Agradecimentos

Os agradecimentos são um item opcional do trabalho. Nesse item são registrados os agradecimentos àqueles que contribuíram de maneira relevante para a elaboração do trabalho.

Figura 1.5 – Modelo de agradecimentos

3 cm

AGRADECIMENTOS

(Arial, 12, maiúsculas, negrito, espaço entrelinhas 1,5)

(2 espaços)

Além de Deus, que continuamente nos dá força e faz com que surjam momentos únicos em nossas vidas, temos muitas pessoas a agradecer em razão da ajuda, da acolhida, do incentivo, das críticas e das sugestões que nos deram. Algumas em especial.

Ao professor Dr. João Ferreira Bueno, orientador, pela confiança e pelas orientações baseadas na crítica, na exigência, no rigor metodológico e na amizade que visam ao crescimento e ao progresso do aluno.

Aos professores Dr.ª Marilda Silva e Dr. Ivo Meiret, pelas críticas e sugestões valiosas apontadas enquanto atuavam como membros das bancas de qualificação e defesa.

Aos professores do curso de Pedagogia do Centro Universitário, que, com seu conhecimento e sua experiência, contribuíram para minha formação profissional.

3 cm

2 cm

Aos professores e aos alunos investigados, que prontamente me auxiliaram nesta pesquisa.

Às amigas Luciana, Gelsenmeia, Flamínia e Nilcemara, pelo apoio nesta caminhada.

(Arial, 12, espaço entrelinhas 1,5)

2 cm

∞ Epígrafe ou inscrição

A epígrafe ou inscrição é a citação direta de um pensamento ou frase cujo conteúdo tem relação com o tema tratado. Em geral, a epígrafe aparece em uma folha, recuada em relação à margem esquerda, assim como a dedicatória. Entretanto, a epígrafe pode aparecer também no início de cada capítulo ou em partes principais do trabalho.

∞ Sumário

O sumário é a listagem dos principais capítulos, seções e outras partes que foram elaboradas no trabalho, na mesma sequência e grafia em que aparecem no texto, indicando as respectivas páginas iniciais. É um elemento obrigatório, regulamentado pela NBR 6027.

Figura 1.6 – Modelo de sumário

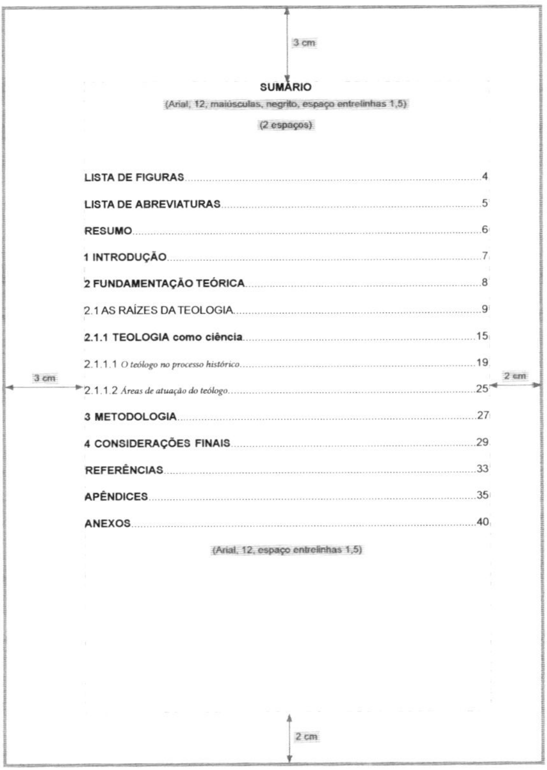

1.6.3 Elementos textuais

Os elementos que compõem a parte textual são **introdução**, **desenvolvimento** e **conclusão**. De acordo com a NBR 12225, cada parte ou capítulo do texto deve começar em lauda própria. A numeração deve figurar no canto superior da página, duas linhas acima do texto.

∞ **Introdução**

A introdução é a primeira parte textual do trabalho, devendo ser escrita de forma clara, sem identificar com título o problema, a justificativa e os objetivos. É indispensável uma breve introdução, salientando o objeto do texto, seu objetivo, o problema que se pretende resolver, a delimitação do trabalho, a justificativa (a relevância do estudo), a metodologia utilizada (em geral, a pesquisa bibliográfica) e o número de capítulos. A introdução está definida na NBR 14724.

∞ **Desenvolvimento**

O desenvolvimento é o corpo do trabalho. Em geral, é dividido em capítulos, seções e subseções. O desenvolvimento é composto por exposição do assunto, resolução do problema inicialmente apresentado, fatos, argumentos, contra-argumentos, discussão, provas, sempre se valendo dos métodos dedutivo e indutivo, considerados os dois métodos científicos por natureza.

∞ **Conclusão**

A conclusão é a recapitulação sintética dos objetivos propostos, ressaltando o alcance e as consequências das contribuições do texto. De acordo com o tipo da pesquisa, pode-se elaborar apenas as considerações finais, especialmente se a pesquisa for, segundo a modalidade, não conclusiva. A conclusão não é, portanto, lugar para argumentos ou fatos novos.

1.6.4 Elementos pós-textuais

Os elementos pós-textuais englobam o glossário (opcional), as referências, os apêndices e os anexos. Esses títulos, sem indicação numérica, devem ser digitados centralizados, conforme a NBR 14724.

∞ **Glossário**

O glossário é a relação de termos ou expressões colocados em ordem alfabética, acompanhados das respectivas definições, com o propósito de apresentar ao leitor termos específicos utilizados no trabalho.

Figura 1.7 – Modelo de glossário

3 cm

GLOSSÁRIO

(Arial, 12, maiúsculas, negrito, espaço entrelinhas 1,5)

(2 espaços)

Absoluto – Independente; incondicional; superior a todos os outros; incontestável (ver Universal).

Absolutos morais – Trata-se do reconhecimento da existência de normas morais válidas para todas as pessoas em todas as épocas. Para os cristãos tratam- se das santas leis morais da Sagrada Escritura. São exemplos de absolutos morais as proibições contra a mentira, o roubo, e ferir ou matar o semelhante (ver Valores absolutos).

Afinco – Persistência; perseverança; insistência.

Antibíblico – Que se opõe ou é contrário a Bíblia.

Antropocentrismo – Doutrina filosófica que valoriza o homem em vez de Deus; o terrestre no lugar do celeste e o material como substituto do espiritual. O antropocentrismo acredita que o homem é capaz de evoluir por si mesmo. Não crê no pecado original e em verdades morais absolutas. Também é chamado de androcentrismo (ver teocentrismo).

3 cm | 2 cm

Apologética – Discurso sistemático e argumentativo que defende a origem divina e a autoridade da fé cristã.

Apologético – Que faz apologia; discurso ou tratado em defesa da fé, de alguém ou de alguma coisa.

Ateísmo – O ateísmo é a corrente de pensamento humano que nega a existência de Deus. O termo "ateu" procede do grego (prefixo negativo "a" e do substantivo "theos") e significa literalmente "não-deus".

Autodeificação – Fazer de si mesmo deus; considerar-se deus (ver egocentrismo).

(Arial, 12, espaço entrelinhas 1,5, em ordem alfabética)

2 cm

∞ Referências

As referências são um conjunto padronizado de elementos que permitem a identificação dos documentos utilizados pelo autor do texto. Elas devem aparecer em ordem alfabética, em página distinta. Todos os autores ou documentos citados no texto devem, obrigatoriamente, constar das referências. Documentos utilizados apenas como suporte para a elaboração do trabalho, como dicionários gerais, normas de apresentação, entre outros, não devem ser referenciados. A norma NBR 6023 regulamenta as referências.

Figura 1.8 – Modelo de referências

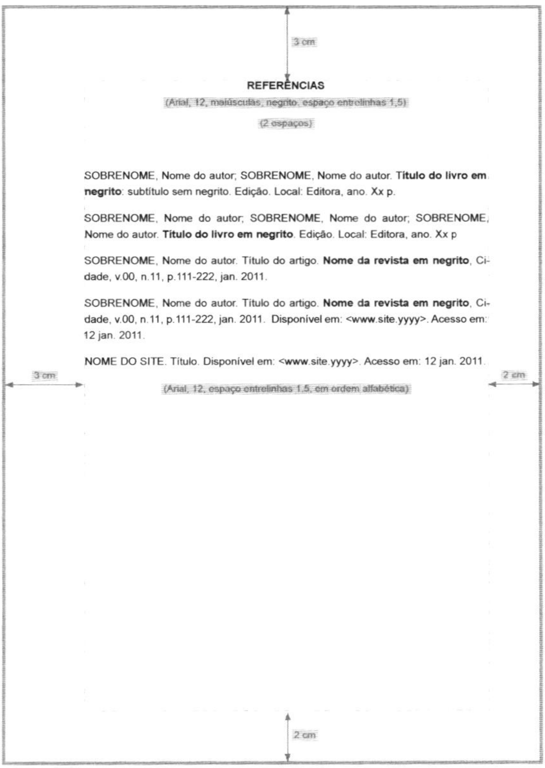

Questionário

1. Cite dois objetivos da normalização.
2. Como deve ser iniciado um projeto de pesquisa?
3. Qual é o número da norma que regulamenta a configuração da capa?
4. O que é uma dissertação?
5. O que é uma tese?
6. Como se divide a pesquisa científica?
7. O que significa a sigla ABNT?
8. Qual é o número da norma que estabelece os requisitos para apresentação de sumário?
9. Qual é o número da norma que especifica as características exigíveis para apresentação de citações em documentos?
10. Quais são os elementos materiais de um trabalho científico?
11. O que são elementos pré-textuais de um trabalho científico?
12. O que é a errata?
13. O que é a epígrafe?
14. Quais são os elementos que compõem a parte textual de um trabalho científico?
15. O que são as referências?

Referências

ABNT – Associação Brasileira de Normas Técnicas. Disponível em: <http://www.abnt.org.br>. Acesso em: 29 ago. 2014a.

______. **Catálogo**. Disponível em: <http://www.abntcatalogo.com.br>. Acesso em: 29 ago. 2014b.

______. **Normalização**. Disponível em: <http://www.abnt.org.br/m3.asp?cod_pagina=931>. Acesso em: 29 ago. 2014c.

AZEVEDO, I. B. **O prazer da produção científica**. 10. ed. São Paulo: Hagnos, 2001.

FERREIRA, A. B. de H. **O novo dicionário Aurélio da língua portuguesa**. Versão 5.0. Curitiba: Positivo, 2004. 1 CD-ROM.

GIL, A. C. **Como elaborar projetos de pesquisa**. 4. ed. São Paulo: Atlas, 2002.

GONÇALVES, M. L. et al. **Fazendo pesquisa**: do projeto à comunicação científica. Joinville: Univille, 2004.

MACEDO, M. H. S. **Manual de metodologia da pesquisa jurídica**. 2. ed. Porto Alegre: Sagra Luzzatto, 2001.

MEDEIROS, J. B. **Redação científica**: a prática de fichamentos, resumos e resenhas. 5. ed. São Paulo: Atlas, 2003.

MEZZAROBA, O.; MONTEIRO, C. S. **Manual de metodologia da pesquisa no direito**. São Paulo: Saraiva, 2005.

OLIVEIRA, S. L. de. **Tratado de metodologia científica**: projetos de pesquisas, TGI, TCC, monografias, dissertações e teses. São Paulo: Pioneira Thomson Learning, 2001.

RODRIGUES, A. F. **Como elaborar citações e notas de rodapé**. 3. ed. São Paulo: Humanitas, 2005. v. 2.

RODRIGUES, A. F. **Como elaborar e apresentar monografias.** São Paulo: Humanitas, 2005. v. 3.

______. **Como elaborar referência bibliográfica.** 5. ed. São Paulo: Humanitas, 2005. v. 1.

Respostas

1. O leitor pode citar dois dos seguintes objetivos: economia; comunicação; segurança; proteção do consumidor; eliminação de barreiras técnicas e comerciais.
2. O projeto de pesquisa é iniciado pela escolha de um problema, ou seja, o tema a ser pesquisado. Esse momento é de fundamental relevância, pois objetiva fornecer as diretrizes para a continuidade do trabalho.
3. A capa é regulamentada pela NBR 14724. Devem constar, obrigatoriamente, o nome do autor do projeto, o título do projeto, a cidade e o ano de entrega do documento.
4. É o discurso de caráter predominantemente reflexivo, em que se discute um assunto, desenvolvido num programa de mestrado. Consistente na ordenação de ideias sobre um tema determinado, é feito sob a coordenação de um orientador (doutor), visando à obtenção de título de mestre, conforme a NBR 14724.
5. Etimologicamente, o termo remonta ao grego *tésis*: "ação de pôr, de colocar". Assim, tema e tese assentam-se no verbo grego *títemi*. Na práxis universitária, tese é obra composta para se alcançar o grau de doutor, com o objetivo de demonstrá-la e defendê-la. É elaborada sob a coordenação de um orientador (doutor), de acordo com a NBR 14724. Em algumas universidades de outros países, o título de doutor equivale ao de pós-doutor, abreviado por *PhD*.
6. A pesquisa científica, cuja finalidade principal é contribuir para o progresso da ciência, divide-se em pura e aplicada. A classificação das ciências

utilizada também para a classificação da pesquisa divide-as em formal e factual. A ciência formal ocupa-se da lógica e da matemática, enquanto a ciência factual cuida dos objetos factuais, que se subdividem em natural e cultural. As ciências naturais são classificadas em: físicas, químicas, biologia, psicologia individual; já as ciências culturais são as seguintes: psicologia social, sociologia, economia, política, história.

7. Associação Brasileira de Normas Técnicas.

8. NBR 6027 – Estabelece os requisitos para apresentação de sumário de documentos que exijam a visão de conjunto e a facilidade de localização das seções e de outras partes.

9. NBR 6024 – Estabelece um sistema de numeração progressiva das seções de documentos escritos, de modo a expor numa sequência lógica o inter-relacionamento da matéria e a permitir sua localização. Aplica-se à redação de todos os tipos de documentos escritos, independentemente do seu suporte, com exceção daqueles que apresentam sistematização própria (dicionários, vocabulários etc.) ou que não necessitam de sistematização (obras literárias em geral).

10. Os elementos materiais se referem à estrutura física de um trabalho científico, sendo compostos de: sobrecapa, capa e lombada.

11. Os elementos pré-textuais antecedem o texto com informações que auxiliam sua identificação e utilização. São considerados elementos pré-textuais: falsa folha de rosto; folha de rosto; errata; folha de aprovação; dedicatória; agradecimentos; epígrafe ou inscrição; sumário.

12. A errata nada mais é do que a indicação de alguns erros encontrados no trabalho após este ter sido impresso, demonstrando as páginas e as linhas de ocorrência e as devidas correções. É impressa em papel avulso, com referência à publicação (trabalho) e inserida como encarte após a folha de rosto.

13. A epígrafe ou inscrição é a citação direta de um pensamento ou frase cujo conteúdo tem relação com o tema tratado. Em geral, a epígrafe aparece em uma folha, recuada em relação à margem esquerda, assim como a dedicatória. Entretanto, a epígrafe pode aparecer também no início de cada capítulo ou em partes principais do trabalho.

14. Os elementos que compõem a parte textual são introdução, desenvolvimento e conclusão. De acordo com a NBR 12225, cada parte ou capítulo do texto deve começar em lauda própria. A numeração deve figurar no canto superior da página, duas linhas acima do texto.
15. As referências são um conjunto padronizado de elementos que permitem a identificação dos documentos utilizados pelo autor do texto. Elas devem aparecer em ordem alfabética, em página distinta. Todos os autores ou documentos citados no texto devem, obrigatoriamente, constar das referências. Documentos utilizados apenas como suporte para a elaboração do trabalho, como dicionários gerais, normas de apresentação, entre outros, não devem ser referenciados.

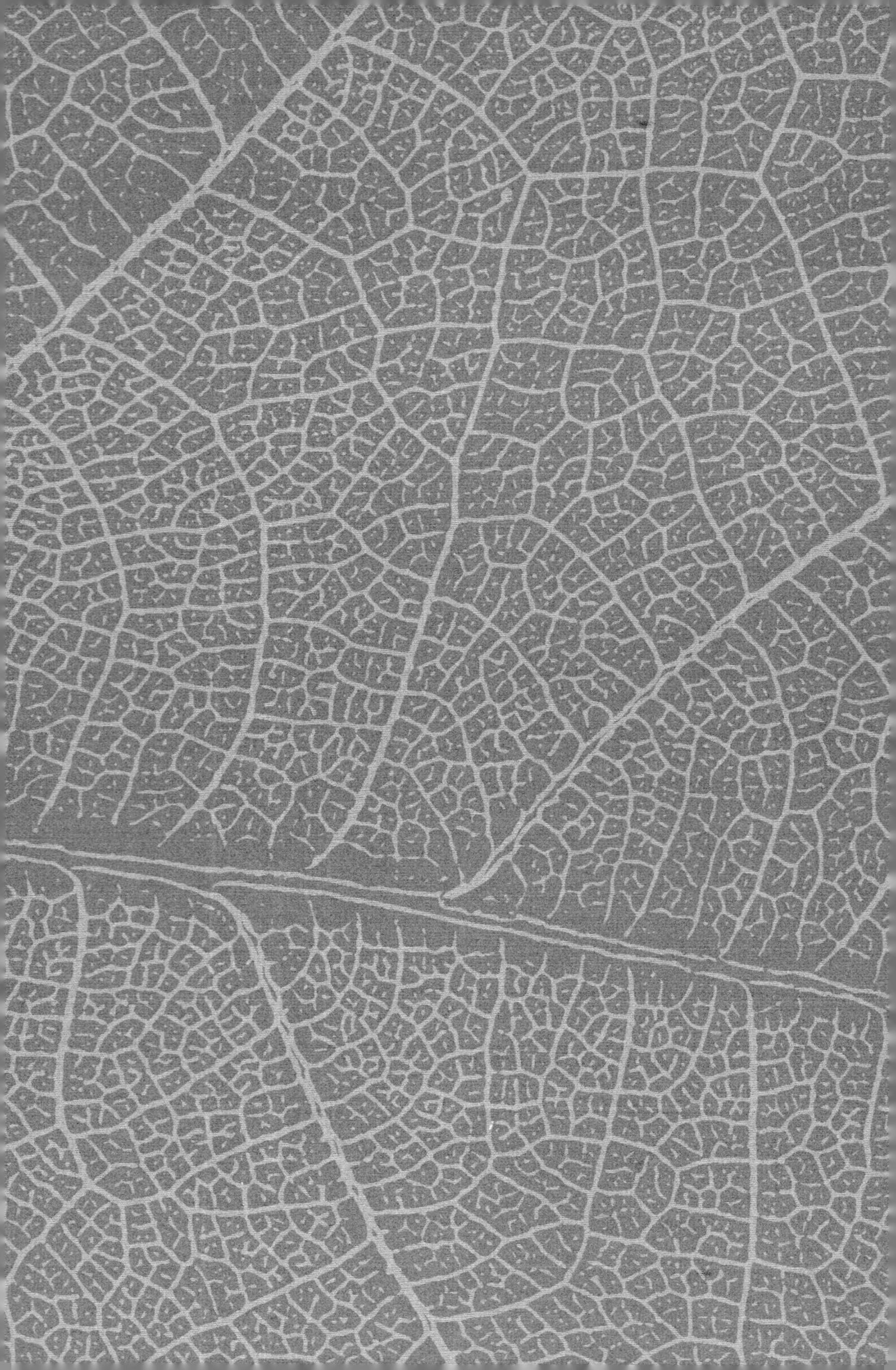

Parte 5

Fundamentos da filosofia

Introdução à filosofia

Capítulo 1

1.1 O período pré-socrático

Filosofia. Sabedoria. Não se tem dúvida sobre a íntima relação existente entre **sabedoria** e **filosofia**; veremos logo que essa relação começa por ser etimológica. Mas fica desde já entendido que nessa relação ocorre um vínculo psicológico semelhante ao que encontramos, por exemplo, na relação dos termos *direito* e *justiça*. A justiça, em princípio, destaca-se em relação ao direito, e este tem por objetivo alcançá-la. Mas, deixando-se de lado considerações estranhas ao nosso estudo, tanto o direito quanto a justiça "concernem às coisas humanas"[1]; assim, a maior preocupação clássica com a justiça tem um desenvolvimento

1 Citação de definição de Aristóteles (383-322 a.C.) para *filosofia*. (Chaui, 2002)

histórico semelhante ao da primeira relação destacada – sabedoria, filosofia –, até que o direito se coloque na posição de único meio humano para se alcançar ou realizar a justiça.

Assim, a sabedoria se destaca em relação à filosofia, e esta tem por objetivo alcançá-la, atingi-la. O texto clássico tratava da sabedoria humana; a filosofia, subordinada à sabedoria, surge, conceitualmente, depois, para afinal substituir, ou inverter, a hierarquia, como na relação entre direito e justiça, considerando a filosofia o único meio de se alcançar a sabedoria humana.

A mitologia grega, evidentemente, cuidou, como de resto, também desses atributos humanos. A deusa Palas Atena, protetora de Atenas, deusa pagã da sabedoria, é também patrona da filosofia. Como símbolo popular, a filosofia tem a coruja, provavelmente em razão do olhar enigmático, "sábio", que a coruja tem. Atena tem um olhar brilhante, um olhar de bronze, que lhe confere o apelido de *Glaucópis* (olhar brilhante e assustador) e que lembra o olhar da coruja, pássaro de olhar fixo e luminoso que tem um poder fascinante e hipnótico, semelhante ao escudo com a máscara de um só olho da górgona[2], usado pela deusa. Atena ama a coruja, em virtude do fato de esta representar a meditação que se produz nas trevas. Assim, por tudo isso e para azar da coruja, tornou-se ela o animal sacrificado nas cerimônias religiosas em homenagem à deusa e, consequentemente, o símbolo da filosofia.

Aqueles que estudaram direito ou mitologia grega provavelmente já ouviram falar no **voto de Minerva**. Esse voto notável, que liga Palas Atena (Minerva, para os romanos) ao direito e à justiça, além da filosofia e da sabedoria e, portanto, à disciplina

2 Monstro de aspecto feminino, como é o caso da Medusa.

filosofia do direito, foi proferido, segundo a mitologia grega homérica, que costuma fundir os anais da verdadeira história dos povos gregos primitivos com sua religião olímpica, em delicado e especial julgamento.

Em resumo, Agamemnon, rei de Micenas, ao retornar da guerra de Troia, à sua chegada é surpreendido pela sua esposa, Clitemnestra, e pelo amante dela, Egisto, e assassinado durante o banho. Desse modo, Clitemnestra usurpa o trono de Agamemnon, tornando-se rainha. Orestes, seu filho, inspirado e protegido pelo deus Apolo e instigado pela irmã Electra, vinga a morte do pai, assassinando a mãe, Clitemnestra, e o amante desta, Egisto. A rainha havia sido prevenida em sonhos da ação de Orestes e então, por meio de preces, lança contra ele as Fúrias (Erínias, ou Eumênides), deusas violentas e perseguidoras implacáveis. Sempre amparado por Apolo, Orestes foge para Delfos (cidade apolínea) para se proteger das Fúrias.

No entanto, Orestes, sabendo que elas eram implacáveis, e ainda aconselhado por Apolo, foge para Atenas e resolve procurar o julgamento de Palas Atena, que, em lugar disso, o submete à decisão de um tribunal formado pelos mais ilustres cidadãos daquela cidade, no Areópago, colina situada junto ao local onde mais tarde seria erigido o seu templo, na Acrópole[3]. Ali foi Orestes julgado pela morte da mãe. A questão era: Clitemnestra matara o marido, que dela não era consanguíneo; e Orestes matara a mãe, sua consanguínea. Qual era o crime mais grave?

Alguns historiadores interpretam o relato do julgamento, introduzido na peça *Eumênides*, de Ésquilo (2013), como sendo, na verdade, o julgamento do matriarcado, representado pelo

---

3 Acrópole (ou Acropolis), cidade alta: topo de colina onde está localizado o Partenon (templo de Palas Atena).

poder de Clitemnestra. Orestes representaria o patriarcado, que ainda não havia se firmado como regime econômico dominante naquela época remota.

O tribunal que julgou Orestes recebeu o nome do local onde se reuniu, Areópago[4], que passou a ser a denominação do tribunal superior de Atenas. No julgamento intervieram: o coro das Eríneas, na acusação; o deus Apolo, na defesa; Palas Atena presidia os trabalhos. Os magistrados votaram, e a votação terminou em empate. Um impasse. Palas Atena teve de proferir o seu voto, desempatando a questão. E Atena decidiu por absolver Orestes.

Talvez você já tenha ouvido falar que a o termo *filosofia*, vinda do grego, significa "amor à sabedoria". Os radicais gregos formadores da palavra podem ser traduzidos desse modo. Porém, deve-se remover o caráter simplista da expressão resultante da tradução.

Vejamos a formação da palavra ***filosofia***, no grego, com seu conteúdo linguístico. A expressão *philia* (filia), significa "amizade", "afeição viva" ou "amor" (sem a ideia de sensualidade ou sexo) e resulta no radical *philo* (filo), utilizado na formação de um sem-número de vocábulos gregos e latinos. O termo *philo* (filo) significa "amigo" (de alguém) ou quem, sem sexualidade, ama (alguém ou alguma coisa). Exemplos: quem ama as uvas (amante do vinho ou das uvas); designa ainda amor ao poder, à pátria, ao lucro, à vitória, ao dinheiro. A expressão *sophia* (sofia) indica "sabedoria" e ainda: sabedoria prática; saber; ciência; arte; habilidade (em geral); habilidade manual; artesanato (Chaui, 2002; Significados.com.br, 2014).

4 O Areópago se situava ao lado da colina da Acrópole, em Atenas, local onde havia sido julgado o deus Ares (Marte) por homicídio, que lhe emprestou o nome: *ares* + *pagos* (colina). Há uma segunda versão que indica que as Amazonas descansavam de uma guerra naquele local e resolveram erguer um altar para venerar o seu deus protetor, Ares. A partir de então a colina recebeu essa denominação.

Daí resulta *philosophia* (filosofia), com o significado, em grego, sobretudo o antigo, de amor à ciência, à pesquisa, à prática de uma arte ou ciência ou a cultura intelectual em si, a ciência em si mesma, o exercício prático de uma arte ou ciência quaisquer, o que resulta, afinal, em uma pesquisa da essência das coisas, um estudo da natureza, a procura da verdade (Chaui, 2002).

Percebe-se que o verbete, rico de significados, em língua grega não se restringia à significação concisa de hoje. Em suas origens, o termo provinha de uma expressão de uso popular. Na realidade, o "popular" a que nos referimos, em se tratando de Grécia Antiga, significa uso quase erudito para nós. A sociedade grega era uma sociedade escravista, aristocrática, que encarava o trabalho, sobretudo o mercenário, como indigno. Os escravos, junto com os estrangeiros (metecos) e os pobres ou não proprietários (tetes), arcavam com todos os tipos de trabalho necessário à manutenção da sociedade, tarefas práticas, sujas, no campo e na cidade, e deviam utilizar um linguajar mais próximo do que hoje entendemos por "popular".

Portanto, *filosofia* era expressão de uso corrente que foi adquirindo, ao longo do tempo, o sentido atual. Para o grego antigo, a sabedoria estava acima da filosofia. Esse era o entendimento entre os pré-socráticos. A partir de Sócrates e, principalmente, pela definição de Platão incorporada, de forma enxuta, por Aristóteles, o verbete *filosofia* adquiriu conteúdo etimológico próximo do seu sentido moderno[5]: a filosofia concerne às coisas humanas, é atributo do intelecto humano, da sabedoria humana;

5 Alguns historiadores atribuem a Heráclito, de Éfeso, a primeira utilização dos termos *filosofia* e *filósofo* referindo-se à sua atividade intelectual; outros afirmam ter sido Pitágoras o primeiro a designar-se *filósofo*, por modéstia, em lugar de *sábio*.

refere-se ao homem e ao seu comportamento; tem seu substrato no ser humano (Spinelli, 2010).

Voltando à etimologia da palavra *filosofia*, destacamos que o radical *philo* passou do grego para o latim, como integrante significativo de (no português): "simpatia", "adesão", "torcida", "amizade", "admiração", "engajamento", "sujeição intelectual", "inclinação", "tendência". E *sophia* passou a significar "sabedoria".

Modernamente, podemos extrair da união desses radicais o seguinte verbete para **filosofia**: 1) filosofia; 2) lógica; 3) moral; 4) ética; 5) estética; 6) metafísica; 7) doutrinas e escolas filosóficas[6].

A partir do latim, a expressão percorreu um caminho inverso ao do grego. De palavra de uso erudito, adquiriu significações correntes. O povo latino – o mais culto em sua época e, possivelmente, em todas as épocas – fazia uso de palavras de conteúdo erudito em seu linguajar diário. E tal costume, nós de origem latina, herdamos: a expressão "mora na filosofia", por exemplo, é expressão popular, compreensível a todos, utilizada até no cancioneiro popular. (Vico, 1993)

O pensador polonês Bochenski (1977, p. 21) observa:

> *Filosofia é um assunto que não interessa só ao especialista porque, por mais estranho que isto pareça, provavelmente não há homem que não filosofe; ou, pelo menos, todo homem se torna filósofo em alguma circunstância da vida. Isto vale antes de tudo, para nossos cientistas, historiadores, artistas. Todos eles, mais cedo ou mais tarde, costumam ocupar-se com a filosofia. Não afirmo que, com isso, eles prestem um grande serviço à humanidade. Os livros dos que se põem a filosofar sem serem por profissão filósofos, ainda que*

6 Atualmente, muitos especialistas consideram a filosofia apenas constituída da metafísica, achando que as demais devem ser consideradas ciências autônomas.

> *sejam eminentes físicos, poetas ou políticos são em geral medíocres e contém uma filosofia infantilmente ingênua e o mais das vezes falsa. Mas isso é aqui secundário. O importante é que todos nós filosofamos, e até parece que estamos obrigados a filosofar.*

A filosofia faz parte da vida, todos os aspectos da existência estão pautados por princípios filosóficos, a sociedade é regida pelos fundamentos da filosofia, a sabedoria deriva da filosofia, a politica tem como base conceitual aspectos filosóficos, sendo assim não existe vida sem base conceitual e não existe filosofia sem vida e modo de vida.

1.2 O nascimento da filosofia ocidental

Como acabamos de afirmar, filosofar é uma atividade a que todos, um dia, nos dedicamos, sem por isso nos tornarmos filósofos. Citamos a opinião exata do pensador polonês Bochenski a respeito do assunto. Reforçaremos agora com um exemplo familiar a todos nós, brasileiros: o futebol. Qualquer brasileiro entende de futebol a ponto de se julgar apto a escalar o time da seleção brasileira. Mas a atividade de treinador de futebol é profissional, depende de especialização para ser exercida. Assim, qualquer um desses "técnicos" de rua não saberia o que fazer, por onde começar se, em uma segunda-feira qualquer, se visse com a responsabilidade de treinar um verdadeiro time de futebol profissional a fim de prepará-lo para o próximo jogo.

Para operar qualquer sistema ordenado, seja filosofia, seja futebol, é necessário, além da noção dos elementos essenciais que o compõem, ter método. Sem método nada é possível. Afirma Descartes (1959, p. 11), ao iniciar o seu *Discurso sobre o método*: "O bom senso é a coisa mais bem dividida do mundo, pois cada qual julga estar tão bem dotado dele que mesmo os mais difíceis de contentar-se em outras coisas não costumam desejá-lo mais do que possuem". Mas, para construir ou entender uma ciência, não basta o bom senso, é necessário método.

Na Antiguidade, a atividade filosófica, que abrangia todo o campo do saber humano, era identificada com o conceito de *sabedoria*. Os "sábios" deveriam, para tanto, ser dotados de ecléticos conhecimentos, que abrangessem quase todo o conhecimento científico da época em que vivessem.

A cristalização do conceito da palavra *filosofia* como hoje a empregamos (e que entendemos ter evoluído de um primitivo sentido de "*amor à sabedoria*" às definições eruditas de Sócrates, Platão e Aristóteles), ocorre a partir da sua versão ao latim, quando fixa sua conceituação moderna.

Em sentido atual, a filosofia comporta uma subdivisão de campo de estudo: **ontologia** (estudo do ser) e **gnosiologia** (teoria do conhecimento ou, à moda cartesiana, teoria do método).

Com todas as perdas sofridas através dos tempos[7], mediante a especialização de seus ramos, restam incontestadas no interior do corpo da filosofia: a) metafísica; b) ética; c) moral; d) estética; e) lógica.[8]

Para melhor compreensão do que estamos comentando, é necessário transmitir alguns fundamentos básicos da Filosofia, trilhando o curso histórico da disciplina. Essas noções são

7 Morente (1980, p. 30) afirma: "A História pulverizou o velho sentido da palavra 'filosofia'. A História eliminou do continente filosófico as ciências particulares. O que restou é a filosofia."

8 A tendência contemporânea é identificar com o campo da gnosiologia apenas a metafísica.

indispensáveis para este estudo, em virtude das lacunas existentes nos livros em geral, além da omissão que há no ensino médio. Trata-se de conhecimentos básicos que, a rigor, o estudante deveria trazer em sua bagagem pré-universitária. Mas, como isso, em geral, não ocorre, obriga-nos a falha a supri-la.

A expressão *filosofia ocidental* tem sua origem entre os gregos, mais precisamente entre os gregos habitantes das antigas colônias gregas da Ásia Menor (onde atualmente se situa a costa turca mediterrânea) e da Magna Grécia, sul da Itália e Sicília.

A **filosofia grega** desenvolveu-se primeiro em suas colônias da Ásia Menor, em razão da influência da **filosofia oriental**, bem como do Egito e dos povos asiáticos do Oriente próximo, inclusive os mesopotâmios, que às colônias chegaram antes, por razão geográfica. Também influenciou, como se sabe, esse desenvolvimento o progresso econômico e comercial das colônias em relação à metrópole, ainda dominada à época pela aristocracia agrícola, mais conservadora e menos democrática. A ciência egípcia e sua pioneira organização administrativa e econômica, a religiosidade dos povos do deserto, bem como a dos orientais, o alfabeto persa, evoluído da escrita cuneiforme, e, sobretudo, o alfabeto fenício serviram de base aos gregos, que **apenas** acrescentaram a este último as vogais[9]. Tudo isso aportou primeiro às colônias, em idade que hoje podemos qualificar de *clássica* (a partir do século VII a.C.).

Realmente, regiões como a Jônia, a Lídia e a Cária, graças ao comércio de suas cidades como Pérgamo, a famosa Troia, de cultura desenvolvida e inclusive devido à domesticação e criação

9 Russell (1957, p. 13) comenta: "Os gregos, tomando-o dos fenícios, modificaram o alfabeto para que este se adaptasse ao seu idioma, realizando a importante inovação de acrescentar-lhe vogais, em lugar de empregar somente consoantes".

de cavalos, Esmirna, até hoje existente, e um importante porto turco, Éfeso, Mileto, Samos, Sardes, entre outras, alcançaram níveis destacados de desenvolvimento econômico, na extensa região que corresponde atualmente ao território da Turquia e arredores. O consequente desenvolvimento científico e social, advindo do desenvolvimento econômico, propiciou o nascimento do que se denomina *filosofia ocidental*.

Russell (1957, p. 5), em sua conhecida *História da filosofia*, inicia com as seguintes palavras, enfocando o tema:

> *Em toda a história, não há nada tão surpreendente nem tão difícil de explicar como o repentino aparecimento da civilização na Grécia. Muito do que constitui uma civilização já havia existido, milhares de anos antes, no Egito e na Mesopotâmia, estendendo-se aos países vizinhos. Mas faltavam certos elementos que foram fornecidos pelos gregos. O que estes realizaram na arte e na literatura é conhecido de toda a gente, mas o que realizaram no campo puramente intelectual é ainda mais excepcional. Inventaram as matemáticas, a ciência e a filosofia; foram os primeiros a escrever histórias, em lugar de meros anais; especularam livremente sobre a natureza do mundo e as finalidades da vida, sem que se achassem acorrentados a qualquer ortodoxia herdada. Foi tão espantoso o que ocorreu que, até recentemente, os homens se contentavam em ficar boquiabertos e a falar misticamente do gênio grego.*

O nascimento da **filosofia ocidental** a que nos referimos se deu, exatamente, na região denominada Jônia, situada, como já indicamos, no continente asiático, especificamente nas proximidades da Grécia europeia, às margens do Mar Egeu, que banha a parte oriental da península grega. A região, que fora colonizada pelos gregos, constituía-se em uma extensa colônia denominada Dodecápole Jônia, ou seja, uma confederação que gozava de grande autonomia em relação à metrópole e era formada por doze cidades, entre as quais despontavam Éfeso e Mileto. O comércio marítimo era seu forte, além de uma desenvolvida agricultura; servia de portal da Ásia para o Mediterrâneo, daí sua importância comercial e a influência que sofria da Ásia. De lá, além das mercadorias, objeto de sua existência, advinha o hábito de filosofar, típico dos povos orientais. O apogeu da região ocorre a partir do século VII a.C.

A atividade que hoje entendemos como filosófica era, literalmente, exercida então pelos "sábios", amantes e cultores da sabedoria. E a um deles, **Tales, de Mileto**, é atribuída a criação do que podemos nomear como a *primeira escola filosófica*.

Considera-se como característica do trabalho de um filósofo a capacidade deste de conseguir criar um sistema filosófico e, eventualmente, formar uma escola filosófica. O mínimo, porém, é a montagem de um verdadeiro sistema. Podemos perfeitamente atribuir esse costume à origem mesma da filosofia ocidental com Tales de Mileto.

Tales (que, segundo o historiador Apolodoro viveu entre 624-546 a.C.) é considerado o pai da filosofia grega e, consequentemente, da filosofia ocidental. Foi o primeiro a merecer, na Antiguidade, o designativo de *sábio*, conforme disse o historiador clássico Diógenes Laércio, em sua obra, datada de 250 d.C., conhecida como *Vida e opiniões dos filósofos*, e que incluiu Tales na relação denominada "os sete sábios da Grécia Antiga".[10] (Grécia Antiga, 2014)

Há dúvida quanto ao local de nascimento de Tales, sendo Mileto sua cidade de adoção; Heródoto (1985, p. 73), o

---

10 A relação dos sete sábios era a seguinte: 1) Tales, de Mileto (o primeiro e o mais ilustre); 2) Bias, de Priena; 3) Kilon, de Esparta; 4) Periandro, de Corinto; 5) Cleóbulo, de Lindo; 6) Pítaco, de Mitilene; 7) Sólon, de Atenas (Grécia Antiga, 2014).

historiador (480-425 a.C.), atribui-lhe origem fenícia, a qual explicaria melhor sua passagem pelo Egito e o conhecimento da escrita babilônica que possibilitou o estudo das mencionadas tábuas astronômicas em sua estada em Sardes. Heródoto (1985) afirma ainda que Tales era descendente de pai cário e mãe grega, embora tivesse nascido na Fenícia.

Tales foi legislador em Mileto e acumulava conhecimentos sobre todas as atividades humanas elevadas conhecidas, inclusive matemática e astronomia. Aliás, a determinação exata da época em que viveu se deve ao fato de ele haver previsto um eclipse total do Sol, ocorrido em 28 de maio de 585 a.C., provavelmente a partir de estudos que fizera em Sardes, capital da Lídia, de tábuas astronômicas babilônicas[11]. Portanto, nessa data, início do século VI a.C., ele já gozava da notoriedade necessária ao registro desse feito (Heródoto, 1985, p. 42).

Atribui-se a ele, ainda, a criação do famoso conjunto de **teoremas** que leva seu nome, em um e outro caso fruto do amadurecimento de conhecimentos astronômicos e matemáticos adquiridos no Egito, de onde trouxe também conhecimentos sobre meteorologia e seriação de tábuas de maré que iriam, no primeiro caso, render-lhe vultosa soma financeira[12] e, no segundo, permitir-lhe produzir um estudo preciso das marés na região de Mileto que propiciou a essa cidade, sob sua direção e nessa época atuando então como engenheiro, a construção de seguro

11 A Tales também é atribuída a descoberta do norte verdadeiro, determinado a partir de coordenadas baseadas na constelação da Ursa Menor, de inestimável valor para a navegação da época (Heródoto, 1985).

12 Tales, baseando-se provavelmente em seriações estatísticas aprendidas com os egípcios e que se destinavam ao registro dos ciclos de fartura e escassez agrícola das margens do Nilo, aplicou-as à sua região, Mileto, o que o levou a prever, para determinado ano, uma colheita abundante, após um longo período de seca; antecipadamente, aplicou todo o seu capital e crédito na aquisição de trapiches e prensas para azeite, além de outros utensílios agrícolas que, com a revenda e a locação por ocasião da safra, lhe proporcionaram um lucro extraordinário.

e abrigado porto, fonte de imediata prosperidade e hegemonia comercial na região.

Aristóteles afirmou que Tales foi o fundador da classe de filosofia chamada *filosofia jônica*, ou mesmo grega, que especulava sobre a origem das coisas e a natureza da matéria.

Da vida singular de Tales narram-se vários episódios. Tão absorto vivia e andava, envolto em suas investigações e elucubrações, que, certa vez, contemplando as estrelas, caiu em um poço. Não morreu, e isso foi muito bom para a filosofia.

Na área política, Tales idealizou para a Jônia um inédito e precursor Estado Federal que congregasse todos os povos e cidades da região. Um Estado democrático federativo imaginado àquela época é algo realmente espantoso. Talvez Tales tenha sido o primeiro a sistematizar os conhecimentos esparsos dos desenhistas e projetistas egípcios, voltados sempre à solução de problemas particulares, mas com técnica uniforme e desenvolvida, ainda que pouco difundida – a questão da difusão e da divulgação científica egípcia talvez esbarre na dificuldade de registro por meio da complicada escrita hieroglífica. A partir de seus estudos no Egito, Tales criou a primeira geometria dedutiva fundamentada em teoremas gerais de que se tem notícia.

Consta que, nessa ocasião, Tales ensinou aos mestres egípcios um método, inventado naturalmente por ele, para medir a altura das pirâmides. O método consistia em medir a altura de um objeto pequeno, um homem, por exemplo, e a altura da sua sombra projetada no solo em determinada hora e, simultaneamente, medir a sombra da pirâmide projetada no solo; mediante simples regra de três, então, apura-se a altura exata do monumento.

A preocupação dos homens em saber naquele tempo a origem das coisas e do Universo era uma constante. E os quatro elementos naturais, a água, o fogo, o ar e a terra, eram naturalmente frutos de especulação. Os pensadores dessa época, denominados *físicos*, preocupavam-se especialmente com a origem de tudo o que existe e elaboraram uma série de doutrinas sobre a **protossubstância**[13].

Tales, impressionado com o movimento e a transformação de todas as coisas existentes, centrou sua filosofia na afirmação de que a água seria o elemento fundamental e a origem mesma do universo sensível. A umidade, dizia, identifica a vida; a morte tudo resseca; os germes da vida são sempre úmidos, e a água, com seu incessante movimento, deveria e poderia ser a origem de todas as coisas. Não seriam desconhecidas de Tales a natureza do movimento molecular da água e sua constituição química especial e elementar. Raciocinava ele, ainda, que tudo se nutre daquilo de que se origina e achava que a Terra estava assentada sobre água.

Ao se perguntar o que as coisas são – referindo-se ao princípio delas –, a origem de suas mudanças e mutações, enunciou Tales o problema capital da filosofia e com ele se iniciou, historicamente, a filosofia ocidental.

Tales, como dissemos, responde à pergunta sobre a origem das coisas assinalando a água como o elemento fundamental, melhor dizendo, o úmido, que pela sua ação faz com que as coisas se alterem, por condensação ou dilatação. Porém, esse não é só o fundamento das coisas, aquilo em que as coisas consistem, senão o princípio da vitalidade de todo ser vivente. A propósito,

13 Elemento primordial a partir do qual tudo passou a existir.

cerca de 60% do nosso corpo é constituído por água. Essas afirmações têm por inferência, enfim, o fato de que o sêmen, matriz da vida, é líquido e a constatação de que (principalmente para um grego) o mar cerca a tudo.

Tales considerava, ainda, que o movimento impregnava e animava as coisas de modo que a matéria se reduziria, em última análise, à alma, imperecível e imortal.

Mesmo que ingênua, a teoria filosófica criada por Tales, além de precursora, detém, pela primeira vez, o valor de alguém ter criado um verdadeiro sistema de natureza filosófica. Evidentemente que, em razão da atribulada vida de Tales, o sistema filosófico montado foi resultado do conjunto de suas atividades como sábio, cientista. Mas foi o suficiente para fundar a primeira escola filosófica importante, a escola de Mileto, ou **milésia**, e dar o impulso inicial para essa instituição, que atualmente denominamos, simplesmente, *filosofia*.

1.3 Escola milésia

Na filosofia grega a figura de Sócrates (469-399 a.C) desponta como um marco divisor. Isso se deve ao fato de ter sido ele que, de forma marcante, trouxe a filosofia clássica para o interior do ser filosófico conhecedor, o **homem**. Contribuiu para esse feito, é bem verdade, a atividade contemporânea dos filósofos sofistas, mas a personalidade exponencial de Sócrates ultrapassa em fama a todos eles. Isso justifica ser ele então o divisor entre a filosofia que lhe antecedeu, dita *física*, *naturalista*, *cosmogônica* ou *materialista*, e a dos seus pósteros, centradas no homem, de caráter eminentemente antropológico. E aqueles que o sucederam, também chamados *socráticos menores*, pode-se designar *pós-socráticos*.

A primeira escola filosófica formou-se em Mileto, à sombra da fama do sábio Tales, e ficou conhecida por *escola milésia*. Esta escola durou entre o apogeu dele, em torno do ano 600 a.C., até a morte de Anaxímenes, em 524 a.C.

Como já foi dito, os filósofos pré-socráticos fundamentavam suas especulações filosóficas na origem do Universo e das coisas, da vida, inclusive atribuindo a força criadora aos elementos fundamentais conhecidos: o ar, o fogo, a terra e, como Tales, a água. Até que surgiu uma ideia nova com outros filósofos.

Anaximandro (610-547 a.C.), fugindo à regra, em sua obra *Da natureza*, publicada no fim de sua vida e da qual só restaram fragmentos, inovou fazendo as seguintes considerações: o princípio de tudo era a *arquê*[14], a infinitude, força original e termo inicial da força criadora de todas as coisas, o *ápeiron*, o infinito; da *arquê*, a infinitude, provinha a força criadora, o *ápeiron*, o infinito, recobridor do finito, já que todas as coisas são finitas e têm no infinito sua natural limitação.

O cosmos, assim, é regido por uma lei biunívoca que abarca a tudo, um dualismo concentrador de todos os fenômenos, orgânicos e inogârnicos, viventes e não viventes: criador, criatura e morte. Esse cosmos é, pois, um gigantesco conjunto em que tudo se rege por uma íntima coerência de duas forças criadoras originais.

É intrigante como essa teoria cósmica de Anaximandro faz lembrar a teoria do *big bang* da astrofísica contemporânea.

---

14 Esse vocábulo é radical componente de uma porção de palavras em que a ideia de antiguidade seja preponderante, como em *arqueologia* e *arqueano* etc.

Anaxímenes (588-524 a.C.) foi, naturalmente, discípulo de Anaximandro. Ele trabalhou com as mesmas ideias deste, extraindo, contudo, uma conclusão de natureza científica menos original e mais simples quanto à origem do Universo. Acrescentou, porém, um arremate filosófico de grande importância, fazendo nascer a primeira dicotomia filosófica significativa, no confronto das suas ideias com as do mestre. A protossubstância para Anaxímenes era única: o ar, ou *apeiros-arquê*, uma força unívoca, em concepção rigorosamente monista.

O ar era o princípio dos corpos simples, produzindo tudo a partir da sua condensação ou rarefação; comprimido, criava o fogo; dilatado, a água e a terra. Da mesma forma que a concebida por Anaximandro para o *ápeiron*, achava Anaxímenes que o ar recobria a todas as coisas e ao Universo inclusive. Dizia que o ar recobria o Universo da mesma forma que o ilimitado recobria o limitado. Mas não na forma que o estático recobre o dinâmico. Ao contrário, o ar é elemento vivo e dinâmico; é como a alma humana, um alento, ou um hálito que se contrapõe à passividade da matéria.

Para ele, o ar seria o mais democrático dos elementos, aquele que iguala a todos, pobres e ricos, fracos e poderosos, súditos e soberanos: todos dele dependem igualmente para sobreviver. Essa concepção ética de Anaxímenes traz a teoria cósmica de Anaximandro e a dele para contexto próximo da vida humana em sociedade, deixando a filosofia a um passo da perquirição dos imensos e complexos problemas antropológicos na relação do homem com o Universo, com o Estado, com a religião, a política, a justiça, com a alteridade e o direito, com a moral e a ética.

O que nele se denota é a introdução conceitual de uma ética física (ou moral superior) que só com Sócrates e alguns sofistas iria passar a ocupar de forma consistente o centro das preocupações filosóficas, a partir daí centradas no homem.

Na filosofia, desde seus primórdios identificou-se um antagonismo entre lógica e dialética, do qual falaremos com a próxima exposição do pensamento de Heráclito e Parmênides, no campo da **gnosiologia**, ou **teoria do conhecimento**. Com Anaxímenes nasce outra dicotomia importante, no campo da **ontologia**, ou **estudo do ser**, entre monismo e dualismo. A protossubstância seria única ou dual, dúplice? Obedeceria a uma lei, ou determinação, unívoca ou biunívoca?

Anaximandro a duplica, em *arquê* e *ápeiron*. Anaxímenes a unifica, em *apeiros-arquê*, ou o *ar*. Aqui, veja-se, não interessa exatamente de qual substância se trata, mas sim da **ideia filosófica** defendida.

A consequência filosófica dessa unificação é a consideração de que, sendo única a substância, esta só se altera qualitativamente mediante mudanças quantitativas, ou seja, o processo qualitativo de criação se processa no interior da substância única por alterações para mais ou para menos do fator energético nela contido. Trocando em miúdos, essa genial ideia de Anaxímenes parece ter se originado da observação de que os corpos, ao esquentarem se dilatam, e ao esfriarem se contraem e de que a água, por exemplo, ao se resfriar ou se aquecer, sofre uma mudança qualitativa, de estado; assim, sob frio intenso muda seu estado líquido para sólido; e sob intenso calor, muda seu estado líquido para gasoso.

Esse seria o processo de criação de tudo o que existe. Afirmava que, por rarefação do ar, se origina o fogo e, por condensação gradual, sucessivamente, o vento, a nuvem, a água, a terra e os objetos sólidos, duros (a pedra e demais minerais) e, em sentido universal, todos os astros e corpos celestes. Os seres orgânicos, os humanos em especial, também são formados pelo ar mais ou menos condensado e dotados de um sopro vital constituído da protossubstância pura, a alma.

1.4 Heráclito de Éfeso

Éfeso, próspera cidade da Jônia cujas ruínas estupendas e com seu famoso templo a Artemis (Diana) conservado, ruas e calçadas pavimentadas em mármore, foi berço de Heráclito (576-480 a.C.), sem favor, um dos maiores pensadores de todos os tempos.

Sua biografia inclui uma notável atitude. Nobre, herdeiro do trono de sua cidade-estado, ao chegar o momento de ser coroado rei, abdica do trono em favor de seu irmão, atitude única a tomar por quem não podia perder um minuto de seu precioso ócio com coisas inferiores à pesquisa filosófica, como o simples reinar sobre seus súditos.

Consta ter sido discípulo de Anaximandro. Como nunca se afastou de Éfeso, é provável que não tenha sido aluno direto do milésio; contemporâneo, porém, tanto de Anaximandro quanto de Anaxímenes e vivendo na mesma região, é impossível que não tenha recebido influência desses seus ilustres antecessores.

Seu pensamento exerce pesada influência filosófica e científica até nossos dias. Foi talvez o primeiro a perceber a necessidade de separar a especulação filosófica em torno da origem do Universo e das coisas da metodologia científica empregada na especulação, apartar a ontologia da gnosiologia. Dizia que uma coisa é saber muito, outra é entender.

Na ontologia surpreendeu com sua original concepção do **logos**, força natural identificada com a criação do Universo, impressa, e por isso reconhecível, em todas as coisas, inclusive no intelecto humano, este também criado pelo *logos* e por ele indelevelmente marcado.

Logos, verbete grego com ampla significação[15], é utilizado por Heráclito no sentido de força criadora original, consistindo na própria essência da natureza impregnada na inteligência humana que concede a capacidade racional do homem. A luta, afirmava, é justiça; da luta resulta a harmonia. Isto é, da luta, mesmo tratando-se de uma guerra, resulta a justiça; da luta, da oposição de contrários, resulta a harmonia. O fogo é puro, dizia Heráclito, a água ignóbil; mas da sua combinação surgem todas as coisas. O úmido, originado da água, é benéfico em relação à secura proveniente do fogo. Porém, o melhor está na alma mais seca, mais do que na mais úmida.

Na gnosiologia ou teoria do conhecimento, criou, pode-se assim dizer, o **método dialético**. A dialética, segundo Heráclito, é a chave para o entendimento da natureza, redutora de um **duplo processo lógico** natural coordenador de contrários, antagônico em regra e dinâmico sempre; é o processo pelo qual o logos a tudo cria. Esse processo, suscetível de ser captado pelo logos (inteligência) do homem, coloca ao seu alcance a verdade física universal impressa em todas as coisas e, por isso, apesar de estarem em permanente movimento (dinâmica universal), podem ser entendidas pela sabedoria humana. E esta, a inteligência, nada mais é que fruto supremo do processo criador natural. Esse processo dialético natural, ou simplesmente procedimento

15 *Logos*, em grego, significa a palavra, a ordem, a razão, a inteligência, a razão divina, o verbo divino e, por corolário,o saber filosófico (Bailly, 1963, p. 1.200, tradução nossa).

da natureza, identificado e captado pelo logos humano (razão) é causa de todo conhecimento científico.

Na idealização da sua dialética metodológica, H,eráclito inspirou-se, no plano racional, no teatro. À oratória, montada em discurso unívoco, dito *monólogo*, o autor teatral contrapõe um discurso biunívoco, montado em discurso plural, dito *diálogo*. Assim, a mensagem do teatro se produz mediante forma dialogada, com a exposição concomitante de discursos diversos, díspares, diferentes, antagônicos, de acordo com as necessidades da narrativa.

Esse procedimento foi aperfeiçoado mais tarde por Platão, que racionalizou ao extremo o método para utilização na exposição de sua filosofia das ideias, do **mundo das ideias** que se opõe ao **mundo dos sentidos**.

1.5 A escola eleática

A escola eleática, ou escola de Eleia, nome pelo qual também é conhecida, surge da migração de Xenófanes de Colofon, cidade jônia situada na Lídia, Ásia Menor, para Eleia, cidade recém-fundada na Magna Grécia. Essa região, situada no sul da península itálica, era progressista colônia grega que, alguns séculos mais tarde, seria conquistada pelos romanos, servindo de porta de entrada destes para o território e a cultura grega.

Xenófanes, jovem de espírito errante, era ator e se apresentava pelas cidades gregas como intérprete dos poetas Hesíodo e Homero, principalmente. Quando estava vivendo na Sicília, em Zancle (atual Messina), soube da fundação de Eleia por colonos fenícios, na parte sul da península itálica, na Lucânia, junto ao mar Tirreno, ao norte da Calábria. Mais tarde, sob o domínio romano, essa cidade seria rebatizada com o nome de Veglia, cujas ruínas existem até hoje. Na região calabresa, no Metaponto, apareceria logo em seguida a escola pitagórica. Todavia, os eleáticos evoluíram seu pensamento na linha tradicional de Heráclito e da escola milésia e nada, ou pouco, tiveram a ver com Pitágoras.

A filosofia grega originária da Jônia gozava de liberdade considerável para a especulação filosófica, dada a pouca interferência que sofria da parte dos sacerdotes ligados à religião olímpica grega, bem como do espírito democrático que permeava, desde os albores, as *polis* (cidades-estado) gregas. Porém, a liberdade de pensamento de Xenófanes em Eleia bateu todos os limites da ousadia.

Xenófanes atuava como um reformador em dois campos: no religioso, criticando a religião oficial dos gregos, e no filosófico chocando-se com as ideias do então jovem Heráclito, de Éfeso. Essa linha crítica foi depois refinadamente completada por seu discípulo, Parmênides, de Eleia.

Moralista e adepto da pureza espiritual, a partir dos textos que tão bem conhecia de Hesíodo e Homero, Xenófanes se escandaliza com o mundo dos deuses olímpicos. Dizia ele: "Homero e Hesíodo atribuem aos deuses atos que sempre foram motivo de escândalo e vergonha entre os homens: roubo, adultério e trapaça mútua". E, quanto aos mitos obscuros da cosmogonia religiosa relatada na *Teogonia* de Hesíodo, afirmava não passarem de "lendas de tempos passados" (Torres Filho, 1995).

Mas Xenófanes se supera. Critica de forma implacável qualquer tipo de concepção antropomórfica das divindades. Zombeteiro, afirmava, de acordo com Gaarder (1997, p. 39):

> *Se as vacas, os cavalos ou os leões tivessem mãos e pudessem pintar e realizar obras como os homens, então os cavalos criariam deuses com figura de cavalo, as vacas com figura de vacas, os leões com figura de leão. [...] Por isso os etíopes fazem seus deuses negros e baixos, os trácios os representam com olhos azuis e ruivos.*

Ora, para um homem público e filósofo, se tais pensamentos seriam ousados hoje, imagine naquele tempo!

Vejamos o comentário de Wilhelm Capelle (2009, p. 66) a respeito: "Tão ousados pensamentos devem ter parecido inauditos, pois ninguém até então havia atacado de forma tão impiedosa e mordaz a crença antropomórfica na divindade. Pela primeira vez aparece na história do pensamento, o reconhecimento claro da verdade: '*Tal o homem, assim seu deus*'".

Na linha de Anaximandro, Xenófanes deixa de lado a procura de uma protossubstância entre os elementos sensíveis e concebe uma força criadora subjacente a tudo o que existe, nasce e morre, invisível, imponderável, mas sempre idêntica a si mesma. Dizia: "A qualquer parte onde dirija meu espírito, se apresenta uma natureza sempre igual. O todo, em seu eterno ser, instável em todas as partes, converge em uma única e homogênea natureza" (Capelle, 2009, p. 67).

Esse todo é eterno: não teve princípio e é, por consequência, imperecível. Do mesmo modo, por que não teve princípio, tampouco está sujeito a mudanças, já que concebido e entendido como totalidade – o todo que é. Dessa forma, fica eliminada a possibilidade de existência de vários deuses, pois fica evidente que um único poder rege o todo, rege o Universo. Esse poder não tem limites de nenhuma classe. É todo-poderoso.[16]

Negando qualquer tipo de semelhança entre Deus e os mortais, de acordo com Capelle (2009, p. 68), Xenófanes afirmava: "Ele permanece sempre no mesmo lugar, imóvel, e não é próprio que se mova de um lugar a outro, porque sem esforço dirige o Todo com a força de seu espírito".

Parmênides, de Eleia (540/539 a.C. até pelo menos 450 a.C.), este esdrúxulo registro de sua vida, frequente entre os antigos, deve-se, quanto ao seu nascimento, em Eleia, à notação dos historiadores Teofrasto e Diógenes Laércio; quanto à sua morte, de que não se tem registro exato, sabe-se que viveu até 450 a.C. dado que nesse ano esteve em Atenas e encontrou-se com o jovem Sócrates, então com cerca de 19 anos, segundo assinalou Platão.

Discípulo de Xenófanes tornou-se o maior destaque da escola eleática. A proximidade de Eleia do Metaponto, sede da escola pitagórica, faz crer que Parmênides tenha recebido influência filosófica de Pitágoras, cujo rigor científico e matemático se percebe no raciocínio parmenidiano. Mas a influência se restringe ao campo do método, vistas as profundas diferenças filosóficas e cosmogônicas entre os dois.

Alguns historiadores da filosofia dizem ter Parmênides inventado a lógica. Antecedido por Pitágoras e sua lógica matemática e, mais, por Heráclito e sua doutrina do logos, vê-se

16 A grande contribuição primeva de Xenófanes à nascente escola eleática, e que iria servir de base à argumentação lógico-metafísica de Parmênides, pensamos, é exatamente a redução da multiplicidade dos deuses pagãos gregos, inútil perante uma fina razão, à univocidade irretorquível da divindade, substituindo a multiplicidade da criação (a exigir para cada nova descoberta humana um deus novo) pela sua universalidade unívoca. O princípio de identidade parmenidiana está por inteiro enunciado no ente criador único de Xenófanes (Capelle, 2009, p. 68, tradução nossa).

que tal afirmação é improcedente. Todavia, sobre isso comenta Russell (1957, p. 56): "uma dúvida não paira: foi Parmênides o criador da metafísica[17] baseada na lógica".

Parmênides se voltou contra Heráclito de Éfeso. Achava o pensamento do efésio, referente ao fluir, ao devir de todas as coisas, incompreensível, não aceitando em hipótese alguma que uma coisa pudesse ser e não ser ao mesmo tempo. Dizia, segundo Morente (1980, p. 72): "Como pode alguém compreender que o que é não seja, e o que não é, seja? Não pode ser! Isto é impossível!".

Contestou a Heráclito afirmando que as coisas não mudam e, por consequência, as pessoas também não mudam, são sempre as mesmas. O que as identifica é o nome pelo qual são conhecidas, de sorte que, estejam elas presentes ou não, hoje, ontem, ou daqui a dez anos, vivas ou mortas, elas são sempre as mesmas, pois, ao ser mencionado o seu nome, delas se pode falar corretamente. Estava, assim, colocado em forma o chamado *princípio de identidade*, que ultrapassou sua importância filosófica e marca até hoje o campo jurídico.

A ideia básica de natureza científica está no princípio de que dois corpos não podem ocupar o mesmo espaço físico ao mesmo tempo, de modo que nunca a identidade de uma pessoa pode ser confundida com a de outra. Todas as pessoas são, assim, únicas e insubstituíveis, e reconhecíveis, para sempre, pelo seu nome. "Quando alguém mencionar, hoje e sempre, a Parmênides, de Eleia, todos saberão, sempre, de quem se trata", – dizia. E claro, está implícito, nenhum outro ente poderia ocupar, ainda que em ideia, o seu lugar.

Todos nós somos, portanto, únicos e insubstituíveis!

---

17 A próxima seção deste capítulo aborda exclusivamente a metafísica.

A partir dessa ideia notável, Parmênides parte para a exposição de sua intrigante teoria ontológica, herdada em parte da ideia de divindade de Xenófanes.

Parmênides, em sua obra *Da natureza*, expõe sua ideia da existência de dois mundos, ou duas realidades, que viria logo a seguir influenciar Platão: o mundo das aparências, ilusório, perceptível pelos nossos enganosos sentidos, e o mundo do Ser verdadeiro, único, infinito e imóvel. Esse Ser, uma espécie de deus panteísta, na melhor tradição dos filósofos pré-socráticos, é extenso e material, com forma geométrica esférica. A esfera, além de ser considerada o sólido geométrico perfeito, dá a ideia, por metáfora, de infinitude, de uma entidade sem limites.

A proposição de Parmênides pode assim ser resumida: "O Ser é, e é impossível que não seja. O não Ser não é e não se pode sequer falar dele". E, acrescentando a ideia de supremacia da razão sobre os sentidos, complementa: "É o mesmo o Ser e o pensar".

Dessa proposição tripartida derivam consequências irrespondíveis, irretorquíveis, das quais, a título de exemplo, destacamos quatro:

1. o Ser é único;
2. o Ser é imóvel;
3. o Ser é eterno;
4. o Ser não tem princípio nem fim.

Parmênides argumenta que a primeira proposição é verdadeira porque, se existisse mais de um Ser entre eles, haveria o não Ser a separá-los. **Mas o não Ser não existe.**

A segunda é verdadeira porque, se o Ser se movimentasse, ele se movimentaria em algo que não seria ele próprio; seria outro Ser, o que é impossível em razão da hipótese primeira, ou seria o não Ser. **Mas o não Ser não existe.**

A terceira é verdadeira porque, se o Ser não fosse eterno, ao se findar, surgiria outro Ser, o que é impossível em face da hipótese primeira, ou se findaria no não Ser. **Mas o não Ser não existe.**

A quarta é verdadeira porque se o Ser tivesse princípio ou fim, ele se originaria ou se findaria em algo que não seria ele próprio; outro Ser, impossível de acordo com a primeira hipótese, ou o não Ser. **Mas o não Ser não existe.**

Duas conclusões de interesse para nossas indagações pessoais devem de imediato sacar-se da exposição parmenidiana: a primeira é que, que de um pensamento óbvio, se verdadeiro, podem-se extrair surpreendentes, complexos e inesperados raciocínios, dependentes apenas do poder criativo do expositor, o que não deixa de ser importante para os que terão na palavra seu principal instrumento de trabalho; a segunda é, que o princípio jurídico de identidade, comum à nossa atividade diária, não parte de uma simplificação estatística vulgar, mas de um procedimento de rigorosa racionalidade, baseada na mais elevada e refinada metodização.

Zenon, de Eleia (490-430 a.C.), discípulo (o mais importante) de Parmênides, lutou para preservar a reputação de seu mestre e deu singular contribuição ao seu raciocínio. Matemático, puxou a argumentação para sua especialidade.

Em apoio às ideias de Parmênides, Zenon procurou ridicularizar com os conceitos de multiplicidade do Ser e do movimento. Argumentava que, se existisse mais de um Ser, o número de seres seria ao mesmo tempo finito e infinito, o que é absurdo.

Quanto ao movimento, afirmava que este seria apenas aparente, pois sua constatação é impossível.

Ilustrava suas proposições com metáforas que se constituíam em argumentações que visavam à redução ao absurdo na conclusão da narrativa. Essas metáforas eram chamadas de *aporias*, termo que significava literalmente "beco sem saída". A mais célebre de suas histórias era a da corrida de Aquiles, o mais rápido dos homens, e a tartaruga. Dizia ele que, se a tartaruga saísse à frente de Aquiles na corrida, jamais ele conseguiria alcançá-la já que, quando Aquiles atingisse o lugar onde a tartaruga estava, esta já teria andado alguma coisa; quando de novo atingisse o lugar onde a tartaruga tinha estado, esta já teria andado alguma coisa. E isso ao infinito, de modo que Aquiles jamais conseguiria alcançar a tartaruga.

Outra aporia célebre de Zenon é a do arremesso de uma flecha a um alvo. Dizia ele que, se uma flecha fosse arremessada por um arqueiro, ela teria de percorrer primeiro a metade da distância entre o arco e o alvo, antes de atingi-lo. Mas, para percorrer a metade da distância, teria de percorrer primeiro a um quarto da distância e para percorrer um quarto da distância, teria que percorrer antes um oitavo da distância, e assim sucessivamente, ao infinito, de sorte que a flecha, não podendo movimentar-se por infinitos intervalos, ficaria simplesmente parada, impossibilitada de percorrer qualquer distância.

O argumento de Zenon se referia ao problema da composição do infinito em geometria, no sentido da infinita divisibilidade de qualquer coisa contínua, como um segmento de reta qualquer.

As aporias de Zenon significam paradoxos, mas com um sentido particular de proposição sem saída lógica.

Essa linha adotada por ele irá servir, e muito, como veremos mais adiante, à argumentação de muitos dos chamados *filósofos sofistas*, que desenvolveram a arte da erística, a arte, afinal, que fundamenta o trabalho dos advogados.

1.6 A metafísica

Metafísica vem do grego *meta* + *physiká*, sendo que o primeiro radical, *meta*, significa "além", "transcendência", entre outros sentidos, e o segundo, "*física*, de *phísis*". Literalmente, significa "além" ou "transcendente ao físico", em suma, "o que não é físico", é fruto de uma expressão, e não de um verbete, não registrado, esclareça-se, por um dos melhores dicionários ocidentais, o de Bailly (1963).

Todavia, registram os mais conceituados tratadistas, entre eles o famoso dicionarista espanhol Ferrater Mora, a versão de que, em verdade, esse nome (que claramente não aparece nos textos aristotélicos) foi dado por Andrônico, de Rodes, quando editou, no século I a.C., a obra de Aristóteles. Como os oito primeiros volumes editados compusessem a parte dedicada à *Física* (doutrinas e ciências naturais), os que o seguiram, e que tratavam da "filosofia primeira", denominação do próprio Aristóteles, designou-os Andrônico com a expressão *tá metá tá physicá*, isto é, "após a física", ou "além das coisas físicas"; essa expressão teria se tornado, já que pertinente, designativo filosófico daquilo que está além, ou "transcendente" à física em sentido grego – natureza.

De qualquer forma, a maioria dos tratadistas registra que Aristóteles usava para a parte não física de sua obra, a expressão *filosofia primeira* e que a expressão *metafísica* por ele não foi usada, posto que, fruto da expressão atrás mencionada, surgiu depois de sua morte. Assim, para este, a filosofia primeira, entendida hoje como "a metafísica aristotélica", se desdobra em dois significantes filosóficos: 1) a ciência do ser indeterminado ou geral que penetra ou domina todo ente, não podendo ser objeto de experiência, embora entranhe todo experimentável como seu âmago mais íntimo; 2) a ciência do **inexperimentável** que ultrapassa o empírico para perquirir sobre sua origem primeira, o Ser infinito e divino, criador de todo ente finito.

1.7 Os atomistas

Nada, aparentemente, explica o brilho ímpar da civilização grega. As práticas democráticas, provenientes talvez da própria "democracia" resultante da religião pagã olímpica, a mitologia simplória, rural, de Homero e Hesíodo, espetacularmente intrigante, todavia, devem explicar muito dessa vocação cultural perfeccionista que se expandiu em todas as direções do saber humano. Mas o salto filosófico, fruto sem dúvida da democracia assinalada, tem talvez uma explicação paradigmática extraída de três importantes fenômenos ocorridos naqueles tempos.

O primeiro, entendemos, foi a concentração do trabalho filosófico de três portentos em uma única e próspera cidade, Mileto, em um mesmo século: **Tales**, **Anaximandro** e **Anaxímenes**. Um trio desse porte eternizaria qualquer cidade, por maior que fosse, e em qualquer época, como um respeitável centro cultural. E

Mileto, em termos atuais, é uma cidade de porte médio, mas, sendo naqueles tempos uma grande cidade, passava à história como o autêntico e incontestado centro criador da filosofia (jônia, grega e ocidental). Esse fenômeno seria talvez suficiente para explicar a explosão regional da civilização grega e que serviria de suporte ao, já em processo, desenvolvimento econômico.

Pitágoras, de Samos, e Heráclito, de Éfeso, acrescentariam ao fenômeno milésio a força de seus robustos pensamentos, mas a repetição do mesmo fenômeno viria engrossar a base cultural grega, ainda fora da metrópole.

Novamente, em curto período, pouco mais de um século (de 540 a.C., data provável da chegada de Xenófanes a Eleia, a 430 a.C., data da morte de Zenon), três outros gênios da filosofia se concentram em uma mesma cidade, de porte menor que Mileto, mas situada na próspera colônia grega itálica: **Xenófanes, Parmênides** e **Zenon**. É a repetição, em continuidade, do mesmo fenômeno criador da filosofia ocidental, fator de desenvolvimento da cultura grega e, portanto, o segundo suporte sequente pré-socrático à base da eclosão, desta vez, do fenômeno ático, por vezes denominado *escola ática*.

Pois então, em Atenas, nas mesmas condições anteriores e agora em uma grande metrópole, com centenas de milhares de habitantes, em menos de um século e meio, tendo à sua retaguarda as escolas milésia e eleática, o fenômeno se repete pela terceira vez: ali vivem **Sócrates, Platão** e **Aristóteles** (de 450 a.C., data do início do florescimento de Sócrates, a 322 a.C., data da morte do estagirita).

Isso contando ainda com o enriquecimento do pensamento de prodígios do porte de Pitágoras e Heráclito, já citados, e de Empédocles, Anaxágoras, Epicuro, Carnéades, dos incontáveis sofistas, como Protágoras e Górgias, e ainda, na linha das escolas originais dos fabulosos atomistas. Com um elenco extraordinário como este, somente no campo rigoroso e extremo como o da filosofia, tudo o mais achamos tratar-se de desdobramento e consequência intelectual natural, lógica.

Dois filósofos são considerados criadores do atomismo: **Leucipo** e **Demócrito**. Não se conhecem com certeza as datas de nascimento e morte dos dois, mas, por referências de terceiros (como Aristóteles), sabe-se que a florescência de Leucipo (mais velho que Demócrito) deve ter ocorrido entre 450 e 430 a.C., e a de Demócrito entre 430 e 420 a.C., sendo, portanto, contemporâneos. A relação mestre-discípulo de Leucipo para Demócrito é provável, e assim como no caso de Pitágoras, também houve quem duvidasse da existência real de Leucipo; com base em Aristóteles, contudo, que provinha da mesma região em que floresceu Leucipo, Abdera, cidade natal de Demócrito e de Protágoras, pode-se concluir pela certeza de ele ter existido. O historiador Teofrasto também confirma com plenitude de certeza a existência de Leucipo. A dúvida na verdade surgira em virtude de uma afirmação pelo menos inconsistente do filósofo pós-socrático Epicuro.

Leucipo provinha de Mileto e, além da influência que naturalmente recebeu da famosa escola que surgiu nessa cidade, também foi muito influenciado por Parmênides e Zenon; foi de Zenon, sem dúvida discípulo, quando, vindo de Mileto, esteve em Eleia. Mas, em termos pessoais, realmente pouco se sabe. As melhores alusões a ele são devidas exatamente a Aristóteles. A forma objetiva com que o estagirita comenta suas ideias serve de comprovação da sua existência real. De qualquer maneira, Leucipo, de Eleia migrou para Abdera, na Trácia, norte da Grécia.

O trabalho filosófico devido a Leucipo, e que viria a servir de suporte ao desenvolvimento posterior de Demócrito, inicia-se pela tentativa de unir a ontologia de Parmênides à doutrina de Heráclito sobre o constante fluxo das coisas.

Leucipo admite, como seu mestre Zenon, que o Ser é incriado, imutável e imperecível. Apesar disso, curva-se à evidência da multiplicidade e do movimento. Sente-se obrigado a admitir a existência da multiplicidade de seres, negada pelos eleatas sob o argumento de que nada poderia separar esses seres, já que todo o Universo estava preenchido por um Ser, único e imóvel. Pela mesma razão negavam os eleatas a possibilidade de existência do movimento, já que o Ser não poderia movimentar-se no vazio, pois o vazio só poderia ser o não Ser, cuja possibilidade de existência negavam. Além disso, sustentavam que o movimento e a multiplicidade não passavam de aparência captada erroneamente pelos sentidos.

Nesse ponto começa a funcionar o pensamento evoluído de Leucipo, supondo com razão que, sem o **vazio**, não seria possível conceber-se nem o movimento nem a multiplicidade. Houve um passo decisivo ao admitir a existência do "**vazio**" em oposição ao "**cheio**", descaracterizando, assim, a concepção abstrata de Parmênides.

Opôs o corpóreo ao incorpóreo, ou seja, o Ser, em toda sua plenitude, ao não Ser, agora tomado como mera ausência de massa. Leucipo se atreveu então a afirmar que o não Ser é o espaço vazio e, portanto, tinha existência equivalente ao Ser, identificado ao espaço cheio. **Cheio** e **vazio** são, pois, os dois fundamentos do mundo físico.

Empédocles, que tentara igualmente o feito de unificar Parmênides e Heráclito, havia suposto, de forma singela, mas convincente, que o mundo era formado por partículas extremamente diminutas de elementos que, agrupados ou dispostos uns ao lado de outros, formavam o mundo visível.

Mas o que iria influenciar mesmo a Leucipo na concepção de sua teoria atomista era a famosa dicotomia de Zenon, que havia dado consistência às suas famosas aporias, referente à divisibilidade dos corpos ao infinito, tal como concebida, dita *divisão*, no plano da geometria a divisibilidade de um segmento de reta qualquer.

Em aberta oposição a essa doutrina, Leucipo, ao refletir sobre o problema da matéria, chegou à conclusão de que deveriam existir, como já previra Empédocles, partículas sólidas indivisíveis. Se as coisas pudessem ser divididas ao infinito, os espaços vazios resultantes das sucessivas divisões deveriam igualmente ser infinitos, já que sem esse "vazio" não era concebível a divisão dos corpos idealizada teoricamente por Zenon.

Realmente, a divisão de Zenon fora concebida dentro de um ponto de vista abstrato, matemático, ou melhor, de lógica filosófica matemática, que, todavia, se mostrava ser de impossível comprovação na realidade física. As partículas materiais, conclui Leucipo, constituintes das massas dos corpos, têm de estar livres de qualquer classe de **vazio**, têm de estar totalmente **cheias** e **indivisíveis** (**atoma**, literalmente, em grego, "indivisível, que não se pode cortar") e não sujeitas à apatia, (***apate***, de ***apateia***, em português: *apatia*), com o sentido de "impassível" ou "imutável". Todos os corpos visíveis estão formados por tais partículas materiais indivisíveis e invisíveis, e esses corpos têm entre suas partes constitutivas, ou **átomos**, espaços vazios, os quais, contudo, têm comportamento dinâmico, inquieto, inverso à apatia.

Os átomos de Leucipo são uma réplica perfeita e microcósmica do ον de Parmênides (ον, ente, Ser), não criado, imutável, imperecível, só que agora concebido de forma desagregada em número infinito de partículas, dando sentido à multiplicidade natural das coisas.

Sobre isso comenta Aristóteles, que leu, sem dúvida, as obras de Leucipo e Demócrito: "Eles argumentam que não é possível o movimento local" (no interior dos átomos, ou da partícula indivisível que forçosamente serviria de base material, de massa formadora, de tudo o que existe); "em segundo lugar, o fato de que alguns corpos se contraem e se condensam; em terceiro lugar, que o crescimento das coisas parece ser consequência dos espaços vazios. Usa como prova a experiência da cinza, que é capaz de absorver tanta água quanto um recipiente vazio".

Os átomos e os espaços vazios são, portanto, os únicos elementos constitutivos da realidade. Assim como há infinitos seres individuais, há infinitos espaços vazios, e o espaço vazio circunda e envolve nosso mundo e todos os mundos possíveis e estende-se até o infinito.

Já Demócrito é figura que se tornou mais conhecida e, portanto, de existência mais bem comprovada. Tendo nascido em Abdera, cidade situada na Trácia, porção norte da Grécia Antiga (hoje ocuparia parte da Turquia, Grécia, Bulgária e Macedônia). Aliás, o conhecimento da filosofia de Demócrito e, por consequência, de Leucipo por Aristóteles tem como explicação complementar o fato de os dois serem, de certa forma, conterrâneos, pois Aristóteles nasceu em Estagira, cidade da Macedônia e, nessa época, a Macedônia de Felipe, pai de Alexandre o Grande, dominava toda a Trácia.

Demócrito era contemporâneo de Sócrates e esteve em Atenas. Mas reclamava que não havia sido notado por ninguém naquela cidade. O estagirita dele cuidou, assim como de seu parceiro indissolúvel, Leucipo. Porém, Platão o ignorou solenemente e, segundo o historiador Diógenes Laércio, de propósito, pois tinha aversão às ideias de Demócrito, nutrindo por ele verdadeiro ódio.

As ideias fundamentais da filosofia atomista são atribuídas a Leucipo, mas, dada a comunhão entre este e Demócrito, fica muito difícil e desnecessário distingui-los. A filosofia registra diversos casos de comunhão de ideias filosóficas como a de Leucipo e Demócrito: Sócrates e Platão, Leibniz e Wolff, Marx e Engels, são exemplos desses casos.

Segundo Russell (1957), o ponto de vista da dupla "assemelha-se surpreendentemente com o da ciência moderna, tendo evitado muitas das falhas a que a especulação grega era propensa". E prossegue Russell (1957, p. 85) no seu comentário:

> *Acreditavam que tudo se compunha de átomos, os quais seriam fisicamente, mas não geometricamente, indivisíveis; que entre os átomos existe um espaço vazio; que os átomos são indestrutíveis; que sempre estiveram e sempre estarão em movimento; que há um número infinito de átomos e, mesmo, de espécies de átomos, e que as diferenças dessas espécies dizem respeito à forma e ao tamanho. Aristóteles afirma que, segundo os atomistas, os átomos também diferem quanto ao calor, e que os átomos esféricos, que compõe o fogo, são os mais quentes; quanto ao peso cita literalmente a Demócrito que teria afirmado que quanto maior é o indivisível (átomo), tanto mais ele pesa. Todavia, a ideia de peso atômico, embora emergente, não é clara na teoria atomista.*

Há razões ponderáveis para supormos que o peso não era uma propriedade original dos átomos como concebidos por Leucipo e Demócrito, o que se pode deduzir, inclusive, de uma demonstração feita pelo segundo sobre a questão. Teria dito ele: "Não há alto nem baixo no vazio infinito e o movimento dos átomos na alma se compara com o das partículas de poeira em um raio de sol, quando não há vento"; isso nos passa a ideia de que os átomos levitariam, o que desconsideraria sua distribuição por peso, como a aventada por Anaximandro em sua cosmologia.

O átomo, assim, pelas ideias desses dois filósofos, contém em si todo o ideário que do Ser faz Parmênides. Todavia, a ideia nuclear agora se situa no microcosmo, trazendo no seu interior uma contribuição inacreditável (pela época em que foi formulada) ao desenvolvimento da ciência. Tudo no Universo ocorreria por uma relação de causa e efeito atômica; na origem primeira apenas estaria o acaso e, a partir daí, tudo se desenvolveria por um rigoroso determinismo mecânico.

Mas certamente as ideias de Leucipo-Demócrito se interligam à do ***ápeiron*** de Anaximandro, para quem o infinito, criador de todo o finito, proviria da ***arquê*** remota e, por consequência, caótica, amorfa, desordenada; tal teoria bate com a do ***big bang***, ou a do **universo inflacionário**, da astrofísica moderna, e discorre sobre a origem de nosso Universo a partir de um fenômeno acidental, a partir do acaso.

O calor, o gosto, a cor não estariam, segundo Demócrito, nos objetos, mas em nós mesmos; e nós seríamos detentores do conhecimento sensorial e do conhecimento intelectual, por meio da inteligência informada pelos sentidos. Todas as propriedades sensíveis das coisas resultam da capacidade sensorial do homem, que é um ser que pensa e trabalha. Só existem, pois, átomos e vazio que unicamente podem ser concebidos por meio do pensamento que capta das coisas a sua forma, determinada pela disposição natural dos dois elementos fundamentais. Essa posição assemelha-se à de Einstein em sua teoria da relatividade, fundada na relação de cognoscência do ser pensante com o Universo.

Naturalmente, essa forma de pensar leva, e agora só a Demócrito, porém não a Leucipo, a uma **ética** original e precursora de alguns dos movimentos filosóficos pós-socráticos, como o **epicurismo**. Essa ética é claramente **eudemônica**, isto é, dispõe que a felicidade individual ou coletiva encerra necessariamente uma conduta moral boa. A felicidade pode resultar dos prazeres dos sentidos, mas a felicidade real e desejável é aquela resultante do bem-estar espiritual, a eutimia, fruto da moderação: não se deve desejar muitas coisas, mas se contentar com aquilo que se pode alcançar. Bens, no sentido autêntico da palavra, são os bens espirituais, já que a felicidade do homem tem origem em sua própria alma e só dela depende.

Concluímos esta parte citando mais uma vez o texto de Russell (1957, p. 91):

> *Demócrito ao menos em minha opinião, é o último dos filósofos gregos a libertar-se de certa falha que comprometeu todo o pensamento antigo posterior, bem como o medieval. Todos os filósofos de que tratamos até aqui, empenharam-se num esforço desinteressado para compreender o mundo. Acharam muito mais fácil compreendê-lo do que na realidade o é, mas sem este otimismo não teriam tido a coragem de dar o primeiro passo. Sua atitude, em geral, era genuinamente científica, sempre que não representava simplesmente os preconceitos de sua época. Mas não era somente científica; era imaginativa, vigorosa e cheia do prazer da aventura. Se interessavam por tudo: meteoros e eclipses, peixes e redemoinhos, religião e moralidade; a um intelecto penetrante uniam um entusiasmo infantil. [...] Deste*

ponto em diante, há, primeiro, certas sementes de decadência, apesar das inigualadas realizações anteriores e, depois, uma decadência gradual. O que está errado mesmo nos melhores filósofos posteriores a Demócrito, é uma ênfase indevida com respeito ao homem em comparação com o Universo.

1.8 Os sofistas

De acordo com Seabra Filho (1998, p. 1-2, grifo nosso):

> *Em Platão, exatamente no Prot. 313c, encontramos informações sobre o trabalho do sofista. Apresenta-se aí o* **sofista** *(sophistés) como "***mestre de filosofia e de eloquência***". Esta, pois, é a definição clássica para sofista: o mestre de filosofia e eloquência. Mais de eloquência do que de filosofia, poderíamos dizer, pelo que conhecemos hoje desses professores da antiguidade.*
>
> *Sabemos hoje que o trabalho do sofista, na Grécia antiga, era o de verdadeiro educador itinerante. Ele percorria as cidades, ensinando e geralmente cobrando algum dinheiro pelo trabalho. Como verdadeiro mestre de moral, como mestre da arte de bem viver em sociedade, da arte de usufruir dos benefícios da vida política, o sofista procurava constantemente adquirir mais conhecimentos sobre as diversas atividades e manifestações do homem: arte, linguagem, poesia, política, retórica. Procurava, em suma, aprender e depois ensinar a arte de viver bem. Seu discípulo preferido era o jovem de família rica, a quem o sofista dava mais comumente lições de retórica; era mais comum que o jovem procurasse esse tipo de aula, a fim de preparar-se para a carreira política. Constavam nessas lições dialéticas, retóricas e exercícios de crítica. A leitura de bons poetas era aí importante material de trabalho. Para os cursos de retórica o sofista ao que parece cobravam honorários elevados. Além dos cursos, ele podia dar ainda, em escolas ou em casas particulares, conferências pelas quais cobrava preço mais popular.*

Del Vecchio (1979, p. 31) faz colocações preciosas com respeito à **sofística**, que desejamos deixar consignadas:

> *A história da filosofia é meio de estudo e de investigação e, como tal, poderosa ajuda para o nosso trabalho: oferece-nos repositório de observações, de raciocínios, de distinções, que a um homem só, no decurso da vida, seria impossível ocorrer. Acontece-nos o mesmo que a qualquer artífice atual que, agora, seria incapaz de ser o inventor de todos os instrumentos da sua arte.*

E depois de mencionar a origem confusa da matéria em sua fase oriental, mesclada à teologia, à política e à moral (ingredientes fundidos, confundidos, dos estados pré-helênicos), reconhece, contudo, o notável impulso dado aos estudos filosóficos, sobretudo, concernente à moral, pelos hebreus, chineses e indianos. Aí aporta à Grécia, dizendo: "Convém notar que o pensamento filosófico grego não floresceu tão somente na Grécia propriamente dita, mas também na Magna Grécia (Itália meridional e Sicília)" (Del Vecchio, 1979, p. 31).

Del Vecchio (1979, p. 32) prossegue:

> *Empédocles, por exemplo, era natural de Agrigento; Parmênides e Zenon, seu discípulo, de Eleia (a antiga Velia, cidade ao sul de Salerno, de que hoje só restam algumas ruínas); e Górgias, de Leontina (próximo de Siracusa). Por sua vez era em Crotona que tinha a sua sede a escola pitagórica, razão por que Aristóteles designava os seus membros por* ***italianos****; e muitos outros pensadores havia de outras regiões do Mediterrâneo, como Aristipo e Carnéades, naturais da Cirenaica.*

Estabelecida a conexão entre o pensamento clássico grego com a região em que viria a se instalar, em seus primórdios, o Império Romano, passa Del Vecchio (1979, p. 34) a tratar da escola **sofística**, dizendo:

> *A escola que, em primeira mão, enfrentou os problemas do espírito humano, do conhecimento, e da ética, foi a dos Sofistas, no século V a.C. Homens de grande vigor dialético e de robusta eloquência, percorriam várias cidades sustentando em seus discursos, as teses mais díspares; tinham o gosto de se oporem às tendências dominantes; frequentemente provocavam escândalo no numeroso auditório com os seus paradoxos. É de sobremodo notável o fato de então se começar a discutir e a criticar o princípio da autoridade, a minar a fé tradicional e a despertar atenção do povo; e isto está em relação com o período de discórdias internas em que se encontrava a Grécia. A obra dos sofistas relaciona- se com esta situação. Os sofistas eram individualistas e subjetivistas. Ensinavam que cada homem possui o seu próprio modo de ver e de conhecer as coisas. Daqui a tese, segundo a qual não é possível uma ciência autêntica, de caráter objetivo e universalmente válida, mas tão só opiniões individuais. Ficou célebre o dito de Protágoras: "o homem é a medida de todas as coisas: ou seja: cada homem possui a sua visão própria da realidade".*

O professor Del Vecchio cita parcialmente o pensamento de Protágoras, já que, ao destaque que quer dar, esta parte lhe basta. Mais adiante aduz Del Vecchio (1979, p. 15):

> *Negando os sofistas a possibilidade de uma verdade objetiva, negam também que exista uma justiça absoluta; também o direito, para eles, é algo de relativo, opinião mutável, expressão do arbítrio e da força: justo é "aquilo que favorece ao mais forte". Assim, Trasímaco pergunta se a justiça é um bem ou um mal, e responde: A justiça é na realidade um bem de outrem; é uma vantagem para quem manda, é um dano para quem obedece.*

Como pelo exposto se dá conta, os sofistas eram cépticos em moral, mais negadores e destruidores do que construtivos e afirmativos. Não obstante, grande mérito foi o seu, por terem atraído a atenção dos homens sobre dados e problemas relativos ao homem, ao pensamento humano; e a perturbação trazida pela sua atividade à consciência pública foi ainda benéfica e fecunda, pois aguçou o espírito crítico para muitos temas que até então a ninguém preocupavam. Enquanto os filósofos da escola jônica haviam se entregue à exclusiva meditação do mundo externo, os sofistas deram o seu interesse a problemas psicológicos, morais e sociais. A eles se deve, por exemplo, a colocação rigorosa do problema de saber se a justiça tem um fundamento natural; se aquilo que é justo por lei ou como nós dizemos, o direito positivo é também justo por natureza (a antítese entre o *νομο διχαιον* – *nomo dikhaion* e o *φυσει διχαιον* – *physei dikhaion*). Ante a este problema, assumiram geralmente atitude negativa, dizendo que se existisse um justo natural, todas as leis seriam iguais. Todavia, mais importante que a resposta dada, que, digamos, é discutível e até inaceitável, foi o terem proposto o problema. Na verdade, depois da solução negativa tentada pelos sofistas, outros filósofos puderam tentar uma solução afirmativa. Os sofistas foram, em síntese, o fermento que suscitou a grande filosofia idealista grega: uma floração extraordinária do pensamento de que nenhum outro povo pode orgulhar-se".

Na verdade, os sofistas têm sido injustiçados, nos juízos que pensadores pósteros deles fizeram, sobretudo considerada a influência pós-socrática exercida pelo pensamento de Platão e Aristóteles. Sócrates, que tinha muito de sofista, nutria, entretanto, particular antipatia pelos seus representantes, talvez até por motivação política, já que, simpatizante do partido aristocrático, nisso se confrontava com a maioria dos sofistas, em geral partidários da democracia. Parece que só a Protágoras Sócrates respeitava, segundo se pode deduzir de depoimento de Platão, como homem de grande saber. Claro que, a despeito disso, também dele Sócrates discordava.

Platão e Aristóteles, cada um a seu modo seguidor de Sócrates, transmitiram o preconceito generalizado que se nutre até hoje contra os sofistas. Acabamos de ver que mesmo um pensador contemporâneo da potência de um Del Vecchio não consegue, por inteiro, livrar-se dele.

O que realmente acontecia àquela época é que o Estado grego entrava em sua fatal e final crise, iniciada em 431 a.C. com a eclosão da Guerra do Peloponeso e encerrada nos anos que se seguiram à morte de Alexandre Magno, em 323 a.C. E o saber, sobretudo, valorizado pela democracia, principalmente a ateniense, reclamava uma evolução que, os sofistas trouxeram com seu pensar eclético e abrangentemente especulativo.

A **sofística**, portanto, não é exatamente uma escola filosófica, mas uma corrente de pensamento que colocando o homem no centro de suas atenções, exatamente como fez Sócrates, fixava finalmente o sentido antropológico da pesquisa filosófica, essencial ao estudo e entendimento do direito.

De acordo com Abbagnano (1982, p. 884), podemos resumir da seguinte maneira as principais vertentes do pensamento sofístico:

- *a concentração do interesse filosófico no homem e em seus problemas;*
- *a redução do conhecimento à opinião e do bem à utilidade com o consequente reconhecimento da relatividade da verdade e dos valores morais, que mudariam conforme os lugares, os costumes e os tempos;*
- *a* "erística"*, isto é, a habilidade em refutar e sustentar ao mesmo tempo teses contraditórias;*
- *a oposição entre a natureza e a lei, e o reconhecimento de que a natureza conhece somente o direito do mais forte.*

1.8.1 Protágoras, de Abdera (480-410 a.C.)

De todo o povo da Antiguidade nunca se sabe com certeza a data de nascimento e, apenas dos notáveis, geralmente, se conhece a data de sua morte, ou pelo menos o ano em que ocorreu. Com as transformações dos calendários (cada povo antigo tinha, ou tem, o seu) e sem registros civis, como saber quais nascituros seriam dignos da menção ao seu nascimento?

Com Protágoras não foi diferente. E também dele a humanidade perdeu sua palavra escrita. Passou à história principalmente por intermédio do que sobre ele escreveram dois de seus inimigos intelectuais: "apenas" Platão e Aristóteles.

Protágoras, como a quase totalidade dos sofistas, notabilizou-se pela capacidade oratória e, percorrendo diversas cidades gregas, lecionava retórica, dialética, e, os fundamentos de seu pensamento ético-moral. Foi amigo de notabilidades, como o político e estadista Péricles e o poeta e teatrólogo Eurípedes; teve ainda um relacionamento com Sócrates, embora não exatamente amistoso, mas, pelo menos, respeitoso. Platão nos dá conta disso em seus diálogos *Protágoras* e *Sofistas*, além de outras citações, como em *Teeteto*.

Morreu com 70 anos. No fim da vida, segundo o historiador Diógenes Laércio, produziu uma obra, *Acerca dos deuses*, por causa da qual foi processado pelo tribunal ateniense, onze anos antes do famoso processo movido contra Sócrates. Condenado à morte por sacrilégio, foi-lhe permitido informalmente, fugir, como era costume em Atenas quando da aplicação de pena capital. Na verdade, não se sabe com certeza se ele foi apenas desterrado ou se de certa forma sua execução foi relaxada; o certo é que, perseguido e desterrado, teve de sair de Atenas, viajando para a Sicília, porém seu barco naufragou e ele morreu.

No preâmbulo da obra que lhe valeu a desgraça, dizia Protágoras: "Dos deuses não sei dizer se os há ou não, pois são muitas as coisas que proíbem sabê-lo: a obscuridade do assunto, e a brevidade da vida humana".

Segundo Platão, Protágoras foi influenciado pela filosofia de Heráclito, que, diga-se de passagem, a par de Platão, foi o filósofo que mais influenciou a Aristóteles, o que, portanto, não diminui a Protágoras, antes o engrandece.

Ele se colocava de inteiro acordo com a doutrina heraclitiana que sustenta a perpétua fluência das coisas, extraindo dela a ideia da "impossibilidade de se atingir uma verdade absoluta para todos os homens" (citado por Lopes Júnior, 2005, p. 270).

Esse relativismo subjetivista de Protágoras se encontra no fundamento de sua filosofia e se destaca da sua principal obra, *Acerca da verdade*. "O homem", dizia, "é a medida de todas as coisas, das que são enquanto são e das que não são enquanto não são", o que, evidentemente, insere conteúdo antropológico ao pensamento semelhante desenvolvido por Heráclito, ao mesmo tempo em que descarta a dicotomia parmenidiana "o ser existe, o não ser não existe", ao estabelecer o conceito irrefutável de que o não ser só é concebível pelo homem, vale dizer: "até para a 'não existência' a medida única de cognoscência é o homem".

O ser a medida de todas as coisas, de todos os bens (corpóreos ou incorpóreos) não significa que haja um critério de verdade individualizado para cada homem (o que vedaria qualquer tipo de conhecimento humano, até mesmo, o adquirido e aplicado pelo próprio Protágoras, assessor dos governos de diversas cidades por onde passou, tendo, inclusive, em uma delas,

Thurii, elaborado sua Constituição); mas significa que em cada homem varia a medida, segundo suas próprias circunstâncias, segundo o espaço e o tempo em que se encontra.

Por corolário à ideia central desse extraordinário sofista, extrai-se que o verdadeiro objetivo de um sábio é o bem e que seu comportamento deve se pautar pela adequação ao presente, de sorte a possibilitar a emissão de juízos segundo a medida proporcionada pela ocasião e momento dinamicamente, como ensinava Heráclito, compreendido.

Para ele, o relativismo não significava (como para Górgias) a negação de toda verdade, mas sim **a negação de toda falsidade**: o que é afirmado em dado momento, tomando o homem como medida, é sempre verdadeiro; assim deve o juiz decidir, pois, tomando o homem como medida, a sentença será justa. Essa ideia brilhante está, pensamos, na raiz da hermenêutica jurídica.

A crítica relativista e, às vezes, absolutista de Protágoras se enfocava sob a ótica sensorial, contra todos que pretendiam verdades invariáveis e universais, especialmente contra os chamados *geômetras*, Pitágoras em particular.

Do pensamento substantivo de Protágoras integrou-se à filosofia, inclusive, o conceito ***homo mensura***, transmudado em verbete de dicionário filosófico.

De qualquer forma, dele e de outros sofistas derivam os conceitos de justiça como objetivo do direito; da jurisprudência como fonte do saber jurídico (se não à moda grega, certamente à moda romana); da hermenêutica como forma de aprimoramento do juízo; e, sobretudo, do aperfeiçoamento da função de julgar, **tomando o homem, cada homem**, inclusive aqueles que compõem uma lide, **como medida** da decisão a ser proferida.

Questionário

1. Quem é a deusa grega patrona da filosofia?
2. Qual animal era sacrificado em homenagem a Palas Atenas?
3. O que significa o termo grego *filosofia*?
4. Em sentido atual, filosofia comporta uma subdivisão de campo de estudo. Qual é essa subdivisão?
5. A atividade que hoje entendemos como filosófica era, literalmente, exercida por quem?
6. Segundo o historiador Apolodoro, quem foi o pai da filosofia grega?
7. Onde se formou a primeira escola filosófica?
8. De acordo com Anaximandro, como era chamado o "princípio de tudo"?
9. Segundo Heráclito, o que seria o logos?
10. Como se originou a escola eleática, ou escola de Eleia?
11. Xenófanes atuava como um reformador em dois campos. Quais?
12. Segundo alguns historiadores, o que teria sido inventado por Parmênides?
13. Quem inventou a célebre história da corrida de Aquiles, o mais rápido dos homens, e a tartaruga?
14. Quem são os dois filósofos que são considerados criadores do atomismo?
15. O que fez com que Protágoras se tornasse notável?

Referências

ABBAGNANO, N. **Dicionário de filosofia**. 2. ed. São Paulo: Mestre Jou, 1982.

ARANHA, M. L. de A.; MARTINS, M. H. P. **Filosofando**: introdução à filosofia. 2. ed. São Paulo: Moderna, 1998.

BAILLY, A. **Dictionnaire grec-français**. 26. ed. Paris: Hachette, 1963.

BOCHENSKI, J. M. **Diretrizes do pensamento filosófico**. São Paulo: Herder, 1977.

BROWN, C. **Filosofia e fé cristã**. São Paulo: Vida Nova, 1999.

CAPELLE, W. **Historia de la filosofia griega**. Madrid: Gredos, 2009.

CHAUI, M. **Convite à filosofia**. São Paulo: Ática, 2000.

______. **Introdução à história da filosofia**: dos pré-socráticos a Aristóteles. 2. Ed. rev. e amp. São Paulo: Companhia das Letras, 2002. v. 1.

COTRIM, G. **Fundamentos da filosofia**: elementos da história do pensamento. 12. ed. São Paulo: Saraiva, 1996.

DEL VECCHIO, G. **Lições de filosofia do direito**. 5. ed. Coimbra: Armênio Amado, 1979.

DESCARTES, R. **Discurso sobre o método**. Tradução de Paulo M. de Oliveira. 8. ed. São Paulo: Atena, 1959.

ÉSQUILO. **Eumênides**. Tradução de Mário da Gama Kury. Rio de Janeiro: Zahar, 2013. (Coleção Expresso Zahar).

GAARDER, J. **O mundo de Sofia**. São Paulo: Companhia das Letras, 1997.

GRÉCIA ANTIGA. **Laércio Diógenes**: vida e opiniões dos filósofos. Disponível em: <http://greciantiga.org/arquivo.asp?num=0618>. Acesso em: 8 dez. 2014.

HERÓDOTO. **História**. Brasília: Ed. da UnB, 1985. (Coleção Biblioteca Clássica).

JERPHAGNON, L. **História das grandes filosofias**. São Paulo: M. Fontes, 1992.

LOPES JÚNIOR, A. **Introdução crítica ao processo penal**: Fundamentos da Instrumentalidade Garantista. 3. ed. rev. atual. e aum. Rio de Janeiro: Lumen Juris, 2005.

MORENTE, M. G. **Fundamentos de filosofia**. São Paulo: Mestre Jou, 1980.

RUSSELL, B. **História da filosofia ocidental**. São Paulo: Companhia Editora Nacional, 1957. v. 1.

SEABRA FILHO, J. R. Protágoras e a virtude ensinável. **Letras Clássicas**, n. 2, p. 57-66, 1998. Disponível em: <http://www.revistas.fflch.usp.br/letrasclassicas/article/viewFile/602/537>. Acesso em: 8 dez. 2014.

SIGNIFICADOS.COM.BR. **Significado de filosofia**. Disponível em: <http://www.significados.com.br/filosofia>. Acesso em: 8 dez. 2014.

SPINELLI, P. T. **Conhecer, legislar e educar**: A filosofia das coisas humanas na Ética Nicomaqueia de Aristóteles. 240 f. Tese (Doutorado em Filosofia) – Universidade Federal do Rio Grande do Sul, Porto Alegre, 2010.

TORRES FILHO, R. R. **Teogonia**: a origem dos deuses. Estudo e tradução de Jaa Torrano. 3. ed. São Paulo: Iluminuras, 1995.

VICO, G. **De l'antique Sagesse d'Italie**. Paris: Flamarion, 1993.

Respostas

1. A deusa Palas Atena, protetora de Atenas, deusa pagã da sabedoria, é também patrona da filosofia.
2. Atena ama a coruja, em virtude do fato de esta representar a meditação que se produz nas trevas. Assim, por tudo isso e para azar da coruja, tornou-se ela o animal sacrificado nas cerimônias religiosas em homenagem à deusa e, consequentemente, o símbolo da filosofia.
3. A expressão *philia* (filia, significa "amizade", "afeição viva" ou "amor" (sem a ideia de sensualidade ou sexo) e resulta no radical *philo* (filo), utilizado na formação de um sem-número de vocábulos gregos e latinos. O termo *philo* (filo) significa "amigo" (de alguém) ou quem, sem sexualidade, ama (alguém ou alguma coisa). Exemplos: quem ama as uvas (amante do vinho ou das uvas); designa ainda amor ao poder, à pátria, ao lucro, à vitória, ao dinheiro. A expressão *sophia* (sofia) indica "sabedoria" e ainda: sabedoria prática; saber; ciência; arte; habilidade (em geral); habilidade manual; artesanato.
4. *Ontologia* (estudo do ser) e *gnosiologia* (teoria do conhecimento ou, à moda cartesiana, teoria do método). Com todas as perdas sofridas através dos tempos, mediante a especialização de seus ramos, restam incontestadas no interior do corpo da filosofia: a) metafísica; b) ética; c) moral; d) estética; e) lógica.
5. Os pensadores da Antiguidade, denominados *físicos*, preocupavam-se especialmente com a origem de tudo o que existe.
6. Tales de Mileto.
7. A primeira escola filosófica formou-se em Mileto, à sombra da fama do sábio Tales, e ficou conhecida por *escola milésia*. Essa escola durou entre o apogeu dele, em torno do ano 600 a.C., até a morte de Anaxímenes, em 524 a.C.
8. Anaximandro (610-547 a.C.), fugindo à regra, em sua obra *Da natureza*, publicada no fim de sua vida e da qual só restaram fragmentos, inovou fazendo as seguintes considerações: o princípio de tudo era a *arquê*, a infinitude, força original e termo inicial da força criadora de todas as coisas, o *ápeiron*, o infinito. Da *arquê*, a infinitude, provinha a força criadora, o

ápeiron, o infinito, recobridor do finito, já que todas as coisas são finitas e têm no infinito sua natural limitação.

9. *Logos*, verbete grego com ampla significação, é utilizado por Heráclito no sentido de força criadora original, consistindo na própria essência da natureza impregnada na inteligência humana que concede a capacidade racional do homem. "A luta", afirmava, "é justiça; da luta resulta a harmonia". Isto é, da luta, mesmo tratando-se de uma guerra, resulta a justiça; da luta, da oposição de contrários, resulta a harmonia. O fogo é puro, dizia Heráclito, a água, ignóbil; mas da sua combinação surgem todas as coisas. O úmido, originado da água, é benéfico em relação à secura proveniente do fogo. Porém, o melhor está na alma mais seca, do que na mais úmida.
10. A escola eleática, ou escola de Eleia, nome pelo qual também é conhecida, surge da migração de Xenófanes de Colofon, cidade jônia situada na Lídia, Ásia Menor, para Eleia, cidade recém-fundada na Magna Grécia. Essa região, situada no sul da península itálica, era progressista colônia grega que, alguns séculos mais tarde, seria conquistada pelos romanos, servindo de porta de entrada destes para o território e a cultura grega.
11. Xenófanes atuava como um reformador em dois campos: no religioso, criticando a religião oficial dos gregos, e na filosófica, chocando-se com as ideias do então jovem Heráclito, de Éfeso. Essa linha crítica foi depois refinadamente completada por seu discípulo, Parmênides, de Eleia.
12. Alguns historiadores da filosofia dizem ter Parmênides inventado a lógica. Antecedido por Pitágoras e sua lógica matemática e, mais, por Heráclito e sua doutrina do logos, vê-se que tal afirmação é improcedente. Todavia, sobre isso comenta Russell (1957, p. 56): "uma dúvida não paira: foi Parmênides o criador da metafísica baseada na lógica".
13. Zenon, de Eleia.
14. Leucipo e Demócrito.
15. Protágoras, assim como a quase totalidade dos sofistas, notabilizou-se pela capacidade oratória e, percorrendo diversas cidades gregas, lecionava retórica, dialética e os fundamentos de seu pensamento ético-moral.

Impressão: BSSCARD

Fevereiro/2015